MONMONT 1974

LES PLANS

ET

LES STATUTS.

TOME PREMIER.

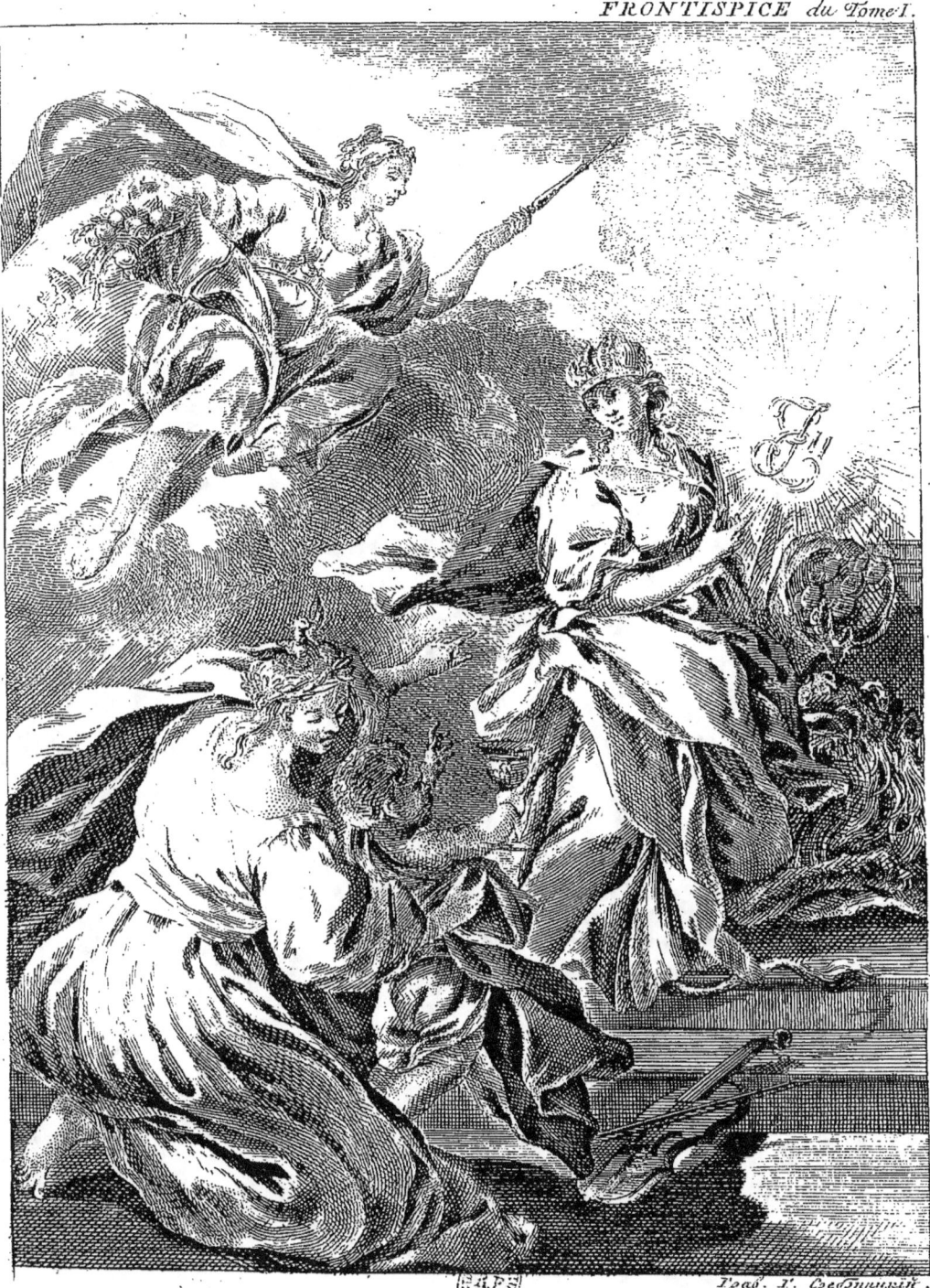

LES PLANS

ET

LES STATUTS,

DES DIFFÉRENTS ÉTABLISSEMENTS ORDONNÉS PAR SA MAJÉSTÉ IMPÉRIALE

CATHERINE II.

POUR L'ÉDUCATION DE LA JEUNESSE,

ET

L'UTILITÉ GÉNÉRALE DE SON EMPIRE,

Ecrits en Langue Ruffe par Mr. Betzky & traduits en Langue Françoife, d'après les originaux, par Mr. Clerc.

Un bon Prince eft femblable à la Divinité, à qui l'on ne peut rien offrir qui ne faffe partie de fes Bienfaits.

TOME PREMIER.

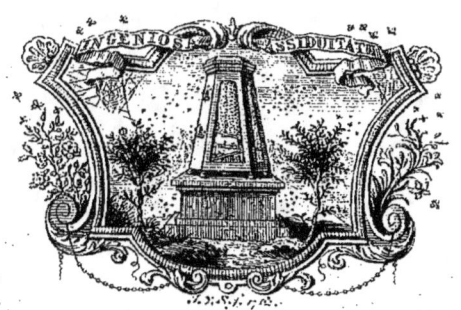

A AMSTERDAM,

Chez MARC-MICHEL REY.

MDCCLXXV.

Á

SA MAJESTÉ IMPÉRIALE

CATHERINE II.

INSTITUTRICE ET LÉGISLATRICE DE SES SUJETS,

ETC.

MADAME,

Les Peuples font partout ce que les bons Princes veulent qu'ils foient. L'émulation, le courage, l'induftrie, les talens, reftent enfévelis, jufqu'à ce qu'il paroiffe un Génie qui les reffufcite. La grandeur d'un Etat dépend donc des qualités perfonnelles du Monarque, & de la bonté du Gouvernement.

Le meilleur de tous les Gouvernemens eft celui qui connoit le mieux le prix & l'emploi des hommes; celui où toutes les Conditions font inftruites & protégées par une Education phyfique & morale conforme à la Nature & à la Raifon, & par des loix qui ont pour bâfé l'Ordre, les Mœurs, & la Juftice.

Il fuit de là que la bonne Education & la fage Légiflation font les premiers devoirs des Adminiftrateurs fuprêmes. Mais, pour remplir ces devoirs facrés dans toute leur étendue, il faut un zèle éclairé, une fageffe pleine d'activité & de Patriotifme, un courage dont la fermeté foit tempérée par l'indulgence.

Les Ouvrages dont j'ai l'honneur de préfenter la Traduction à Votre Majesté Impériale, font les preuves auguftes de ces vérités. Les Etabliffemens qui en font l'objet, font autant de Sanctuaires où la bienfaifance & la miféricorde ont élevé des autels à l'humanité. Ils affurent à leur Fondatrice, des droits éternels à l'amour, à la gratitude, aux bénédictions de fes fujets. Et comme on ne peut rien améliorer dans un Etat, fans que d'autres n'y participent plus ou moins; l'exemple de Votre Majesté aura l'effet de ces *Fanaux* qu'on allume fur des Phares; ils éclairent non feulement la tour fur laquelle ils font placés; mais ils répandent aufli la lumiere à la ronde, & préfervent les vaifleaux du nauffrage fur une grande étendue de mer.

Tout doit profpérer, quand la fagefle régit tout; & fi, dans le Monde moral, comme dans le Monde phyfique, une caufe dont l'action n'eft point troublée, eft néceffairement fuivie d'un grand effet; une Education fondée fur le Plan de vos Inftitutions, des loix humaines & fages, des exemples vertueux, des principes honnêtes gravés dans le cœur de la Jeunefle, font des caufes éfficaces qui agiront fur les volontés des hommes naiffans, & qui détermineront le plus grand nombre d'entre eux, à contracter des habitudes aufli avantageufes pour l'Individu que pour la Société.

Encore quelques années, Madame, & les Etabliffemens de Votre Majesté, auront la perfection qu'ils doivent avoir. A cette Epoque, naîtra un nouvel ordre de chofes; l'opulence & la force de la Ruffie feront dans fes mœurs, dans fes loix, dans fes lumieres, dans fon induftrie; & le bienfait de l'Education lui fera mieux fentir le prix de tous les autres.

Puissent les Maîtres du Monde être les Emules de Votre Majesté, & jamais fes Rivaux! Puiffent-ils gouter, comme elle, le plaifir tout neuf de rendre leurs fujets heureux fous l'Empire de la Raifon, le feul qui foit à l'abri des révolutions humaines! Puiffent-ils, enfin, fonder les inclinations, les penchans, le gout, l'aptitude de ces mêmes fujets, pour entrer dans le fecret de la Nature, & mettre chaque talent à fa place. C'eft un des principaux objets de vos Inftitutions, & celui dont le fuccès vous offrira la jufte récompenfe de vos travaux.

Je fuis avec le plus profond refpect,

De Votre Majesté Impériale

Le très-humble, très-obéiffant ferviteur,

N. CLERC.

EXPLICATION DU PLAN

Gravé en Cuivre intitulé : VUE DE LA MAISON IMPÉRIALE D'EDUCATION DU CÔTÉ DE LA RIVIERE DE MOSCOU. *Il doit être placé à la page* 138 *du Tome I.*

A. Corps de logis pour les Demoifelles.

E. —————————— Garçons.

B. —————— du milieu, avec deux. Eglifes, dont une pour les Filles & l'autre pour les Hommes. Salle du du Confeil. Une autre d'expedition. Appartemens du principal Infpecteur, du Médécin & d'autres Officiers.

Г. Hôpital des accouchées.

Δ. Loge du Portier ou du fuiffe.

E. L'endroit où le Chirurgien examine en premier lieu les Enfans qu'on apporte.

Ψ. Batiment pour les Fabriques, Manufactures, les Artiftes, & les Artifans.

3. Orangerie & Serres-chau-
des.

H. Couches.

I. Parterres.

K. Potager & Verger.

Λ Ménagerie.

} pour l'Inftruction des Eléves.

M. Balances fous un toit, au deffus d'une cave, pour l'ufage Journalier de la Maifon.

H. Place pour la récréation & la promenade des Demoifelles.

O — des Garçons.

Π. Montagnes en Colimaffon.

P. Apothicairerie.

C. Corps-de-Garde.

T. Principale entrée de la Maifon.

Y. Rue.

AVIS AU RELIEUR.

TOME I.

FRONTISPICE *du Tome I.* doit être Placé devant le titre.

Les trois Plans de la Maifon des Enfans trouvés, doivent être placés l'un après l'autre entre les Pages 138, 139.

La feuille imprimée qui contient le *Compte de la Caiffe des Veuves*, & *Tableau Eftimatif des Opérations de la Caiffe des veuves*, doit être placé à la Page 23. du Tome I. Partie II.

TOME II.

Les trois cuivres intitulés.

FRONTISPICE *du Tome II.* devant le titre du Tome II.

Planche I. Tome II. Page. 9.

Tome II. Page 109.

Les III. *Tableaux* marqués *Premier Tableau.*
Second Tableau.
Troifieme Tableau.

Doivent être Placés à la Page 107.

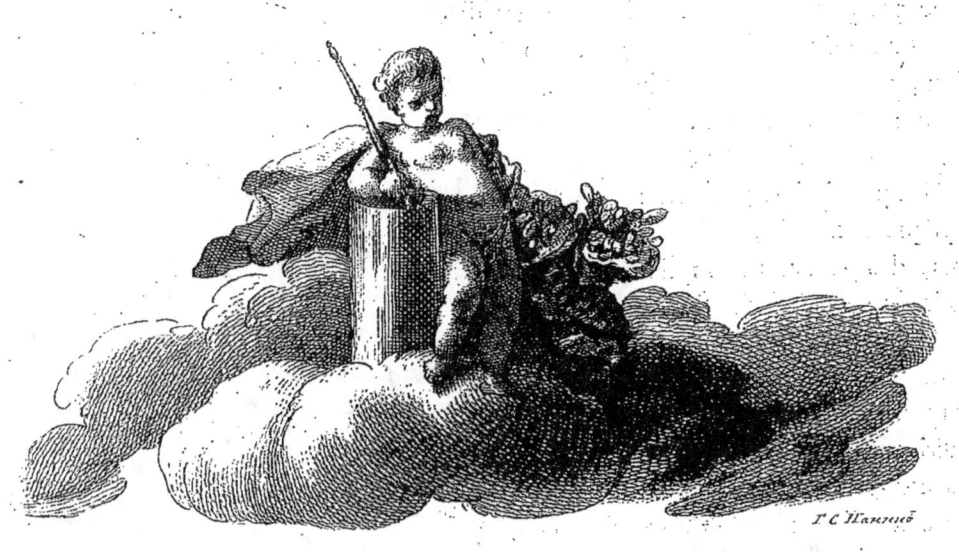

INTRODUCTION
NÉCESSAIRE À L'OUVRAGE.

❖❖❖❖❖❖❖❖❖❖❖❖❖❖❖❖❖❖❖❖❖❖❖❖❖❖❖

PAR LE TRADUCTEUR.

S'IL EST VRAI que l'ignorance foit une des fources principales des maux qui affligent le monde, il eft évident que l'inftruction en eft le remede. Plus ces maux font graves & multipliés, plus auffi l'inftruction doit être générale & continuelle.

PERSONNE n'a mieux fenti l'importance de ces vérités que le Marquis De Mirabeau. Placez, dit-il, des milliers d'hommes au bord d'une riviere, tous pafferont fur le pont, tous s'emprefferont d'arrêter celui qui voudroit fe jetter dans les flots; mais cette unanimité ne fera qu'en plein jour. La nuit, chacun s'égarera & fe perdra peut-être.

Tome I. A

Cette nuit est l'ignorance : ce jour si nécessaire, c'est l'instruction. Il ne suffiroit donc pas qu'un seul d'entre les hommes dont nous parlons s'écriât : *J'y vois au milieu des ténebres, suivez mes pas, ou vous allez vous noyer.* Chacun, selon son opinion, prendroit de fausses lueurs pour la lumiere, le transparent des eaux pour un chemin battu, & mon Sage ne sauveroit personne.

Pour guérir les maux présents, & prévenir les maux futurs dont l'ignorance est le principe, il faut indiquer la source de l'instruction. Elle découle d'une Education physique & morale, conforme à la nature, à la raison, à la diversité des goûts, des talents, des passions; son systême fondé sur des principes simples & vrais, doit se confondre avec le systême du bonheur national. Mais, dira-t-on, *tout Etat policé a une Education, quelle qu'elle soit, & les hommes n'en sont ni plus utilement instruits, ni meilleurs.* Je ne l'ignore pas. C'est que le point important est de l'avoir bonne. Celle dont vous parlez n'est que fortuite & arbitraire; deux Puissances opposées d'intérêts la dirigent; aussi partout elle déforme l'homme naturel & l'homme social, à peu-près comme le maillot, serré par une nourrice mal-adroite, rend contrefait l'enfant bien conformé qu'une marâtre a confié à ses soins.

Les anciens Législateurs ont mieux compris que les modernes, la nécessité & l'utilité de l'Education publique & de l'instruction générale. Ceux de Crête, d'Athênes, de Sparte, les regarderent comme les seuls liens capables de maintenir les Etats dans leur force & leur splendeur. En s'occupant de l'Education, ils poserent une bâse de félicité qui se conserva pendant cinq siecles. Numa, le sage Numa, qui n'apperçut pas les rapports nécessaires de l'enfance avec les âges qui suivent, manqua son but. La fortune de sa *Ville éternelle* ne fut que précaire. Sa Législation étoit fondée sur un principe de vertus patriotiques, propres à former un peuple de héros. Mais un peuple conquérant connoit-il bien les loix de la nature & de la justice, les droits des hommes & des nations? Le Patriotisme exclusif des Romains, a fait le malheur de la terre; ils ne respecterent qu'une communauté des biens ravis par la force. Cette loi a toujours été celle des brigands. Ouvrez les archives du monde, parcourez les fastes des nations, vous verrez que les révolutions générales & particulieres vinrent toutes de la même faute.

Voilà pourquoi en différents temps, en divers lieux, les bons Législateurs & les vrais Philosophes, qui furent toujours ou les fondateurs, ou les promoteurs des bonnes institutions, ont tous travaillé pour les hommes à faire, tandis que le reste du monde n'étoit occupé qu'à se plaindre des hommes faits.

Mais s'en tenir à lire, à méditer, à désirer, à regretter, ce n'est pas avancer.

Il ne faut découvrir les plaies de l'humanité que pour les guérir; & comme l'origine de ses maux est ancienne, tous les palliatifs seroient inutiles. C'est donc la cure radicale qu'il faut tenter. Où le mal est constant, il faut un remède constant.

Xénophon en Perse, *Platon* dans la Grece, *Plutarque* & *Quintilien* à Rome, le Philosophe *Montaigne*, l'Abbé *Fleuri*, l'illustre *Fénelon*, *Nicole*, *Rollin*, l'Auteur d'Emile, l'Abbé *Coyer*, & d'autres hommes de génie en France; *Locke* & *Milton* en Angleterre, nous ont donné sur l'Education des traités remplis de choses précieuses, des plans lumineux, des points de vue nouveaux. Mais qu'il y a loin du Philosophe qui conjecture, à l'homme qui pratique d'après l'expérience! Ce ne fut qu'en 1769. qu'il parut un traité d'Education publique, digne de la réputation de l'Auteur (*a*); & jusques-là, la Russie étoit la seule Nation de l'Europe, qui eût un système suivi d'Education, depuis l'âge de cinq ans jusqu'à vingt; système d'autant plus solide que, dans la pratique, on se rapproche, autant qu'il est possible, des loix de la Nature & des droits de la raison.

La nécessité & l'utilité d'une Education fondée sur ces principes, n'avoient point échappé à PIERRE LE GRAND: mais ses nombreux & difficiles travaux ne lui permirent pas de se livrer d'abord à ce grand objet; & lorsqu'il alloit s'en occuper, la mort l'enleva (*b*).

(*a*) L'AUTEUR de cet ouvrage estimable ne connoît la Russie que comme les hommes instruits la connoissent. J'affirme ici, avec la vérité dont je suis capable, qu'il ignoroit absolument le plan, la marche, l'ordonnance des Institutions patriotiques de l'Impératrice. Son ouvrage a été fait sous mes yeux à Paris, & à Villers.Cotteret. Je suis parti de Russie en 1763. & cette époque est le commencement du regne de CATHERINE II. Je ne pouvois donc donner à l'Auteur une connoissance des choses qui n'existoient pas avant mon départ. Cependant le Plan d'éducation publique dont il s'agit, est précisément le même que celui des Etablissements dont je publie aujourd'hui la traduction fidele. Ce rapport étonnant est vraiment un phénomene littéraire. Il prouve que la verité bien sentie, que l'amour du bien, se présentent partout sous les mêmes couleurs, & que toutes les pensées humaines ont un commun Alphabet.

(*b*) Tous les loisirs de PIERRE LE GRAND étoient actifs, & leur activité avoit l'instruction pour objet. En 1723. il s'amusoit un jour à examiner la nature des vents qui souffloient, leur force, leur vitesse &c. à l'aide d'un cadran qu'un Artiste fameux avoit imaginé & exécuté pour cet usage. Le Monarque avoit avec lui son Vice-Chancelier SCHAFIROFF, quelques autres Seigneurs de sa Cour, & un certain DACOSTÁ, Portugais d'origine, qui avoit abjuré la Religion Juive pour embrasser la Luthérienne. Cet homme avoit de l'esprit, des connoissances, il étoit plaisant, & PIERRE I. l'appelloit son bouffon politique.

Le célebre Prince DOLGOROUKY, qui a été Ambassadeur dans plusieurs Cours de l'Europe, arrivoit de France, & vint se présenter aux pieds de son maître, dans la circonstance dont il s'agit. L'Empereur le reçut bien, & lui demanda avec empressement, comment se conduisoient les jeunes gens qu'il avoit envoyés en Hollande, en France, en Angleterre, pour s'instruire. Le Prince DOLGOROUKY lui rendit compte de leur conduite, de leurs talents & de leurs progrès en différents genres de connoissances. PIERRE I. satisfait, dit: j'espere que ces bons sujets, de retour dans mon empire, ne seront pas inutiles à mes vues. DACOSTA, entendant ces paroles, sort du coin d'un fourneau, & va droit à la table qui servoit de Bureau à l'Empereur; il prend une feuille de papier, fixe le Monarque qui se promenoit, & lui dit; *viens ici, homme de génie!* PIERRE s'approche; DACOSTA plie fortement un

I N T R O D U C T I O N.

Pour créer en ce genre, il faut vouloir fortement & conſtamment le bien des hommes actuels, des races futures. Il faut encore naître doué d'un cœur & d'un génie propres à féconder de telles vues. Rome, diſoit Cicéron, étendoit les ſiennes à tous les ſiecles; l'Orateur eût dit vrai, ſi Numa ou ſes ſucceſſeurs s'y fuſſent pris comme CATHERINE a ſu s'y prendre dès l'aurore de ſon Regne. Elle a compris que l'Education étoit l'œuvre de la Légiſlation, & que tous les ordres de Citoyens devoient avoir part à l'inſtruction.

Si le bonheur d'un peuple eſt l'ouvrage de la qualité & de l'enſemble des loix qui le gouvernent, les meilleures loix ne peuvent preſque rien ſans les mœurs & les lumieres. Le premier objet d'une ſage Légiſlation, c'eſt l'Education Nationale. L'inſtruction qui en eſt l'effet néceſſaire, doit être la plus étendue qu'il eſt poſſible & la plus favoriſée des Souverains; puiſqu'elle s'oppoſe à ce que l'ignorance, le fanatiſme, la barbarie, n'introduiſent ou ne perpétuent dans une Nation, des préjugés funeſtes à l'inſtinct ſocial, au rapprochement des familles, à l'eſprit de communauté, aux égards mutuels, aux ſecours réciproques, aux loix de nature, aux droits des gens, à l'harmonie politique, à la félicité générale & particuliere des individus qui la compoſent.

Dès que la Société perd cette harmonie, elle perd ſon eſſence; les hommes ceſſent d'être humains; les peuples n'ont point de caractere; l'égoïſme s'empare des chefs; les ames s'aviliſſent, l'obéïſſance ſe change en ſervitude, les uſages deviennent barbares, les droits de la Nature & de l'humanité ſont nuls, les procédés & les manieres ſont des offenſes ou des outrages déguiſés.

Chaque Gouvernement doit donc ſe regarder comme le mobile des actions dont un grand nombre d'hommes réunis, ſont convenus de le reconnoître pour arbitre. Conſéquemment il n'eſt point de puiſſance ſouveraine qui ne doive être inſtitutrice de ſes Sujets. Si le pouvoir légitime eſt ſa force; ſi la bonté, la juſtice & la protection ſont ſes attributs; ſi l'amour & l'obéïſſance ſont ſes prérogatives, ſon devoir inviolable eſt d'inſtruire les hommes pour n'être pas dans le cas de les punir. L'Education doit élever l'ame & régler le cœur par l'exercice des vertus douces & des vertus fortes. Quand une Education pareille eſt le guide d'un peuple, elle devient le garant de l'affection, de la fidélité, du reſpect pour la juſtice & pour celui qui en eſt l'organe.

Toute idée de morale nous rappelle une obligation, l'idée d'obligation celle de loi,

angle de la feuille qu'il lui préſente, en diſant ironiquement, *Efface ce pli, ſi tu le peux.* Je tiens le fait que je rapporte de l'auteur même de ces Inſtitutions, témoin de la choſe.

l'idée de loi celle de Légiflateur, l'idée de Légiflateur renferme celle de rémunéra-teur & de vengeur. L'idée des récompenfes & des peines, préfente tous les motifs qui ont une influence directe fur les mœurs & la conduite des hommes.

La raifon éclairée épure le cœur. Un cœur pur abhorre le menfonge, l'injuftice, la cruauté, la rebellion. Les méprifes font moins communes, les fentiments d'hon-neur plus délicats. Les Grands font plus affables, les Petits connoiffent mieux leurs devoirs; la vie fociale eft plus douce, le Patriotifme plus univerfel, l'Etat eft mieux fervi & plus tranquille.

La connoiffance intime de ces vérités nous donne donc la confcience de nos obli-gations; ces obligations nous pénétrent de nos devoirs; mieux connus & plus fami-liers, ils nous en deviennent plus chers; dès-lors, nous ne craignons rien tant que de nous en écarter. Ce fentiment une fois fixé devient un goût, un penchant, un at-trait, une paffion. La paffion produit ce noble défintéreffement, ce courage géné-reux, cet enthoufiafme du bien, qui font jouir les Souverains, les Empires, les So-ciétés, du plus haut degré poffible de gloire, de puiffance, d'autorité & de richeffes.

Tels font les fruits de l'Education Nationale. L'Education particuliere, fi mê-me elle étoit bonne, laifferoit le corps d'une Nation tel qu'il eft. Pour changer la maffe, il faut attaquer la maffe. Voulez-vous détruire les maladies contagieufes des hommes faits? rendez la jeuneffe bien faine.

Cette entreprife étoit peut-être plus difficile à exécuter en Ruffie qu'ailleurs. Mais heureufement Catherine favoit que les efforts de tous les Sages font infuffi-fants pour combattre avec fuccés les préjugés, les erreurs, les vices fucés, pour ainfi dire, avec le lait, & confacrés enfuite par un ufage qui a force de loi.

C'est en vain que les Philofophes Citoyens, dont j'ai parlé, ont fait condamner au tribunal de la nature & de la vérité la méthode antique & barbare du Pédantif-me. Leurs voix, organes de la raifon, ont été étouffées par le cri de l'erreur, ou du moins l'unique avantage qu'ils aient obtenu fur l'empire aveugle de l'habitude, c'eft celui de voir greffer de nouvelles branches fur un tronc vermoulu.

Le grand Prédicateur, le feul efficace, c'eft le Souverain. Il peut, quand il le veut, couper le cable des préjugés nationaux, déraciner les abus, femer des vé-rités utiles dans le champ même de l'erreur. L'acte qui la détruit eft, felon moi, le plus augufte des Adminiftrateurs fuprêmes.

C'est principalement par-là, que le nom de Catherine Inftitutrice, fera cher aux ames fenfibles, & révéré dans tous les fiecles. Il eft bien difficile d'encourager les Princes, fans tromper l'Univers fur leur compte. Mais ici la vérité conduit ma plume; je n'ai ni faveur à prétendre, ni difgrace à redouter. Auffi ne crains-je pas qu'on me foupçonne d'un crime que j'abhorre. Les Panégyriftes ferviles & mercenaires ont fait plus de tyrans, que les tyrans n'ont fait d'efclaves forcés. J'ai toujours cru que les premiers devoirs de l'homme, étoient d'être vrai, d'être jufte, de faire le bien, & d'en indiquer la fource aux autres.

Nous naiffons Citoyens : nos rapports avec tous les hommes nous rendent Cof-mopolites. Voilà la profeffion de foi de l'honnête homme; c'eft la mienne. L'in-térêt, ou la flatterie, n'entrent donc pour rien dans les motifs qui m'ont engagé à rendre publiques ces Inftitutions. J'ai entrepris de mon chef, un ouvrage plus pé-nible que glorieux pour le Traducteur, parce que je l'ai jugé utile à toutes les Na-tions. Quiconque aura lu ces Inftitutions, conviendra que chacune d'elles eft un monument élevé à la fageffe de l'Impératrice.

Pour former, pour exécuter les plans relatifs à fes vues, cette Princeffe avoit befoin d'un homme : elle le trouva.

Le premier Etabliffement dont il s'occupa eft la maifon Impériale des Enfants-trouvés de Mofcou. Ce fut le 21 Avril 1764. qu'on en pofa la premiere pierre. L'Impératrice affigna cent mille Roubles pour le Bâtiment, & un revenu annuel de 50 mille. Son augufte Fils y en ajouta 20 mille. Le bien fe multiplie par l'exem-ple. Eh! quel exemple plus efficace que celui d'une Souveraine patriotique, & d'un jeune Prince qui, depuis l'âge de dix ans, a confacré une grande partie de fes revenus au foulagement des pauvres & des malades? Si l'exemple des mauvais Princes eft fi contagieux, pourquoi celui des bons n'auroit-il par l'influence de l'aftre qui nous éclaire? il dore d'abord le fommet des montagnes, il réjouit les val-lées, puis il fe répand dans la plaine pour y porter la lumiere & la vie à l'infecte même caché fous l'herbe.

Une fociété fans afile pour les Orphelins & les Enfants abandonnés par leurs pa-rents, peut être comparée à l'état fauvage de la Nature, où les vents violents em-portent les graines fécondes des plantes, & précipitent les unes au fond des eaux, les autres fur les chemins, fous les pieds des voyageurs, ou fur des rochers arides où elles périffent toutes également. Mais fi la main diligente de l'Agriculteur les recueille, les dépofe dans une terre fertile; fi elle les arrofe, les abrite, les émon-de, il en naît des arbres vigoureux qui donnent des fleurs & des fruits, qui ajou-tent d'année en année à la premiere richeffe.

L'Exemple des bons Rois eft donc le feu-principe des hommes : & fur qui les exemples dont je parle doivent-ils avoir plus d'empire que fur ceux qui en retireront inceffamment tout le fruit, qui feront heureux fous le regne des mœurs & des lumieres, des talents & de l'induftrie?

Un homme qui ne feroit qu'imitateur, manqueroit certainement de génie; mais l'homme de génie n'eft jamais fervile : il crée en imitant, il ajoute à fes ouvrages la perfection qui manquoit à fes modèles. Le Plan de l'Inftitution de Mofcou eft original; il renferme deux chofes uniques, dignes de l'admiration de tous les Sages. La premiere, c'eft qu'il eft conforme au Phyfique & au Moral des hommes que l'on veut former, & relatif à tous les befoins de la Ruffie; la feconde, c'eft que l'Auteur a réfolu le grand problème qui eft de bien faire l'Education fans affliger les Enfants, en abandonnant le talent naturel à fon propre choix.

Celui qui ne fentira pas l'importance, l'utilité, les avantages de cette idée fimple, mais fublime, peut fe difpenfer de lire les Inftitutions dont cette loi pratique eft la bafe.

Le talent mis à fa place, offre le point de réunion de la Nature & de l'Art. C'eft donc bâtir folidement fur le fond de la Nature, que de prendre le goût & le penchant pour guides.

Il n'y avoit que deux Etats en Ruffie; la Nobleffe & la fervitude. Mais Sa Majefté Impériale a couronné fes bienfaits par un bienfait plus grand encore, en s'occupant à créer un Tiers-Etat libre dans toute l'étendue du terme. C'eft par les avantages particuliers, individuels qui feront les fruits de cette liberté, qu'une Souveraine Autocratique veut la faire connoître à un Peuple qui croit que liberté & licence font fynonimes. Quelle fublime leçon le pouvoir abfolu donne aujourd'hui au monde ! Il plaide la caufe de l'humanité & de la tolérance; il affure les libertés & les propriétés pour rendre fes fujets heureux fous le feul joug de la loi, & c'eft le Nord qui préfente cet exemple à l'Orient & au Midi. Jufqu'à quand ces climats, les plus fortunés de tous, feront-ils gouvernés par des Princes qui aviliffent la Nature humaine, qui changent des hommes libres de par Dieu en Serfs, & ces Serfs en Automates?

Tel eft le plan & le but du premier Etabliffement fait à Mofcou. Si ce plan, bien lu, bien médité, n'offre pas au lecteur l'idée d'un chef-d'œuvre, je conviendrai fans peine que mon jugement a été la dupe de mon cœur.

Ce Plan ne pouvoit manquer de donner naiffance, & de fervir de modele à un grand nombre d'autres. Auffi a-t-il infpiré, produit & dirigé les onze fuivants que l'on peut regarder comme autant de Corollaires réfultants d'un même principe.

I. L'Institution de la Communauté des Demoifelles.

II. Celle des Bourgeoifes.

III. Un entrepôt pour les Enfants-trouvés, avec un hôpital pour les pauvres femmes prêtes d'accoucher.

IV. Le corps des Cadets actuels.

V. Un Gymnafe annexé à ce corps pour y former des Inftituteurs, des Gouverneurs, des Maîtres nationaux, tirés des Eleves qui promettent le plus, tant de l'Académie des Arts que des Sujets libres de l'Empire.

VI. L'Académie des Arts dirigée d'après ce nouveau Plan.

En 1772. On en a formé quatre autres à Mofcou.

I. Une Caiffe pour les Veuves.

II. Une Caiffe de Dépôt qui affure les propriétés.

III. Une Caiffe d'emprunt ou Lombard.

IV. Un Gymnafe de Commerce pour élever & inftruire les enfants des Marchands & Négociants Ruffes.

Ce n'eft pas ici le lieu d'entrer dans les détails de ces Inftitutions. Je ne veux anticiper ni fur le jugement, ni fur l'admiration de mes lecteurs. Mais je prends la liberté de leur demander une grace que leur bonté m'accordera fans doute; c'eft de lire avec attention chaque Inftitution à part, & d'apprécier les raifons, les motifs, la néceffité & l'utilité des ftatuts & réglements tels qu'ils font. Cela fait, ils pourront calculer les obftacles, les chocs, les frottements qu'ont dû éprouver dans le principe, des machines fi compliquées, fi nouvelles pour la Nation dont elles feront un jour le bonheur. Les réfultats de ce calcul completteront l'éloge de ceux qui ont conduit ces Etabliffements au point où ils font aujourd'hui.

On ne peut rien ajouter à la partie phyfique de ces Inftitutions. Les moyens qui procurent aux Eleves des deux fexes cette fanté Athlétique, méconnue depuis plufieurs fiecles font:

I. L'Air libre & pur.

II. La propreté de l'extérieur & de l'intérieur des maifons.

III. Une nourriture faine & point délicate.

IV. L'habitude aux variations du Climat, à l'intempérie des faifons.

V. L'habillement commode, léger, fans ligature.

VI. Tous les exercices que comprend la Gymnaftique la mieux entendue.

VII. Tous les jeux, le Volant, le Palet, le Jeu de boules & de quilles, l'Arc, le Saut, la Courfe, la Lutte, la Natation, le Voltiger, l'Efcrime, la Danfe, l'Agriculture; en un mot tout ce qui donne l'adreffe, la force à porter, à marcher,

marcher, à courir. On peut voir à ce sujet ce que j'en ai dit dans une lettre adreffée à M. Dupont, Auteur des Ephémérides du Citoyen. On l'a inférée dans le premier volume de l'année 1772.

L'EDUCATION générale a une infinité d'avantages fur l'Education particuliere. Parmi ces avantages, il y en a deux qui me paroiffent bien grands ; ce font l'émulation & l'imitation en tout genre dans le phyfique & dans le moral. Pour fentir l'aiguillon de l'honneur, il faut vivre parmi fes égaux en grand nombre ; de même que pour rougir, la préfence d'une multitude de témoins eft néceffaire. Tirez d'un village, un Ruftre ftupide & naturellement timide, & au bout de fix mois vous en ferez un brave foldat ; il aura pris l'efprit du corps ; il aura de l'honneur ; il fera jaloux d'être eftimé de fes camarades ; il s'eftimera lui-même ; il fe croira fupérieur aux Villageois fes compatriotes ; il aura un maintien plus affuré, & quand il le faudra, il marchera fiérement à la mort. Je ne vois rien là d'étonnant : toute l'Education eft fondée fur l'émulation & l'imitation. Nous y prenons des notions vraies ou fauffes, utiles ou nuifibles ; ces notions nous donnent les idées du bonheur & du malheur, du jufte & de l'injufte, de la vertu & du vice, du mérite & du blâme, de l'honneur & de la honte. Quoique les exercices de nos Eleves, foient proportionnés aux âges, & que les plus jeunes doivent jouer le rôle de fpectateurs avant que de fervir aux autres de modeles Gymnaftiques, nous voyons cependant, que les Enfants du premier âge cherchent à imiter ceux qui ont trois ans d'avance fur eux. Ceux-ci font les émules de ceux qui les précedent, & ces derniers ne perdent pas de vue les Cadets du quatrieme & du cinquieme âge.

C'EST un fpectacle nouveau & bien étonnant, que de les furprendre dans leurs jeux & leurs exercices. On ne doute gueres que ces heures de récréation ne foient très bien employées pour l'agilité, pour la force, pour la fanté, attendu que les Eleves font maîtres de choifir leurs jeux. Mais on ne s'attend point à les voir monter hardiment à des échelles de cordes, non fixées par en bas, à grimper jufqu'au fommet d'un mât fort élevé, dont la furface eft unie, à franchir des foffés remplis d'eau d'une largeur incroyable, à voltiger fupérieurement bien, à fe balancer fur le faîte même d'un toit, en fe précipitant de là dans un étang dont ils gagnent les bords à la nage, à gravir des montagnes de glace en hyver, peu de temps après leur lever ; on a peine à comprendre comment il eft poffible qu'étant légérement vêtus par les froids rigoureux de 20 à 30 degrés, ils patinent fur l'étang &c. Tout cela en effet eft prodigieux, & feroit tomber en fyncope des meres pufillanimes.

LES faits que j'annonce ici font connus de tous ceux qui habitent la Capitale, ou

Tome I. B

qui l'ont habitée, tels que les Princes, les Princeſſes de Pruſſe, de Darmſtadt & les Miniſtres des différentes cours de l'Europe, & voici les réflexions qu'a fait à ce ſujet un homme de bien, juſtement célebre, que la reconnoiſſance a amené de 8oo lieues au 6o degré, à l'âge de 6o ans au pied du Trône de ſa bienfaitrice.

„ Jugez, diſoit-il, combien cela doit plaire à un homme dont la premiere éducation a été auſſi diſſipée, auſſi violente, & peut-être plus périlleuſe, & qui a le front cicatriſé de pluſieurs coups de fronde reçus de la main de ſes camarades. Telle étoit de mon temps l'éducation provinciale. Deux cent enfants ſe partageoient en deux armées. Il n'étoit pas rare qu'on en rapportât chez leurs parents de grievement bleſſés. On dit que cette éducation vigoureuſe & Lacédémonienne s'eſt abâtardie; j'en ſuis fâché.

L'intention des chefs eſt qu'alors la gaieté des enfants ſoit ſans entraves, & je n'ai pas de peine à croire que dans ces moments la diſcipline ſoit oubliée, qu'il ſe faſſe mille eſpiégleries, qu'il y ait quelque dégât, que les Gouverneurs ſoient inquietés & tourmentés, qu'à la premiere iſſue qui ſe préſente les Eleves ne s'échappent de leurs yeux, & ne ſe livrent à toutes leurs fantaiſies. Je ne doute pas davantage qu'entre les Gouverneurs il n'y en ait qui ſe plaignent alors de la poliſſonnerie des Eleves, & du défaut de la ſubordination; mais je ſuis bien ſûr que le Chef ſe moque d'eux, parce qu'à cet égard ſon Inſtitution eſt excellente, & je ſuis tout auſſi ſûr que je m'en moquerois à ſa place. Je me ſouviens qu'à l'âge de ces enfants, mes camarades & moi, nous penſâmes démolir un des baſtions de ma ville, & paſſer les vacances de la ſemaine ſainte en priſon. Cependant on avouoit que, de mémoire de parents, on n'avoit pas vu une plus heureuſe couvée d'enfants. Je regrette qu'à cette éducation qui prépaparoit des corps robuſtes, des ames fortes, courageuſes & libres, il en ait ſuccédé une éfféminée, pédanteſque & roide.

Vos Eleves acquierent par ces exercices de la force, ſurtout de l'intrépidité, & une ſanté à l'épreuve de toutes les intempéries du climat. Ce ne ſeront pas de malheureux petits hygrometres. Ils ſauront oppoſer un tempérament robuſte dans le cours de leur vie aux conjonctures difficiles qui les attendent. Dans la lutte contre nature, c'eſt beaucoup de s'être affranchi de l'inclémence des ſaiſons.

Ce que j'aime encore, c'eſt que ſur un corps robuſte ils ne porteront pas une tête rétrécie par le préjugé; ils n'en avoient point lorſqu'ils ſont entrés dans le Corps, & ils n'y en recevront point. Sans ceſſe mêlés, conduits, éduqués par des Inſtituteurs de différentes Nations, ils apprendront, ſans s'en appercevoir, à diſtinguer les hommes, non par leur croyance, mais par leurs vertus; & comme dans les cources inſtructions que le Pope Grec, & le Paſteur Luthérien leur donnent, il n'eſt queſtion ni de diable, ni d'enfer, vos enfants n'auront par le *torticoli* des nôtres...."

Je ne ſçaurois me diſpenſer de rapporter ici l'entretien d'un habitant de la Thrace avec un citoyen d'Athenes, parce que les propos de l'un, & les réponſes de l'autre, iroient également bien dans la bouche d'un Citoyen des contrées les plus policées de l'Europe, & dans celle d'un Ruſſe.

L'habitant de la Thrace vantoit à l'Athénien l'éducation mâle qui étoit en uſage dans ſa patrie. L'Athénien lui demanda : mais vos enfants ont-ils cette politeſſe qui annonce une jeuneſſe libéralement élevée, & qui plait même encore lorſqu'elle ne tient pas ce qu'elle promet ? Athénien, mon ami, reprit le Thrace, permets qu'au lieu de te répondre, je hauſſe les épaules & te tourne le dos.

Quand je deſcendis de mon pays ſauvage ſous le Portique, tu étois déja un petit prodige & je n'étois qu'un ours mal léché. Je ne ſais ſi tu voudrois être ce que je ſuis devenu, mais je ſais bien que je ne voudrois pas être ce que tu es.

L'habitant de l'Attique ajouta : on ne ſe donne gueres la peine d'être poli quand on vit toujours avec les mêmes perſonnes. Une longue habitude engendre une familiarité groſſiere. Voyez nos enfants, ils ont déja la grace & la politeſſe du grand monde ; c'eſt qu'ils ne ſont pas toujours avec leurs précepteurs & leurs camarades. Nous les préſentons de bonne heure en ſociété, nous leur imprimons au ſortir du berceau le deſir de plaire, ils nous voient, ils nous écoutent, ils nous imitent. Je gage que vos jeunes enfants tiraillent, arrachent ceux dont ils s'approchent, qu'ils gambadent, & qu'ils n'ont qu'une ruſtique gaieté ſans gentilleſſe & ſans fineſſe. Je les vois, je les entends d'ici ; j'entends leur voix haute, je vois leur maintien hardi, à moins qu'ils ne ſoient ſottement timides ; convenez que cela leur reſſemble.

Beaucoup, répondit le Thrace ; mais dis-moi, permets-tu à nos enfants de lutter, de nager, de ſauter des foſſés, de gravir ſur des arbres ?.... Aſſurément.... Tu ne ſais donc ce que tu dis, car tu les veux à la fois comme les tiens, & comme les nôtres, ce qui eſt incompatible.

Ecoute, nous ne voulons pas que nos enfants ſoient polis & maniérés comme des poupées à reſſort. Si tu crois qu'un homme qui a conſervé le goût de la véritable nature, n'aime pas mieux la franchiſe, la liberté, les cris, les ſauts, l'impétuoſité, les tiraillements de nos petits montagnards, que les révérences cadencées, les pieds portés en avant & retirés en arriere de tes inſipides petits Manequins ; mets tes jolis marmots dans des boëtes, les nôtres ne ſont pas faits pour cela. D'ailleurs ce que tu cultives ſi ſoigneuſement dans tes jeunes enfants ; les nôtres l'apprendront en deux ans, dans nos affemblées, avec cette différence, que leurs premieres années auront été mieux employées, & qu'ils conferveront l'empreinte de l'originalité naturelle. Tes marmots femblent avoir été tous fondus dans le même moule. Nous voulons que les nôtres, fortis divers des mains de la Nature, reftent divers; ils feront utiles les uns aux autres, & c'eft leur diverfité qui produira l'inégalité néceffaire au foutien & à l'harmonie de la Société dont ils feront membres. Fais comme tu voudras, mais ne dédaignes pas fottement ce que les autres font. Tu as ton but, nous en avons un autre; ou plutôt tu n'en as point, & nous en avons un. Tu veux des agréables, & nous voulons des hommes.

Je fuis de l'avis du Thrace : tous les enfants chéris & choyés font des momies. Les Savoyards, les Hongrois, les Polonois, & un grand nombre d'autres Peuples, qui expofent leurs enfants nus aux injures de l'air, à l'inclémence des faifons, les familiarifent avec les extrêmes du chaud, du froid, de l'humidité. Une fois aguerris dans cette lutte contre nature, ils ne connoiffent ni catarres, ni rumes, ni fluxions. Si dans l'âge avancé, ils éprouvent des maladies, ce font celles que produit néceffairement l'action de nos refforts qui fe détruifent par eux-mêmes; ou s'ils vieilliffent avant l'âge, c'eft que les travaux exceffifs produifent les effets de la molleffe & de l'inertie. Mais examinez la claffe des Payfans qui ont le néceffaire, & qui travaillent fans excès, c'eft-là que vous trouverez des hommes fains, des hommes robuftes, des centenaires. Les héros de l'Antiquité, les Théfées, les Hercules, les Achilles, s'exerçoient. Dans tous les fiecles l'exercice a fait des héros.

Les perfonnes qui voient pour la premiere fois les jeux, les exercices de nos enfants, ont peine à en croire leurs yeux: ils font effectivement des chofes incroyables. Mais comme ils font infiniment plus agiles, plus adroits que les enfants ordinaires, il leur arrive très rarement des accidents graves. Aucun d'eux jufqu'à préfent ne s'eft eftropié, aucun ne s'eft tué. On eft donc fondé à croire que ces malheurs n'arriveront pas dans la fuite. Cette efpérance eft d'autant plus légitime que, dans chaque établiffement, la premiere réception a dû fe tracer à elle-même la route dans la carriere Gymnaftique, & que ce n'eft gueres que les premiers Effais en ce genre qui puiffent avoir des fuites funeftes. Les âges fubféquents ont trouvé la carriere ouverte, & des guides pour les conduire.

Quoi qu'il en foit, fi l'on vient nous dire qu'un enfant s'eft bleffé en tombant d'une colonne ou d'un arbre en bas, nous répondons: faites le panfer fur le champ; fi l'on ajoutoit qu'un autre s'eft tué, nous dirions avec douleur, qu'on l'enterre. Une plaie légere, une boffe au front doivent-elles faire juger mauvaife une chofe excellente de fa nature ? Où en feroit le Légiflateur fi, pour un cas particulier, il dévoit changer une loi générale qui eft bonne ? Parce qu'un matelot tombe dans la mer, faut-il enfermer tous les autres dans le fond de Cale ?

Rien n'eft plus rare que de voir les enfants fe bleffer d'eux-mêmes quand on ne les intimide point, quand ils choififfent leurs amufements, quand ils jouent & s'exercent en pleine liberté, quand les inftruments dont ils fe fervent ne les trompent pas. Si ces inftruments font mauvais, s'ils viennent à fe brifer, à fe rompre, les enfants feront les dupes de leur confiance, mais les furveillants feront les feuls coupables. On a grand foin de prévenir les accidents de cette nature, en vérifiant, matin & foir, fi tout ce qui fert aux jeux, aux exercices des Eleves, eft en bon état. Au furplus, les inftruments qui manquent dans la main d'un Enfant, au moment où le defir lui en fait une néceffité, peuvent lui donner une leçon de prévoyance & de précaution, d'autant plus efficace, qu'elle eft inaprêtée & très fenfible. C'eft ainfi qu'une infinité de chutes apprennent aux Enfants, à conferver leurs corps dans l'équilibre, & à s'affurer fur leurs jambes.

Ceux qui connoiffent l'influence du préfent fur l'avenir, & les rapports néceffaires de l'enfance avec les âges fubféquents, verront dans ces exercices toute autre chofe que des jeux d'enfants. Le but de cette Gymnaftique n'eft pas feulement de donner aux Eleves une conftitution vigoureufe, une fanté ferme. Un fuccès en amene un autre, toutes les fortes de bien fe touchent. Ces exercices infpirent aux eleves le courage du cœur, en attendant qu'ils acquierent celui de l'efprit. Ce courage du cœur, qu'on vante tant, & qui eft effectivement très louable, eft bien plus une affaire d'éducation qu'un don de la Nature. C'eft une vertu mâle qui naît du fentiment de fes propres forces, qui fait braver le danger & les fuites du danger. La Nature au contraire tend toujours à fa confervation. Mais pour avoir le fentiment de fes propres forces, il faut les avoir mifes à l'épreuve; c'eft ce que nos Eleves font chaque jour. Ces épreuves renaiffantes font autant de préfervatifs contre les impreffions de la peur. Ils conferveront leur fang froid dans tous les cas, & fe tireront du danger parce qu'ils le connoiffent.

1°. Ils jouent avec l'eau avant de favoir raifonner. Dans un âge plus avancé ils fe précipitent dans un étang & le paffent à la nage, fouvent entre deux eaux.

2°. Il y a des bouches à feu dans l'enceinte du corps des Cadets, & c'eft une fête pour les Eleves de faire jouer ces machines de guerre, de les voir s'enflammer, & d'en entendre le bruit.

3°. Exposés aux intempéries de l'air & des faifons, jouant au milieu des orages, ils se récrient sur la beauté des éclairs comme on fait sur celle des fusées dans une fête publique : familiarisés avec le feu de la terre, celui du Ciel ne les épouvante plus.

4°. Dans leurs exercices Gymnaſtiques, ils ont monté & deſcendu des échelles, gravi des mâts, grimpé à la cime des arbres; l'aſpeĉt des hauteurs & des profondeurs, a aſſuré leur tête pour toujours.

5°. La lutte, par ſes chocs, ſes ſaiſiſſements, ſes entre-laſſements, ſes chûtes, ſes contuſions, les arme peu à peu contre la douleur. L'honneur du courage engage ces enfants à la ſupporter en hommes.

6°. Ils n'ont point d'yeux pour les Revenants, les Spectres, les Fantômes. Dès l'âge de cinq ans ils ſont entre les mains de la raiſon. Les Nourrices & les Bonnes n'ont pas eu le temps de les effrayer par leurs contes.

7°. Enfin nos Eleves, dans un combat, ne reſſembleront point à Démoſthene ni à Horace. Tous deux s'enfuirent en jettant leur bouclier, l'un à la bataille de Chéronée, l'autre à celle de Philippes. Pourquoi ne vit-on jamais fuir ni Alcibiade, ni Céſar? C'eſt qu'ils furent élevés dans les camps, au bruit des armes & au ſein des périls. L'Education eſt ici la même, elle produira les mêmes effets. Mais il eſt temps de paſſer du phyſique au moral de l'Education.

Ce ne ſeroit pas aſſez de donner à nos Eleves une conſtitution robuſte, les forces & l'adreſſe de l'homme ſauvage. Il faut que leurs organes, perfeĉtionnés dans l'attelier de la Gymnaſtique, rendent les opérations de leur eſprit plus faciles & plus ſûres. On ne doit point oublier que plus la partie phyſique de l'éducation eſt vigoureuſe, plus auſſi la partie morale doit en être forte. La force ſeule eſt violente, oppreſſive, injuſte. C'eſt une arme bien dangereuſe dans les mains du méchant. La force a donc beſoin du contre-poids de la Juſtice; elle doit être tempérée par la douceur des mœurs. Les bonnes mœurs ſont la ſanté de l'ame; elles ſont auſſi eſſentielles au bonheur de l'homme que l'air eſt néceſſaire à ſa conſervation. Les Enfants doivent les ſucer avec le lait, les reſpirer avec l'air, afin que par-tout, & dans toutes les poſitions ils travaillent à leur propre félicité ſans nuire à celle des autres.

Mais, demandera-t-on, que montrez-vous aux Eleves dans leurs Claſſes? De quels Auteurs ſe ſert-on? quelle eſt la méthode que l'on ſuit? Quel eſt l'enchaînement des connoiſſances par leſquelles on les fait paſſer ſucceſſivement? Sont-ils tous aſſujettis aux mêmes études? Chacun eſt-il maître de ſuivre l'art ou la ſcience qui lui plait? Qu'en veut-on faire? N'y a-t-il qu'un petit nombre d'états de la Société aux quels ils ſoient deſtinés? Se propoſe-t-on de les rendre ſelon leur capacité, également propres à tous? Ceux qui compoſent une claſſe, inſtruits ou ignorants, paffent-ils indiftinctement au temps fixé dans la claffe fupérieure , ou lés arrête-t-on dans une claffe jufqu'à ce qu'ils foient fuffifamment inftruits ? Par quels moyens excite-t-on, ou foutient-on l'émulation entre eux ? Quelle récompenfe a-t-on atta-ché à la diligence? Cette récompenfe eft-elle publique ou particuliere ? Quelle pu-nition a-t-on attaché à la mauvaife volonté ou à la pareffe? La punition eft-elle publique ou particuliere ? Comment s'y eft-on pris pour tourner l'amour propre à l'amour de la fcience, de la vertu & des devoirs ? Si les progrès ne répondent pas aux efpérances., quels moyens d'y remédier à l'avenir ?

TOUTES ces queftions feront répondues dans le cours de cet ouvrage ; je ne réfou-drai ici que les effentielles, & pour cela, je reviens à la partie morale des Inftitutions.

IL y a deux moments dans notre vie. Celui où nous fortons ignorants des mains de la Nature , & celui où nous entrons dans les idées que nos femba-bles ont acquifes , & qu'ils nous communiquent.

CE paffage intéreffant prouve aux Inftituteurs de la jeuneffe qu'il y a réellement deux hommes dans un ; l'homme de la Nature & l'homme de la fociété, & que par conféquent la bafe de toute morale doit fe prendre dans l'ordre phyfique.

CETTE conféquence lumineufe & vraie , produit ici des effets inconnus ailleurs. C'eft le premier homme que l'on fuit dans notre éducation , tandis que dans les au-tres on ne s'occupe gueres que de l'homme factice. C'eft auffi le feul qui refte, & celui dont on nous donne les idées fauffes ou précaires , comme fi elles étoient fes idées primitives. De là les préjugés reçus & tranfmis avec l'ignorance acquife.

L'ORDRE phyfique & l'ordre moral, inftitués par Dieu même dans le principe des chofes , font intimement liés entr'eux. Le premier eft le guide de la nature ; le fecond eft le régulateur des mouvements volontaires , qui ont rapport aux inclina-tions naturelles. Ces deux ordres n'ont rien d'arbitraire ; leurs loix embraffent & affujettiffent tous les êtres. Le plan de l'Education morale de l'homme , doit donc être relatif & convenable au phyfique de l'homme. Etudiez le cœur humain , exa-minez les refforts qui le meuvent ; conduifez-les fagement, ne les comprimez pas trop : tenter de les détruire, c'eft vouloir rapprocher l'homme de l'état d'apathie; c'eft, comme on l'a dit, le pendule qui fe moque de fon reffort, & l'effet qui mé-connoit fa caufe. L'examen rapide des divers états de l'enfance, rendra ces véri-tés plus fenfibles encore. Dans l'enfance notre corps fe meut avec difficulté ; il tâtonne , il chancelle , jufqu'à ce qu'il fe foit fait une habitude de certains mouve-ments , & que le tact qui veille à l'inftruction de nos fens, ait dirigé nos mouvements vers un but déterminé? Dans la marche morale , notre ame rencontre

les mêmes obftacles à furmonter; fi nos premieres idées ne font pas une fuite continue de nos premieres fenfations phyfiques, elle héfite, doute & flotte dans
l'incertitude, jufqu'à ce que les idées nettes des objets & des chofes, acquifes par
le temps & l'expérience, confirment ou diffipent fes premiers doutes. Qu'arrive-
t-il alors de part & d'autre? L'effet tombe fous les fens, le corps & l'ame déter-
minent leurs opérations avec moins de lenteur & plus de certitude. Le premier fait
des mouvements avec connoiffance de caufe, ces mouvements correfpondent à
la volonté qui les détermine. L'ame de fon côté, acquiert chaque jour de nouvelles fenfations, ces fenfations font naître des idées fimples d'abord, & compliquées enfuite. La réflexion & le jugement les dirigent, les combinent, pour le
bien phyfique & moral de chaque individu.

SIX efpeces d'Inftituteurs dirigent fucceffivement cette marche phyfique & morale. Les premiers font tous les objets qui nous environnent. Les feconds font
les mouvements & les exercices. Les troifiemes font les befoins & la néceffité. Les
nourices, les bonnes, les meres forment la quatrieme efpece, & les hommes la
cinquieme. Le monde & les fociétés particulieres compofent la fixieme.

L'ACTION continuelle des objets fur nos fens, eft à la portée des efprits les moins
pénétrants, & toutes nos idées viennent par les fens. Ainfi l'Education phyfique
commence à la naiffance de l'Enfant; dèsque fes yeux fe deffillent, que fes organes
fe fortifient, il devient, par degrés, fufceptible de toutes les impreffions. Le fens
de la vue, de l'ouie, du goût, du toucher, de l'odorat, reçoivent alors leurs premieres inftructions; elles trouvent, fi je puis m'exprimer ainfi, toutes les portes de
l'ame ouvertes. Les objets s'y précipitent en foule, & gravent une infinité d'idées
confufes dans la mémoire. C'eft ainfi que l'enfant apprend à voir, à fentir, à rectifier les erreurs d'un fens par un autre. Le cerveau, dans l'enfance, eft comme
une table rafe fur laquelle les idées viennent s'imprimer par le miniftere des fens,
& avec le tems le livre moral fe fait. Mais la premiere raifon de l'Enfant eft une
raifon fenfitive.

LE jeu intérieur de nos organes, demande d'être fecondé par le mouvement
extérieur, & l'homme enfant a encore plus befoin d'exercice que l'homme fait;
la fanté fe fortifie en raifon du mouvement : plus nos organes font forts, plus
auffi les fenfations font juftes & les impreffions durables.

Les befoins & la néceffité éveillent l'inftinct, appellent le defir, développent l'induftrie, & vivifient l'homme. De tous les Inftituteurs ce font ceux dont les leçons font toujours écoutées, & les confeils toujours efficaces.

LA

La nature encore très foible dans la premiere enfance, exige des attentions & des fecours dont la main des hommes s'acquitteroit mal. C'eft le partage des femmes. Qu'elles veillent dont à la confervation des Enfants, dans la liberté & le mouvement; que peu à peu elles délient leurs langues; qu'elles leur faffent prononcer des fons bien articulés ; mais qu'elles ne faffent fonner aucun mot à leur oreille, qu'elles n'aient foumis l'objet fignifié par le mot à tous les fens analogues. Pour former un langage de raifon, il ne faut jamais donner le mot avant l'idée.

Dès que les femmes auront donné la parole à leurs Eleves, c'eft aux hommes à leur donner la penfée.

La formation de l'homme moral eft le point critique de l'Education. Elle exige néceffairement deux chofes : éclairer l'efprit, & placer la vertu dans le cœur.

Presque tous les hommes naiffent avec un efprit jufte, prefque tous faififfent la vérité lorfqu'on la leur préfente clairement. Mais l'habitude où l'on eft de fophiftiquer l'efprit, le fauffe pour toujours. Ce qui eft faux ne peut produire des fruits utiles. L'utilité conftante des hommes & des chofes eft le feul caractere auquel nous puiffions reconnoître le vrai, le bon, le beau. Si l'on avoit l'attention de ne jamais nous tromper dans l'enfance, nous aurions des lumieres & de la raifon ; nous jugerions fainement des chofes, nous penferions jufte, nous ferions le bien pendant le cours de notre vie. Mais malheureufement on nous trompe, & l'ignorance acquife eft le fruit ordinaire de l'Education. Voilà pourquoi les Claffes qui font pleuplées de jolis Enfants, donnent tant d'hommes fots à la Société.

La marche des Inftituteurs eft tracée dans celle du Géometre, qui va du facile au difficile, du fimple au compofé, du point à la ligne, de la ligne à la furface, de la furface au folide.

Ils doivent donc faire marcher les idées fimples avant les idées compofées.

Les idées fenfibles avant les idées abftraites.

Les idées particulieres avant les idées générales.

Les individus avant les efpeces.

Les efpeces avant les genres.

Les Inftituteurs ne doivent jamais oublier que le pivot de l'Education morale porte entiérement fur l'Emulation, & que la grande fcience eft de trouver les moyens propres à l'exciter, à l'exalter autant qu'il eft poffible. Cette paffion noble eft un plaifir vif. Or, il n'eft point de plaifir, qui dans les mains d'un Inftituteur fage, ne puiffe devenir un principe fécond de vertu, quand il en eft la récompenfe.

C'est ce mobile qui excite une ardeur ftudieufe, & cet ardeur eft le garant des grands fuccès. L'Emulation bien plus que la nature, produit les génies ; c'eft le defir de s'illuftrer qui crée les talents.

Si, comme il eft vrai, le fyftême de l'Education doit fe confondre avec le fyftê-me du bonheur national, les Inftituteurs doivent fe regarder comme les inftruments habituels de la félicité publique. La connoiffance & l'amour des devoirs en font le principe, & le bonheur réciproque dépend de leur accompliffement.

COMMENT les Eleves pourroient-ils palper cette vérité, fi les Maîtres en abfor-boient les rayons dans les ténebres de la fauffe fcience ? Comment les Eleves re-connoitroient-ils le fentier de la vertu, dans le brouillard de la métaphyfique qu'on s'efforce de leur inculquer ? Si l'on ne peut douter de l'influence du caractere de la nourice fur fon nouriffon ; l'influence des Inftituteurs fur l'efprit & le cœur de leurs Eleves eft auffi vraie, mais infiniment plus fenfible.

C'EST pofitivement de cette maniere que chacun de nos Eleves apprend par la na-ture, à fe fervir de fes organes, à acquerir les forces néceffaires avant les connoif-ances intellectuelles. Une fois acquifes dans l'ordre que l'on fuit inviolablement, ces connoiffances leur apprennent à fuir ce qui leur eft contraire, à rechercher ce qui leur eft utile, à veiller à leur confervation, à la fatisfaction de leurs befoins.

L'ORDRE de nos Inftitutions fe rapproche donc, autant qu'il eft poffible, de l'Or-dre naturel, principe des loix phyfiques & morales qui gouvernent le monde & les êtres. Toute Légiflation, toute Inftitution, propres à rendre les hommes meil-leurs & plus heureux, devroient émaner de cet Ordre.

Nous naiffons Citoyens : l'exiftence naturelle de l'homme eft donc l'état de Socié-té, & c'eft dans cet état que le Syftême moral s'établit. L'homme naquit pour que fon intelligence prévalût fur toute la Nature ; fon droit naturel eft de fe procurer le plus grand bonheur poffible. Le fage emploi de fes facultés, de fon travail, de fon induftrie, eft le titre légitime de ce droit. On fait connoître aux Eleves que leur bonheur dépend de la maniere dont ils fauront s'arranger pour prendre leurs avantages ; conféquemment ils étudieront leurs rapports avec toute la Nature, ils les combineront enfuite pour s'en approprier tout le bon. Voilà la Prudence.

DANS cette étude ils comprendront néceffairement toutes les fortes de liaifons qu'ils ont avec leurs femblables. Comme ils les connoiffent fenfibles & raifonnables, ainfi qu'eux, ils favent qu'ils ont le même defir, le même droit, la même faculté de rap-porter tout le bon à eux. Ils s'arrangeront avec eux par la réciprocité de travaux, de fervices, de bienfaits, & voilà la Juftice. Or la Morale dérive entiérement de la Prudence & de la Juftice qui font elles-mêmes établies par les loix de l'Ordre naturel.

Nos Eleves apprennent donc à penser, à raisonner, à agir, comme ils ont appris à marcher. Les premieres vérités, qui conduisent à toutes les autres, servent d'appui à leur raison; on donne à leur ame une consistance de vertu par une Morale primitive, fondamentale, indépendante des sectes & des opinions. Dans un âge plus avancé ils connoîtront la Religion telle qu'elle est, grande, belle, bienfaisante. N'est-on pas fondé à espérer que nés, pour ainsi dire, dans le sein des mœurs, bercés par la main de la justice, instruits des principes générateurs du bien, ils porteront un jour dans la grande Société, l'heureuse disposition à rendre à chacun ce qui lui appartient, ce germe d'humanité qui compatit à tout, ce principe de fraternité qui voit sa famille dans toutes les familles, & les rapports essentiels des vertus douces & des vertus fortes, au bonheur public & particulier. Et pourquoi désespéreroit-on de former de tels hommes & un peuple juste? Quand Thémistocle eut annoncé à ses Concitoyens qu'un projet qu'il avoit conçu leur asserviroit la Grece entiere, on sait l'ordre qui lui fut donné de le communiquer à Aristide. Celui-ci ayant déclaré que ce projet étoit véritablement utile, mais injuste; à l'instant les Athéniens défendirent à Thémistocle d'aller plus loin. Voilà donc un Peuple entier qui respecte la Justice. Nos Eleves doivent lui ressembler.

Ce sont sans doute des réflexions si simples, si vraies, si lumineuses qui ont dicté le petit Catéchisme moral, civil & politique que l'on trouvera dans la troisieme partie de l'Institution de Moscou. L'Auteur a eu la modestie de ne le donner que comme une esquisse; c'est au moins celle d'un grand maître.

C'est donc de l'homme de la Nature qu'il faut partir pour former l'homme de Société; mais il faut bien prendre garde de blesser celle-ci, en soutenant les droits de celle-là. Cette attention a été la boussole des Institutions de CATHERINE II. Elles forment un Corps régulier d'Education nationale dont toutes les parties sont à leur place, parceque tous les points, toutes les lignes du plan original se correspondent.

Il est facile de rendre partout la Jeunesse saine, vigoureuse, capable de supporter les travaux divers, les intempéries de l'air & des saisons. La Nature commence l'ouvrage, la Gymnastique l'acheve. Mais il n'en est pas de même des qualités du cœur & de l'esprit. On gâte communément les premieres; & si l'on s'occupe des secondes, la plupart des Instituteurs font tout ce qu'il faut pour les étouffer & mettre le faux-savoir à leur place. On a pensé sagement que l'instruction de nos Eleves devoit être l'abrégé des longues études des hommes honnêtes & instruits. Les qualités essentielles qu'on exige dans les Instituteurs sont la douceur, l'urbanité, les bons exemples, & des connoissances utiles. Partout la douceur gagne les cœurs

C 2

& fait le charme de la Société. L'urbanité compagne de la décence, eſt une politeſſe ſans fadeur, ſans ſervitude, ſans gêne, ſans affectation. Les bons exemples
rendent l'homme tel que l'Education morale peut le deſirer. Les connoiſſances utiles ont trait à ſon bonheur & à celui des autres.

Le but de tout Inſtituteur, digne de ce glorieux & pénible emploi, eſt de ſe
faire aimer & reſpecter de ſes Eleves. Les qualités dont nous venons de parler procurent infailliblement l'amour & le reſpect. On fait tout pour plaire à ceux
qu'on aime; on n'offenſe pas ceux qu'on reſpecte. Voilà le ſecret de l'Education.

La ſévérité ne fait que des hypocrites, des puſillanimes & des caracteres rebours.
La crainte, qui ne porte que ſur la crainte, n'agit que pour le moment; mais celle
qui porte ſur le ſentiment de l'honneur & la crainte de la honte, ou ſur le danger de
perdre l'amitié & l'eſtime, retient également les hommes grands & petits. Celle-
ci eſt une barriere reſpectable; on franchit l'autre dès qu'on le peut.

Les Inſtituteurs conduiſent leurs Eleves pied-à-pied; ils les inſtruiſent par des Eléments, & toujours avec plus de plaiſir que de peine. La ſimplicité des principes
les conduit naturellement à l'évidence des réſultats. Une Education pareille eſt une
forte teinture qui pénétre juſqu'au fond du cœur & de l'ame.

Lorsqu'on aura donné aux Enfants les connoiſſances communes à toutes les conditions de la Société, l'intention du régime eſt de propoſer à la diverſité des talents
naturels, autant d'occupations diverſes ſur les quelles ils puiſſent ſe porter librement
& par goût.

On ne fait rien, mais rien du tout, d'un Enfant dont on veut tout faire.

Mais quelle eſt cette diverſité d'occupations qui conviennent à une jeune Nobleſſe? Je ne connois aucune ſcience, aucun art, quelque profond qu'il ſoit, dont
ils ne puiſſent apprendre les Eléments. Mais enfin quelle eſt cette diverſité de
ſciences dont on peut leur apprendre les Eléments? la voici.

L'intention des Chefs eſt qu'on leur apprenne, ſelon l'état au quel ils ſe deſti-
neront eux-mêmes, les Eléments

I. Ou de la Politique.

II. Ou de la Finance.

III. Ou du Commerce.

IV. Ou de la Police générale de l'Empire.

V. Ou de la Police particuliere d'une Ville.

VI. Ou du Gouvernement d'une Province.

VII. Ou de la Marine.

VIII. Ou du Miniſtere de la Guerre.

IX. Ou de l'Intendance des Bâtiments.

X. Ou de la direction des Académies des Sciences & des Arts.

XI. Ou de la direction des Etabliſſements de Pétersbourg. & de Moſcou.

XII. Ou de l'Intendance des Colonies.

XIII. Ou des Loix & de la Magiſtrature.

XIV. Ou des Ponts & Chauſſées, Ports à conſtruire, Canaux à faire, grandes Routes.

XV. Ou de la Deſcription Topographique. de l'Empire.

XVI. Ou des Mines.

XVII. Ou des Monnoyes.

XVIII. Ou des Eaux & Forêts.

Et l'Etat Militaire n'a-t-il pas ſes branches? & n'y a-t-il pas des Eléments,

XIX. De l'Art Militaire proprement dit.

XX. Du Génie.

XXI. Des Fortifications.

XXII. De l'Artillerie.

XXIII. Des Vivres.

Il faut faire attention que, pour un plan de cette nature, il faut diſpoſer de ſix-cent Enfants au moins, & en diſpoſer abſolument. Ne faut-il pas des ſujets pour chacune de ces parties? Chacune de ces parties ne demande-t-elle pas un homme tout entier? Et croit-on qu'un ſeul homme puiſſe les poſſéder toutes, même médiocrement?

C'est ainſi que l'on propoſera aux différents talents naturels autant d'études diffé-rentes. Les Eleves ſortiront du Corps, inſtruits & non fatigués, parcequ'ils auront fait la choſe qui leur offroit le plus d'éloges & le moins de peine. On ne peut attendre le ſuccès qu'à cette condition.

On apprendra à celui que ſon goût & ſon choix porteront aux Affaires publi-ques, à la Politique, (par exemple)

La Géographie.

L'Hiſtoire.

Les Traités.

La Morale.

Le Droit-Civil.

Le Droit des Gens.

Les intérêts des Nations.

Les intérêts de la sienne.

Les forces & les reſſources de toutes.

Leurs Prétentions.

Les Généalogies.

Ainsi qu'on voit ce petit plan d'études préliminaires à la Science des Affaires pu-bliques, il y en a un autre pour chacun des vingt-trois articles qui précedent. Voilà comment on doit préparer de grands Sujets, dans tous les genres, aux gran-des fonctions de la Société.

Mais, me dira-t-on, où trouverez-vous des Maîtres inſtruits pour cette diverſité d'occupations dont vous préſentez le choix à la diverſité des talents naturels?

Il eſt certain que cette difficulté paroit inſoluble au premier coup d'œil; cepen-dant je crois difficile d'en propoſer une plus frivole. Nous répondrons nettement: on ne veut point de ces hommes inſtruits, parcequ'on n'a beſoin que d'Inſtituteurs qui aient des mœurs, de la bonne volonté, & l'habitude de s'appliquer. Ils s'inſtrui-ront en inſtruiſant les Enfants. Il ne leur faudra pas deux mois d'études pour gagner une année d'avance ſur leurs Eleves, & cette avance, ils la garderont toujours. C'eſt ainſi qu'ils deviendront pour les nouveaux Eleves qui ſuccéderont à ceux qu'ils auront formés, des Maîtres profondément inſtruits, ſans être entêtés d'aucun ſyſtê-me particulier, & parfaitement imbus de l'eſprit des Inſtitutions, qualités encore plus difficiles à trouver que des lumieres acquiſes.

J'ai chaque jour l'occaſion de faire des obſervations intèreſſantes ſur ces Enfants; j'ai conſtamment remarqué que chaque âge a une maniere d'être & d'agir relative aux différents périodes de la vie de l'homme fait.

L'Age où les Enfants ſont reçus, eſt de cinq à ſix ans au plus. Chaque réception ſe fait tous les trois ans. Les nouveaux reçus ſont remis entre les mains des fem-mes. Ils portent tous l'habit brun. Lorſque la troiſieme année d'après leur récep-tion au Corps eſt expirée, ils paſſent au ſecond age pour trois autres années, & ſont dès lors entre les mains des Gouverneurs. Ils portent l'habit bleu. A la ſixie-me année de leur réception ils entrent au troiſieme âge, & portent l'habit gris. A la neuvieme année ils paſſent au quatrieme âge, & à la douzieme enfin au cinquie-me. Les Cadets du quatrieme & du cinquieme âges portent l'Uniforme.

Les Enfants qui portent le brun ſont tous volages, diſſipés, folâtres comme de jeunes animaux; ils changent ſans ceſſe de jouets & d'amuſements; ils varient de même leurs exercices. Ils aiment beaucoup à eſſayer, à meſurer leurs forces naiſſantes. Ces eſſais finiſſent preſque toujours par des culbutes, & quelquefois par des coups de poing &c. A cet âge la différence de l'esprit & du caractere, n'est presque pas sensible. Occupés des mêmes jeux, des mêmes exercices, soumis aux mêmes regles, & d'ailleurs sans passions, l'extérieur des Enfants est assez le même, car la contrainte n'y entre pour rien.

Les Bleus sont un peu moins folâtres & turbulents, mais ils sont plus espiègles. Les germes dont les développemens successifs doivent mettre tant de différence dans leurs goûts, leurs caracteres, commencent à se manifester. Les Enfants de cet âge, annoncent des dispositions plus ou moins heureuses pour l'application & l'étude ; ils sentent qu'ils ont déjà des inférieurs, & c'est ici que l'amour-propre s'annonce.

Les Gris s'appliquent davantage. Leurs exercices sont plus vigoureux, leurs jeux ont un but déterminé. Cet âge est comme le point du jour de leur intelligence. Leur amour-propre se tourne en émulation ; ils cherchent à mériter des prix, des distinctions, qui leur procurent les éloges de leurs Chefs & ceux du Public.

Les Cadets du quatrieme âge font voir d'une maniere plus sensible les développemens de l'esprit, les germes des passions, le goût naturel, le penchant, l'aptitude pour tel ou tel objet de préférence à tout autre.

Les Cadets du cinquieme âge annoncent des hommes. Leur raison est plus ou moins mûre, mais ils en ont une. A cet âge le caractere est formé, & le choix d'un Etat civil ou militaire est à-peu-près fixé pour toujours.

On remarque constamment, proportion gardée, que les développemens successifs du cœur, de l'esprit, de la raison, sont bien plus rapides chez les Filles que chez les Garçons. La différence en ce genre peut être évaluée au moins à trois années d'avance.

En général le passage d'un âge à un autre, le changement d'habit, produisent sur les Eleves de l'un & l'autre sexe des effets sensibles, même vingt-quatre heures après ce passage. Cela se sent, mais cela ne s'invente pas. Aussi ne fais-je ici que copier fidélement les tablettes de la Nature que j'ai sous les yeux.

On vient à bout de tout par l'amour-propre & l'honneur. L'homme fait presque toujours bien ce qu'il fait librement, par choix & par goût. L'Enfant est le singe de l'homme : un Eleve dit : je veux apprendre la Géographie & faire des Cartes. On lui apprend l'une, il tracera bientôt les autres, & l'on nourrit son émulation en lui montrant son ouvrage embelli, & même encadré, s'il en vaut la peine. Il en est de même des Sciences & des Arts nécessaires, utiles & agréables. Ce sera une loi fondamentale de toutes les Institutions.

Au surplus ce ne sont pas là les seuls moyens qu'on emploie pour nourrir l'émulation & faire germer les sentimens de l'honneur. Il est d'autres mobiles pour le moins aussi puissants sur le cœur des Eleves.

I. Sa Majesté Impériale visite ses Etablissements plusieurs fois chaque année. Plus Mere que Souveraine alors, elle caresse, elle embrasse tous ceux & celles qui se distinguent le plus. Elle prend plaisir à leurs exercices, à leurs jeux, Elle applaudit aux efforts qu'ils font pour l'amuser par des Comédies, des Opera-comiques, & même des Tragédies dont ils se tirent à merveille, & dont on distribue les rôles comme des récompenses. Son éloge aux premiers de leur Classe, à ceux qui se distinguent, principalement par des mœurs douces & honnêtes, est un reproche tacite, assez vif aux derniers & aux mauvais sujets, s'il y en a.

Tous ceux qui ont été témoins de ces scènes touchantes, conviennent qu'il n'en est point de plus intéressantes, de plus augustes pour l'humanité. L'empressement, la tendresse, la joie, la reconnoissance, l'envie de se surpasser les uns & les autres sont exprimés sur le visage de tous les Eleves. La peinture antique du Nil, couvert d'une infinité d'Enfants de la contrée qu'il fertilise, est une image assez fidele de ce qui se passe ici entre la Souveraine & les Eleves. Les uns sont assis à ses pieds, d'autres sont dans ses bras, & le plus grand nombre forme un cercle autour d'elle. Mais les paresseux, les désobéissants se punissent eux-mêmes en restant cachés derriere les autres.

II. Il y a, comme on le voit, des places d'honneur ; il y a des places de honte. Il y a une fois l'année des exercices publics, & cela pour chaque âge. Il y en aura davantage dans la suite, & pour chaque Classe, depuis les plus basses jusqu'aux plus élevées. Les marques distinctives y sont vivement disputées, & ceux qui ne se sont pas mis en état par leur travail de se distinguer ou de paroître à ces exercices, sont désignés comme des paresseux & des ignorants. Ils se cachent, & sont quelquefois quinze jours sans oser se montrer a côté de ceux qui sont diligents, & qui ont mérité ces marques distinctives.

III. La distribution des Prix annuels & des marques distinctives se fait avec solemnité dans une grande Salle où les personnes les plus qualifiées de l'Empire se rassemblent. On donne à ces Assemblées l'appareil le plus imposant. La marche mesurée des Eleves s'ouvre par une Musique de triomphe. Le Secrétaire du Corps lit ensuite le jugement motivé du Conseil sur les mœurs & les progrès des Eleves. Il nomme ceux qui ont mérité des Prix ; chacun d'eux sort des rangs pour recevoir la récompense qui lui est adjugée dans l'ordre de la distribution. Chaque Prix est annoncé par la Musique de triomphe. La distribution faite, la Musique change de caractere, & devient triste & lugubre. Il est difficile de se faire une idée juste de l'impression que produit le contraste de ces scènes touchantes.

Ce

Ce ne font point ici des jeux d'Enfants: les fuites de ces Prix font de la plus grande importance pour les Eleves. Ceux qui ont mérité des marques diftinctives auront, à leur fortie de l'Inftitution, des prérogatives dont ne jouiront par les pareffeux & les ignorants. Ces prérogatives font des grades, des avancements, le privilege de voyager aux frais du Corps &c.

Aussi le Confeil n'adjuge ces récompenfes que la balance à la main; la plus légere injuftice feroit un mal irréparable. M. Betzky m'a dit qu'à l'avenir on feroit décerner les Prix par les Eleves mêmes de chaque âge. Les Enfants fur cet objet ne fe font aucune grace; leur amour-propre, qui n'eft encore qu'émulation, fe plie à la juftice naturelle qui regne dans des cœurs tout neufs. Cela n'empêchera par le Confeil de favoir par lui-même à quoi s'en tenir fur les décifions de ces petits Tribunaux. Ces décifions fe feront par fcrutin, & celui ou celle qu'on balotera, fortira de la chambre afin de prévenir tout ce qui pourroit intéreffer, féduire, corrompre des Juges qui, fans le vouloir, pourroient devenir les dupes de leurs cœurs, & de leurs liaifons particulieres.

C'est ainfi qu'il faut rapprocher une Société d'enfants de la Société des hommes faits, où le defir de la confidération & la crainte du mépris font fi puiffants. Les dédaignés à la fin ne s'évertueront-ils pas? S'il y en avoit d'infenfibles à une honte continue, ne pourroit-on pas les regarder comme des ames baffes, ou des têtes ftupides fur les quelles les paffions honnêtes ne pourront rien? Il y a dans tous les états des hommes qu'il faut abandonner au néant.

Il eft encore d'autres moyens propres à faire germer & croître l'émulation des Eleves. Ces moyens feront détaillés dans le petit Code civil & militaire au quel on travaille actuellement. Il embraffe l'ordre, les mœurs, la fubordination, les récompenfes, les privations & les peines dont on doit faire ufage dans ces Etabliffements. Toute peine corporelle y eft interdite, quoiqu'il y ait des caracteres intraitables, des naturels d'âne qu'on ne fait aller qu'au bâton. Mais pourquoi faire un lieu de fupplice, d'une maifon d'Education? On ne forme point l'ame & le cœur des hommes en les aviliffant.

Avant de finir cette Introduction que j'ai cru néceffaire, je penfe qu'il eft bon de répondre ici aux objections qui m'ont été faites contre ces Etabliffements, par des perfonnes éclairées qui n'en pénétroient pas encore l'efprit & le but, & d'autres qui ne vouloient pas les pénétrer.

On a objecté 1°. Qu'excepté dans les moments des exercices du corps aux

Tome I. D

quels les Enfants font pouſſés machinalement par un accroiſſement de force & d'é-nergie qui fe développe en eux & qui cherche de l'emploi, ils doivent languir dans un état d'inertie qui tient à leur fituation & qui amene infailliblement le dé-goût. Et quels font les propos du dégoût ? les voici : Je ne me foucie pas de ces connoiſſances ; à quoi voulez-vous que cela me ferve ? Eſt-ce qu'on veut faire de moi un Savant ? Je faurai bien faire ma cour à la Souveraine, & me battre à l'armée fans cela. Leur faire entendre qu'à la vérité on fe bat bien, mais qu'on commande mal, quand on eſt ignorant ; & qu'on n'eſt pas agréable à la Souve-raine, quand on ne profite pas de l'Education qu'elle nous donne, c'eſt une leçon paſſagere qui n'a qu'un effet paſſager.

On a dit 2°. Vos Cadets paſſent quinze années au Corps toujours fous les mê-mes yeux, fans aucun but fixe, du moins qu'ils puiſſent appercevoir à leur âge, & fans autres efpérances que des récompenfes très éloignées. Or nos defirs s'affoibliſſent à mefure que leur objet s'éloigne. Les Cadets du troifieme âge, par exemple, en font à neuf ans, c'eſt-à-dire qu'ils paſſeront neuf ans fans faire aucun ufage profitable de ce qu'ils auront acquis, fans même en fentir aucun avantage dont l'amour-propre puiſſe fe repaître. Les années, fi courtes pour les hommes faits, font éternelles pour les Enfants. Neuf années ou neuf fiecles, c'eſt la même chofe pour eux. Le but qui leur eſt offert dans le lointain n'eſt qu'une image confufe qu'ils ne dé-mêlent qu'à travers un nuage. Eloignez une jouiſſance & l'homme fe décourage-ra. Reculez le terme & vous jetterez dans l'engourdiſſement. Dans nos con-trées, lorfqu'un Enfant a atteint l'âge de douze ans, il fe regarde comme fur le feuil du College ; un pied dans la Claſſe, un pied dans le monde. Il y a paru, il y paroit quelquefois, il y eſt applaudi. Il a gouté, il goute, il s'exagere le bonheur de la liberté. Il raccourcit la durée de fon efclavage par fes progrès ; il travaille, il étudie, il craint comme la mort de doubler une Claſſe. Mais ici vos Inſtituteurs reſſemblent à des pêcheurs fans appas qui fifflent fur le rivage. Croire que c'eſt ainfi qu'on attire le poiſſon dans le filet, c'eſt ne connoître ni le poiſſon ni l'homme.

Quelque preſſantes que foient ces objeƈtions, il me paroit qu'il eſt aifé d'y ré-pondre folidement, & en peu de mots. Nos Inſtituteurs conduifent les Enfants, & ne les forcent pas. Ils favent que, lorfqu'on paſſe à l'étude des chofes, il faut que celle des mots n'ait plus de difficulté. Avoir à apprendre en même temps la fcience & l'idiome, c'eſt une tâche même au-deſſus des forces de l'homme fait.

D'ailleurs nos Enfants fuivent leur penchant, leur aptitude à tel art, telle fcience &c. & par la raifon que ce que l'on fait à regrèt on le fait mal, ils doivent bien faire ce qu'ils font ici avec plaifir. Il eft très vrai que l'uniformité amene l'ennui, & bientôt le dégoût: mais comment la Monotonie pourroit-elle avoir lieu, lorfque les Enfants s'appliquent à ce qu'ils aiment, lorfque leurs travaux font entremélés de récréations, lorfque ces récréations changent, varient au gré de leurs defirs, lorfqu'ils font aniinés par les careffes de la Souveraine, par les applaudiffements du Public, par les récompenfes ou les peines attachées à l'accompliffement ou à la tranfgreffion de devoirs faciles à remplir?

Voulez-vous que l'homme, que l'Enfant s'évertue? Sans-doute, direz-vous. Nous le voulons auffi, & notre moyen eft fûr. Créez lui quelque paffion, quelque efpérance voifine, quelque crainte prochaine; que, pendue au bout de fon nez, il la voie & la pourfuive fans ceffe. C'eft aux Lecteurs à juger fi les Règlements ont négligé ce moyen, & fi le régime des Inftitutions s'y conforme. Revenons à une troifieme objection qui pourroit allarmer le Public, fi l'on n'en difcutoit pas le motif (c).

On m'a dit: fi j'avois à fonder un Etabliffement folide, je ne me contenterois pas de le lier à la Conftitution du pays, & d'en faire connoître l'utilité à mes Conci-toyens: j'irois encore au-devant de ce qu'il doit craindre d'un accroiffement immodéré. Sa protection, fa faveur, fon économie, l'emulation, & peut-être l'avidité des Chefs tendent toujours à lui acquérir des richeffes dont l'excès traîne infailliblement après foi les défordres, les plaintes, la deftruction. Quel exemple que celui des Templiers! Que ne pourrois-je pas dire fur le fort de quantité de Maifons reli-gieufes, d'Hôpitaux, de Fondations qui fubfifteroient encore fi ces Communautés euffent connu tous les avantages de la modération. L'expérience du paffé doit apprendre à tous les Etats la néceffité de fixer un terme à la faculté d'acquérir..... Un Fondateur éclairé doit donc prévenir les ombrages qu'on peut prendre avec rai-fon d'un nouvel Etabliffement qui ne fe preferiroit pas à lui-même des bornes dans

---

(c) Il me femble que toutes les Sociétés font compofées d'hommes que l'on peut réduire à cinq claffes. 1°. Il y a des hommes de bien qui ont du zèle, des lumieres, du patriotifme. 2°. Il y a des hommes honnêtes qui font ignorants de bonne foi. 3°. Il y a des hommes naturellement ftupides. 4°. Il y a des ignorants volontaires. 5°. Il y a des hommes méchants par principe. Les méchants par principe font incurables. Les ignorants volontaires font, après les premiers, la pire efpece; ils ne veulent ni démonftration, ni conviction. Les ftupides font très opiniâtres, l'habitude eft leur loi, il faut les laiffer pour ce qu'ils font. Les ignorants de bonne foi font refpectables, ils ne demandent qu'à profiter des lumieres, des exemples que les hommes de bien font toujours prêts à leur donner. C'eft pour ceux-ci que nous difcutons des objections qui pourroient leur en impofer.

l'acquifition de fes fonds. Il éternifera fon ouvrage, s'il peut éloigner tous les maux
que caufe l'excès des poffeffions; & ce feroit une grande marque de fageffe de fa
part, s'il déterminoit d'une maniere pofitive la quantité de terres qu'il fera néceffaire de réunir à la Maifon qu'il veut doter; s'il annonçoit au Public que, cet objet
rempli, la Communauté ne pourra fe procurer de nouveaux revenus que par des
Conftitutions de rentes en argent, & s'il donnoit pour motifs légitimes de fa prévoyance, que les changements qui furviennent dans les monnoies, l'aviliffement
fucceffif de ces fignes, & l'augmentation du prix des denrées & des autres marchandifes, ne lui permettent pas de fixer, à l'égard de ces rentes, comme à l'é-
gard des terres, le terme au quel doit s'arrêter l'Adminiftration.

Ces objections raifonnables pourroient être fondées ailleurs, mais ici elles ne le
font pas. Les Inftitutions de Ruffie ne reffemblent à aucune de celles qui font devenues peu-à-peu les propriétaires ou les fpoliatrices des biens fonds, & même des
richeffes mobiliaires des Sociétés qui les ont formées.

Les treize Etabliffements que cet Ouvrage renferme n'ont jufqu'à ce jour qu'u-
ne exiftence précaire, puifqu'ils ne fubfiftent que fur le revenu des fommes que
l'Impératrice leur a affignées fur la Banque & fur d'autres fonds de l'Etat. Ils font
donc bien éloignés de l'excès des poffeffions qui a détruit les fondations aux quelles on les compare.

Quelque magnanimes, quelque bienfaifants que foient les Souverains - Créateurs, ils ne peuvent pas tout exécuter à la fois. L'Impératrice eft dans ce cas.
Quoiqu'elle fache l'art de faire le bien de la maniere la plus avantageufe à fes Sujets,
cette Souveraine eft trop inftruite pour ignorer que, dans une longue fuite de
fucceffeurs, il fe trouve toujours quelque Prince plus defireux de tréfors que de
mœurs & de talents. Elle eft intimement perfuadée que, pour affurer la permanen-
ce de fes Etabliffements, il eft abfolument néceffaire de leur affigner des fonds qui
les rendent indépendants des viciffitudes du fort.

Les Revenus annuels que Sa Majesté Impériale leur a affignés font les fuivants.

	Roubles
1°. A la maifon des Enfants trouvés de Mofcou la fom-me de	50000.
Son Altesse Impériale en donne	20000.
2°. Au Corps des Cadets de terre.	176000.
	246000.

Tranfport & fuite.   246000.

3°. Au Gymnafe établi dans ce Corps pour y former des Inftituteurs
& des Maîtres Nationaux, tirés de la Claffe des Artiftes ou
de la Bourgeoifie.   6000.

4°. A la Communauté des Démoifelles.⎫
5°. A celle des Bourgeoifes.   ⎬   pour les deux 100000.
6°. A l'Académie des Arts.   ⎭

                                             60000.

                                  ─────────────────

                                   Roubles 412000.

M. BETZKY a cru ne pouvoir mieux employer fon patrimoine qu'en le confacrant
au fuccès de ces Etabliffements. Cent quarante Enfants y feront élevés à fes dépens.

                    S   Ç   A   V   O   I   R,

20. Demoifelles.   40. Bourgeoifes.
20. Cadets.   60. Eleves à l'Académie des Arts.

LA nourriture, l'entretien, l'inftruction de chaque Eleve revient par an à 180 R.
AINSI les cent-quarante Eleves abforberont le revenu de.   25200 R.
M. PROKOFY Demidoff a fignalé fon patriotifme d'une maniere plus admirable
qu'imitable.

1°. IL a donné 205 mille Roubles dont le revenu fera employé à l'entretien d'un
Gymnafe de Commerce. Les Eleves doivent être fils de Marchands Ruffes, ou à
leur défaut, fils de Bourgeois. Leur nombre eft fixé à cent. On y en recevra vingt
de trois en trois ans.

2°. M. DEMIDOFF s'eft chargé d'achever à fes frais la maifon immenfe des Enfants-trouvés, avec les atteliers & les boutiques acceffoires. Cette entreprife exce-
dera quatre Millions de livres tournoifes.

3°. IL s'eft engagé de fournir 200 mille Roubles pour former les premiers fonds
de la Caiffe des Emprunts, annexée à la Maifon des Enfants-trouvés de Mofcou.

4°. IL a donné à l'Entrepôt de cette Maifon, établi à S. Pétersbourg, une fomme de 20 mille Roubles dont le Revenu fera employé pour l'entretien des pauvres
femmes-prêtes d'accoucher.

LA Nation Ruffe a donc tout à efpérer, & rien à craindre d'Inftitutions formées
pour fon utilité. Elle doit defirer ardemment que ces Inftitutions Patriotiques

                                   D 3

foient auffi durables que la gloire de leur Fondatrice. Elles ne peuvent l'être à perpétuité tant qu'elles ne pourront pas fe foutenir par elles-mêmes, & ce point fixe eft la propriété. Comme l'Ordre economique en eft la bafe, il eft certain que le Régime de ces Etabliffements ne fera aucune dépenfe inutile ; & s'il arrivoit que les dépenfes fuffent moindres que les revenus, le bénéfice excédent fera employé utilement dans tous les cas 1°. A l'entretien & à l'education des Orphelins nombreux qui n'ont point encore d'hofpices particuliers. 2°. A l'établiffement d'une Caiffe de Dot pour les Nobles des deux fexes dont les parents font pauvres. 3°. A la création de Tontines, de Banques, telles qu'on en a dans les autres pays, avec la différence que le Public feul en retirera les avantages. Je n'avance rien ici dont je ne fois bien affuré.

EN fuppofant ces Etabliffements en état de fe foutenir par eux-mêmes, il me femble que leurs propriétés feules ne fuffiroient pas pour en perpétuer les fuccès & la durée. Je m'explique. Quelles font les caufes de l'inftabilité des Fondations & des Inftitutions les plus utiles, les plus fagement combinées ? Ce font toujours les infractions faites aux Règlements. Pourquoi ces infractions arrivent-elles ? Parce que le régime de l'Inftitution fe relâche. Voulez-vous foutenir vos Inftitutions dans toute leur force ? N'y mettez jamais pour fupérieurs que ceux qui, élevés dans la Maifon, ont reçu l'ame & l'efprit de l'Etabliffement. Eux feuls en connoiffent tous les avantages. Les Supérieurs de cette nature, font comme les arbres réfervés dans une grande forêt. On coupe la forêt, mais la réferve refte & domine fur les tiges renaiffantes. Il en eft des Etabliffements comme des hommes ; les hommes ébauchés font pires qu'ils n'étoient avant l'ébauche.

J'OBSERVERAI en finiffant ces préliminaires qu'il n'eft peut-être pas poffible d'établir ailleurs des Inftitutions femblables à celles-ci, & je crois cette obfervation fondée fur les raifons fuivantes. 1°. Ailleurs les Enfants ont des parents qui traverfent trop fouvent les vues des Inftituteurs. Ici ce font des Enfants ifolés, on n'a point d'obftacle à effuyer de la part d'un pere, d'une mere, ou d'un tuteur. 2°. Ailleurs les parents auroient bien de la peine à perdre de vue leurs Enfants pendant 12 ou 15 années confécutives. Ici les Enfants font ceux de la Souveraine : ce font des Enfants publics dont l'Etat doit faire une pépiniere de bons Citoyens & d'hommes publics. 3°. Ailleurs on deftine les Enfants dès leur naiffance. Ici ils fe deftinent eux-mêmes lorfqu'ils ont atteint l'âge de raifon. 4°. Ailleurs des hommes qui ont rompu tous les liens du fang, prennent la place des peres de famillé dans l'Education : ils font vœu d'ignorer les affaires & les hommes. Toujours tournés vers le Ciel, comment mettront-ils la jeuneffe fur les voies de la terre? Ils ne font plus Citoyens, & on leur confie la pépiniere des Citoyens. Ils ont des préjugés de Corps, des interêts de Communauté ou de parti, un efprit particulier qui n'eft pas toujours l'efprit National. Ici c'eft le contraire.

TELS font à mon avis les grands obftacles qui s'oppofent ailleurs à l'exécution d'un plan digne de fervir de modele à toutes les Univerfités de l'Europe ; & fi la chofe n'étoit pas poffible en France, elle ne le feroit dans aucune autre contrée.

LES fuccès actuels de ces Inftitutions, relativement à la partie qui embraffe le phyfique de l'Education, font conftatés par des faits dont il fuffira de rapporter les plus intéreffants pour les hommes qui penfent.

LES Eleves de l'un & de l'autre fexe font également fains, agiles & robuftes.

IL y a dix ans que la Communauté des Demoifelles eft établie & qu'on y reçut cinquante & une Eleve. Malgré la delicateffe de ce fexe, & fon habitude valétudinaire ; quoique la plupart n'euffent point eu la petite vérole, que la pratique de l'inoculation ne fût pas introduite dans la Maifon ; & qu'un grand nombre d'entre elles y ait eu naturellement cette dangereufe maladie ; elles font toutes vivantes, il n'en eft pas morte une feule.

PLUS de la moitié n'a pas même été malade, & toutes fe portent bien, quoiqu'elles aient atteint l'âge de l'éruption périodique.

CELLES qui font entrées avec une fanté délicate ont acquis de la force.

C'EST à la réception des Enfants d'un nouvel âge, & pendant la premiere & la feconde année qui la fuivent, que nombre de maladies graves & putrides fe déclarent ; ou ces maladies n'ont point eu lieu, ou n'ont point eu de fuite.

QUELLE que foit l'attention que l'on ait dans le choix de ces Enfants, on s'y trompe. Prefque tous apportent, foit des germes de maladies héréditaires, nationales ou naturelles ; foit les vices de maladies de la peau, qu'on a répercutées, ou d'autres qu'on a mal traitées. Cependant les erreurs inévitables & conféquentes à l'infuffifance de l'art, à l'ignorance ou à la mauvaife foi des parents, n'ont produit aucun accident funefte.

JE pourrois étendre ces obfervations ; mais je renvoie à la fin du fecond Tome de cet Ouvrage, où les Inftitutions phyfiques qu'on y trouvera démontreront que, fi la pratique en devenoit générale en Europe, elles y changeroient le rapport des naiſſances aux morts, & renverſeroient les calculs ſur la durée probable de la vie humaine, Corollaire plus important qu'aucune découverte ancienne ou moderne.

C'est ainſi qu'en s'occupant de la conſervation & de l'inſtruction de ſes Sujets, CATHERINE II. ou le Génie ſecondé du zéle patriotique, aura procuré à ſon Empire de nouvelles ſources de Puiſſance, de Richeſſe & de Bonheur ; que le reſte des Nations, devenues plus ſages par ſon exemple., lui devroit un jour la même reconnoiſſance que ſes Sujets, & que c'eſt à elle qu'il appartient de dire le mot du célebre Juriſconſulte. *Non vanam & fucatam, ſed veram, utilem & fructiferam philoſophiam ſectamur.*

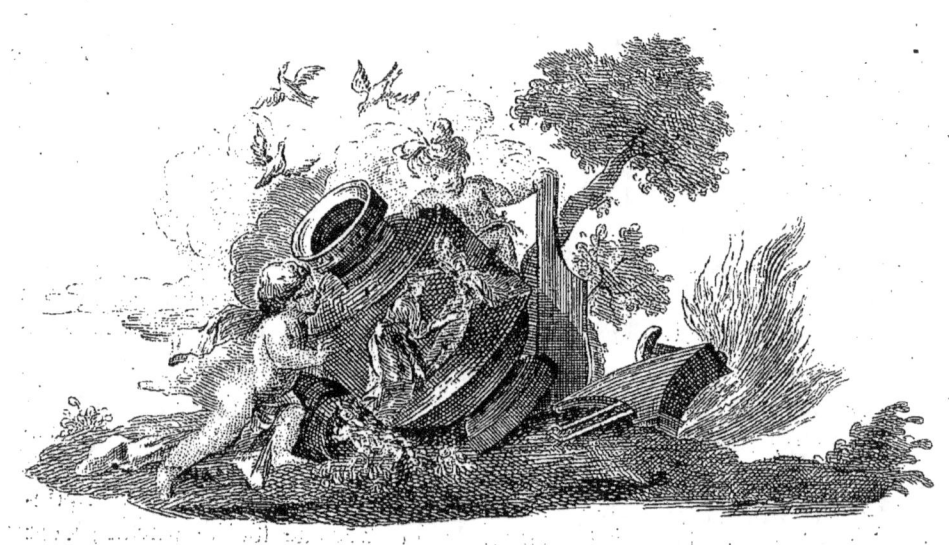

TRA-

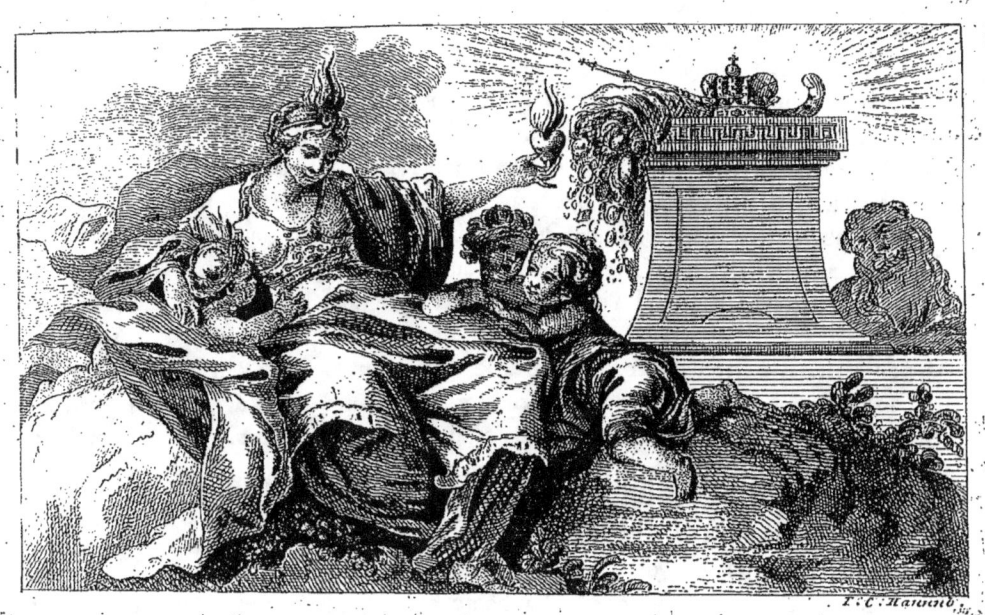

P. C. Harmand. fe.

TRADUCTION

Du Plan Général de la Maison Impériale d'Education, fondée à Moscou, & de l'Hôpital pour les Accouchemens, annexé à cette Maison, ainsi que des Actes émanés de l'autorité Souveraine, & des premiers Tribunaux, pour l'érection de cet Etablissement.

PLACET

Présenté à sa Majesté Impériale, par Monsieur Betzky.

PLAN.

TRÈS AUGUSTE SOUVERAINE.

Un Empereur Romain regardoit comme perdu, le jour qu'il avoit passé sans faire du bien à quelques-uns de ses Sujets: à son exemple, VOTRE MAJESTÉ IMPÉRIALE répand, sans cesse, ses graces & ses faveurs, sur tous ceux qu'elle sait dans le

Tome I.   E befoin. Chaque malheureux trouve dans la bonté de votre cœur, un recours affuré contre la mifere. Des preuves auffi éclatantes d'une générofité fans bornes, m'encouragent à folliciter très humblement VOTRE MAJESTÉ IMPÉRIALE, en faveur d'un grand nombre de nos femblables, dont l'état affreux eft dérobé à votre connoiffance, & à celle de prefque tout le monde. Comme ces malheureufes victimes ne peuvent faire entendre leurs voix, elles périffent faute de fecours. C'eft leur caufe que je porte avec confiance aux pieds de votre trône. C'eft pour elles que j'invoque aujourdhui l'humanité, la compaffion, la protection facrée de VOTRE MAJESTÉ IMPÉRIALE. Ceux pour les quels je vais parler, font ces Enfans que des meres, devenues barbares & cruelles par le fentiment de leur mifere, délaiffent, abandonnent à la merci du fort, en portant même l'atrocité jufqu'à les priver de la vie. Des malheureux parents déja trop occupés, trop embarraffés à pourvoir à leur propre fubfiftance, ne voient d'autre reffource que d'expofer, ou de facrifier ces innocens, pour fe délivrer de l'importunité de leurs cris.

MAIS, quoique cette Ville contienne une quantité prodigieufe de ces Enfans, il eft certain néanmoins qu'il en eft un bien plus grand nombre dont l'inftant de la naiffance eft celui de la mort. La honte contraint les meres à fe délivrer dans le plus grand fecret ; & dès que les Enfans font nés, les fatellites de ces meres barbares, immolent ces innocens à l'honneur de ces mêmes meres. Comme les ombres les plus épaiffes couvrent ces forfaits, toute la vigilance de la Juftice devient inutile ; les châtimens les plus féveres n'en peuvent arrêter le cours, parce que la crainte de l'infamie l'emporte fur toute autre crainte.

UN cœur auffi tendre, auffi fenfible, auffi rempli d'humanité que celui de VOTRE MAJESTÉ IMPÉRTALE eft, fans doute, frappé, faifi de compaffion à la vue de cette légere efquiffe du fort de ces malheureux Enfans. La perfpective de tant de meurtres, de tant de crimes vous fait frémir. Mais helas ! que feroit-ce donc fi je parlois encore de ceux dont on étouffe le germe de la vie, avant qu'ils puiffent jouir de la lumiere ! Combien de Citoyens, qu'une éducation convenable auroit rendus utiles à la patrie, fe trouvent perdus pour elle ! combien de dignes Sujets ces attentats monftrueux n'arrachent-ils pas au Souverain !

C'EST pour tarir la fource de tant de défordres, de tant de crimes, que j'ai formé le projet d'établir une Maifon, qui puiffe fervir d'azile à ces Enfans, & dans la quelle on leur donnera une Education propre à en faire autant de Sujets précieux par leur conduite & leurs talens. Je me propofe de réunir tout ce que j'ai trouvé de meilleur dans les Inftitutions de cette nature faites en France, en Italie, en Hollande, & ailleurs; Inftitutions que j'ai été dans le cas de voir & d'examiner, dans mes diffé-rens voyages.

Un autre avantage important que le public recevra de cet Etabliffement, c'eft qu'en peu d'années, on verra d'abord diminuer, & enfuite difparoître ces gangrênes de l'Etat, qui commençant par mendier, s'attroupent enfuite, & infeftent les Vil-les, les Campagnes & furtout les routes les plus fréquentées. Dépourvus de tout talent, accoutumés à la pareffe dès leur enfance, ils ont recours à la force, à la vio-lence, pour fubvenir à leurs befoins. Le projet que je prens la liberté de vous pro-pofer en tarit la fource. Que de bras mal-faifans employés à l'avantage de la Société!

Mais pour mettre en exécution un pareil projet, il faut non feulement avoir recours à la permiffion expreffe de Votre Majesté Impériale, mais encore implo-rer fa protection facrée, & cet amour du bien qui lui eft fi naturel. Eh! Ma-dame, fans les fecours efficaces de votre bonté, comment pourvoir à la nourriture, à l'entretien d'un nombre auffi confidérable d'Enfans, qui n'apportent dans cette Maifon que leur indigence & leurs befoins! comment entretenir la quantité prodi-gieufe de perfonnes néceffaires, tant pour leur confervation que pour leur Education!

Mais, Madame, affuré comme je le fuis que votre générofité vraiment augufte, ne manquera pas de fournir à ces preffans befoins, j'ofe encore vous fupplier très humblement d'ordonner qu'on délivre pour cet Edifice, la place nommée Cours de Grenade, le Jardin de Bafile près la riviere Moskoua, tout le terrein des environs, & les bâtimens qui appartiennent à la Couronne; le moulin fur la Yaoufe que l'A-mirauté a rendu à la Couronne, l'ancien mur de la Ville, pour en employer les matériaux, & une Garde fuffifante fournie par les troupes de la Garnifon.

Si Votre Majesté Impériale daigne favorifer ce projet, combien de bouches vont s'élever de concert pour célébrer fes louanges! les Nations de l'Europe, déja frappées de l'éclat de vos vertus, ne pourront affez admirer comment, à l'exemple de la Providence divine, vos regards propices peuvent tomber jufque fur ce qui eft le plus obfcur & le plus caché. Mais, ce qui peut-être fera le plus agréable à la bonté de votre cœur, combien de malheureux Citoyens rendus à l'Etat, adrefferont au ciel leurs vœux pour la fanté, & la profpérité de leur Protectrice! Ceux qui fe-ront confervés tranfmettront à leurs defcendans la mémoire des bienfaits qu'ils ont re-çus; ceux-ci les raconteront, avec des fentimens de gratitude, à leurs Enfans: & la derniere poftérité fe trouvera pénétrée d'admiration, pour la mémoire de l'im-mortelle Catherine!

Sa Majefté communiqua ce Placet, aux Commiffaires ci-deffous nommés, qui en rendirent le témoignage fuivant. E 2

PLAN GÉNÉRAL DE LA

JUGEMENT

Des Conseillers actuels privés & Sénateurs, nommés, & commis, par SA MAJESTÉ IMPÉRIALE, à l'Examen du Plan proposé par le Lieutenant Général Betzky &c, &c.

TRÈS GRACIEUSE SOUVERAINE.

IL a plu à VOTRE MAJESTÉ IMPÉRIALE, de soumettre à notre examen, le Plan que vous a présenté le Lieutenant Général Betzky, pour fonder à Moscou, une Maison en faveur des Enfans-trouvés, & un Hôpital destiné au soulagement des pauvres femmes en couches. En conséquence des ordres de VOTRE MAJESTÉ IMPÉRIALE, nous nous sommes assemblés ; & d'après un mûr examen du Plan relatif à ce double but, nous trouvons 1°. Que la fondation & l'entretien, tant de cette Maison que de l'Hôpital, ne portant que sur les dons volontaires du Public, ne peuvent être à charge aux finances de cet Empire, ni aux Sujets de VOTRE MAJESTÉ IMPÉRIALE. Que les sages Règlemens de ce Plan, soit pour la construction, soit pour la direction de cette Maison, soit enfin pour le but principal, qui est la conservation & l'Education de ces pauvres Enfans, que le crime détruit, ou que leur naissance dévoue à la misere, font autant d'honneur à celui qui en est l'Auteur, qu'ils peuvent être utiles & glorieux à un regne tracé par la sagesse, l'humanité & la clémence.

IL nous paroît donc que ce Projet est digne de la Majesté de l'Empire, & que la Puissance Souveraine le peut approuver ; puisque les objets que l'on sollicite, sont autant d'avantages pour l'Etat, dont ils ne blessent en rien la Constitution, & qu'il est aisé de concevoir les biens infinis que cet Etablissement doit procurer à la Société.

APRÈS avoir rendu compte à VOTRE MAJESTÉ IMPÉRIALE, du Projet en question ; le zèle le plus pur nous engage à faire quelques Observations qui tendent à favoriser le succès d'une Institution aussi pieuse : nous prenons donc la liberté de les présenter au jugement de VOTRE MAJESTÉ IMPÉRIALE.

1°. L'EXPÉRIENCE de tous les siecles l'a suffisamment démontré. Quelque profondes lumieres que l'on ait apportées à la formation d'un Projet ; quelque sagesse qui ait présidé à l'examen réfléchi des inconvéniens qui peuvent venir à la suite, on ne peut encore se promettre le succès de tous les moyens qu'on s'est proposés pour le faire réussir. Dans le physique comme dans le moral, c'est une longue pratique qui décide de la bonté & de l'efficacité de ces moyens. La méchanique nous en donne tous les jours des preuves. Telle machine qui réussit en petit, ne réussit pas en grand. Une autre qui réussit en grand, se dérange peu-à-peu par le vice du plus

petit reffort. C'eft à l'Inventeur de la machine qu'il faut avoir recours. Il con-
noîtra fur le champ ce qui s'oppofe à fon but; & il y rémédiera fans peine. Faute
de prendre une précaution auffi fage, combien de Projets utiles à l'humanité,
font rejettés comme impoffibles dans l'exécution! & quelle perte pour la Société!

CETTE réflexion nous a fait penfer, qu'outre les fonctions générales & les devoirs particuliers indiqués dans le Plan de fondation & d'établiffement de cette Maifon, VOTRE MAJESTÉ IMPÉRIALE devoit encore accorder au premier Curateur actuel, un pouvoir indépendant du Confeil des Tuteurs: c'eft lui qui doit tout régler: il faut qu'il jouiffe de la pleine liberté de changer, de réformer, d'améliorer
les Statuts qui concernent l'Education, & la Direction intérieure de la Maifon. C'eft
là le moyen infaillible, c'eft même l'unique moyen de donner un fondement folide
à ce grand Edifice, & d'en tirer toute l'utilité qu'on peut s'en promettre.

2°. DANS le Chapitre VI. de ce Plan, Parag. 12°, la Maifon des Enfans-trouvés
de Mofcou, a le droit de vendre les villages qui lui feront légitimement donnés,
comme auffi d'acheter & de vendre des maifons, bâtimens &c. &c. Comme cette
circulation de biens doit être & fera employée à une œuvre pieufe, il eft digne de la
charité chrétienne & maternelle de VOTRE MAJESTÉ IMPÉRIALE, d'exempter les
biens en queftion, de tous les droits ordinaires dus à la Couronne. Ce bienfait ne
peut être fuivi d'aucun abus; puifque ces biens, loin d'être réunis entre les mains d'un
feul, feront adminiftrés, régis, difpenfés, par un Tribunal intègre, par le Confeil
des Tuteurs.

Nous fommes, avec la plus profonde foumiffion.

DE VÔTRE MAJESTÉ IMPÉRIALE.

Les Très humbles Sujets

Prince J. SCHAKOFSKOI,

N. PANIN,

Comte E. MUNICH.

CONFIRMÉ & approuvé par SA MAJESTÉ IMPÉRIALE; à St. Pétersbourg le 26
Août 1763.

É D I T.

Nous Catherine II. *par la grace de Dieu,* Impératrice & Autocratrice *de tou-*
tes les Ruffies &c. &c. &c. faifons favoir à tous & chacun.

Arrêter le mal, affifter les indigens, & prendre foin d'augmenter le nombre des
hommes utiles à la Société, font des devoirs effentiels & des vertus propres aux
Souverains, qui s'occupent du bonheur de leurs Sujets. Le cœur pénétré de ces
fentimens, nous approuvons & confirmons aujourd'hui, le Projet & Plan de fondation
& d'établiffement d'une Maifon des Enfans trouvés, & d'un Hôpital pour les pauvres Femmes en couches, dans la ville de Mofcou, ancienne Capitale de nos Etats.

Ce Projet & ce Plan qui portent fur les dons volontaires des ames charitables,
nous ayant été préfenté par notre Lieutenant Général Betzki, a été, felon nos ordres, attentivement examiné par trois de nos Confeillers privés actuels, qui n'y ont
rien trouvé que de conforme au bien de l'Empire. A ces caufes, confirmant par
ces préfentes, tant le Projet & Plan fufdits, que les Repréfentations à nous faites
fur ce Plan, Nous ordonnons à tous nos Sujets de les regarder comme une Conftitution de l'Etat, & voulons que tous les Tribunaux de notre Empire, les regardent
comme tels; qu'ils reconnoiffent, approuvent & foutiennent les droits & les avantages accordés à cette Maifon, & à l'Hôpital y annexé; qu'ils règlent d'après notre vœu, & nos intentions favorables à cet Etabliffement, tout ce qui pourra le
concerner. Nous affurons auffi, tant pour Nous que pour nos Succeffeurs à la Couronne Impériale de Ruffie, que ces Etabliffemens, auffi pieux qu'utiles à l'Etat,
feront à jamais fous la protection immédiate des Souverains. Mais en même
tems, Nous efpérons que les vrais fils de la Patrie, nos Sujets, excités par la Charité évangélique & par l'obligation de concourir au bien de l'Etat, imiteront notre exemple & celui de notre cher Fils, héritier de notre Couronne; qu'en conféquence, chacun d'eux fournira, felon fon pouvoir, des fecours pour la conftruction
& l'entretien de cette Maifon & de cet Hôpital; afin que, pour la gloire de notre
fiecle, nos Defcendans les plus proches retirent de cette Fondation, tous les avantages qu'on en peut efpérer. Donné à St. Pétersbourg le 1er. Septembre, l'an de
grace 1763, & de notre regne le 2eme. Signé Catherine.

Ordre de Sa Majesté Impériale au Sénat *le 1er. Septembre* 1763.

Nous ordonnons à notre Sénat, de faire imprimer & publier dans tous les lieux
de notre Empire, le Manifefte, les Repréfentations & le Plan ci-joints, que nous
avons approuvés & confirmés, pour la Fondation & l'Etabliffement d'une Mai-

son des Enfans trouvés, à Moscou, avec un Hôpital ; de dresser & préparer les Lettres Patentes pour la confirmation des droits, avantages & privilèges, par Nous accordés à cette Maison, le tout selon les formes ordinaires de l'Etat ; de Nous présenter ces Lettres Patentes pour les signer ; & enfin de déclarer au premier Curateur, par Nous établi, qu'il ait à commencer incessamment, avec la grace de Dieu, l'exécution de cette œuvre pieuse. Signé CATHERINE.

ÉXHORTATION

Du T. S. Synode aux fils de l'Eglise Orthodoxe de toutes les Russies.

Réjouissez vous dans le Seigneur.

Par l'Edit Impérial, le Manifeste & le Plan de Fondation d'une Maison des Enfans trouvés, qui doit être établie à Moscou ; en vertu de la Publication qui a été faite de ces Pieces par l'ordre de SA MAJESTÉ IMPÉRIALE, datté du premier Septembre de l'Année derniere ; il est connu à tous que SA MAJESTÉ IMPÉRIALE, notre très pieuse & très auguste SOUVERAINE, CATHERINE II. ne se bornant pas aux soins continuels qu'elle donne au bonheur de ses Sujets, a daigné jetter ses regards propices sur ces Enfans qui, nés dans l'indigence & la misere, sont abandonnés de leurs parens, & livrés durant leur courte vie au sort le plus déplorable. D'autres, plus malheureux encore, dès l'instant de leur naissance, sont exposés dans les rues & dans les places publiques ; ou même privés du jour par des meres que la crainte de la honte rend parricides & féroces.

C'EST pour rémédier à tant de désordres, à tant de crimes ; c'est pour conserver la vie à tant d'innocens, que la compassion maternelle de SA MAJESTÉ IMPÉRIALE, a approuvé le Plan d'une Maison destinée à les recevoir ; & en même tems à leur donner une Education propre à les rendre utiles un jour à l'Etat. Et comme la Fondation & l'entretien de cette Maison nombreuse, doivent porter en partie, sur les dons de ceux qui suivent la Doctrine Evangélique, qui aiment Dieu, le Prochain, & la Patrie ; SA MAJESTÉ IMPÉRIALE empressée de leur donner l'exemple, a daigné fournir de sa propre caisse, une somme pour l'établissement de cette Maison, & une autre pour son entretien annuel. SON ALTESSE IMPÉRIALE, MONSEIGNEUR LE GRAND DUC, imitant son Auguste Mere, a gratifié cette Maison de Dons considérables, destinés aux mêmes usages. Animées par des exemples aussi illustres & aussi puissans, plusieurs Personnes de l'un & l'autre sexe, & d'un rang distingué, ont donné des sommes pour contribuer à l'établissement & à l'entretien journalier de cette Maison. Quelques-uns même se sont engagés par écrit de renouveller annuellement leurs bienfaits. Cette œuvre pieuse est en même tems très utile à la Société : elle peut donc mériter à ceux qui y participeront, les biens, les honneurs temporels, & une éternité bienheureuse dans l'autre vie. „ Heureux est l'homme, (s'écrie le „ Psalmiste) qui secourt l'indigent avec sagesse & prudence ; l'Eternel le délivrera „ au jour de l'affliction." *Beatus homo qui intelligit super egenum & pauperem, in die malâ liberabit eum dominus.* Or qui est plus indigent, plus pauvre, qu'un Enfant abandonné, privé de tout secours, incapable de faire connoître l'horreur de son état, & destiné, en quelque forte, à périr dans la misere & les souffrances ! Si chacun est obligé de s'attendrir sur un pareil sort, les Ecclésiastiques le doivent à plus juste titre ; ils font particuliérement chargés de prendre soin du salut des ames, de donner en tout l'exemple du bien & d'être de vrais modèles de vertus.

À CES CAUSES, le très faint Synode reçoit d'un cœur pénétré de reconnoissance, le Plan d'un Etablissement si digne d'une vraie Mere de la Patrie. Toutes les voix des Membres de ce Corps se réunissent pour l'en remercier. En conséquence le très faint Synode envoie les livres imprimés, par l'ordre de SA MAJESTÉ IMPÉRIALE, à tous les Monasteres, à toutes les Eglises de l'Empire de Russie, exhortant & enjoignant à tous les Ecclésiastiques de les recevoir & de s'y conformer. Il est encore du devoir du Synode de recommander aux Fils Orthodoxes de la Ste. Eglise de recevoir d'un cœur pénétré des mêmes sentimens de gratitude, ce témoignage de la bonté de notre Souveraine envers ses Sujets. De bénir cette tendre compassion, cette follicitude maternelle, pour la conservation & le bonheur de ces Enfans malheureux. De ne se pas laisser entrainer vers le péché, mais d'en éviter, d'en fuir les dangereux attraits. Et principalement d'adresser sans cesse leurs prieres ferventes au Seigneur Suprême, pour la vie & la conservation de l'Héritier de la Couronne, Auguste Fils de SA MAJESTÉ IMPÉRIALE ; Nous exhortons en outre, les Fidéles à imiter l'exemple de notre très gracieuse Souveraine, à se conformer au Plan que nous leur envoyons, & à manifester, par leurs aumônes, leur compassion chrétienne sur le sort affreux de ces infortunés. Nous les assurons que leurs bienfaits envers les pauvres Orphelins, font plus agréables à Dieu que tous les sacrifices & les holocaustes. Il nous l'assure lui même, dans l'Evangile. J'aime mieux, dit-il, les actes de piété, de bonté, de miséricorde, que tous les sacrifices. *Misericordiam, super sacrificia.*

CE devoir regarde surtout les Evêques, comme Pasteurs établis pour veiller au salut des ames ; qu'ils tremblent d'en perdre une seule, par leur faute, & qu'ils craignent d'être obligés d'en rendre compte au dernier jour, devant le juge terrible &

impar-

impartial! Ils doivent donc dans leurs fermons, prononcés ou par eux-mêmes, ou par leurs Prédicateurs, exhorter le peuple à des fentimens de pitié & d'affection pour ces innocens. Ces exhortations vraiment dignes de l'Epifcopat, ne difpenfent pas les Evêques de la néceffité d'avoir toujours un œil attentif & vigilant, pour procurer dans leurs Diocèfes l'exécution de leurs charitables remontrances. Ils doivent auffi porter leur attention fur les actions du Clergé du fecond ordre ; & prendre garde que, fous prétexte d'obferver la loi prefcrite dans le Plan, les Prêtres ne fe rendent coupables de quelque action qui décéle l'amour d'un vil intérêt. Ils doivent ramener ces Eccléfiaftiques à des vues plus honnêtes, & plus conformes aux difpofitions de la loi du Plan. Les Evêques doivent leur recommander que, fitôt qu'on leur préfentera quelques-uns de ces Enfans, ils leur adminiftrent le Sacrement de Batême ; & qu'enfuite ils doivent les donner à nourrir à gens honnêtes & craignant Dieu, jufqu'à ce qu'ils puiffent les envoyer dans la Maifon des Enfans-trouvés, en les affurant que leurs foins feront récompenfés des biens éternels.

Il feroit encore plus édifiant, fi chaque Evêque établiffoit dans fon Diocèfe, une Maifon pour ces Orphelins. Il la fonderoit fur les aumônes & la libéralité de ceux qui fuivent les préceptes de Jéfus-Chrift. Job, Métropolitain Archevêque de Novogorod-Veliki, leur en a donné l'exemple. Ce grand homme avoit établi jufqu'à dix maifons pour les Orphelins, & trouvoit abondamment de quoi les entretenir. Le nombre de ces Enfans étoit cependant monté jufqu'à 3000. Une action auffi louable, attira l'attention de Pierre le Grand, qui, voulant favorifer une entreprife auffi avantageufe à l'Etat, fit lui même des Règlemens, pour fonder dans fon Empire, un Etabliffement conforme à celui de l'Archevêque. Mais une mort prématurée empêcha cet Augufte Monarque d'exécuter ce grand Projet. Il n'eft pas douteux que l'affiftance & l'Education de ces pauvres Orphelins foient une œuvre pieufe, fainte & très méritoire. Celui qui s'y addonne, peut être comparé au Samaritain dont parle St. Luc, ,, qui mit fur fa propre monture celui qui étoit tombé entre ,, les mains des voleurs, & le mena dans l'Hôtellerie &c. &c." Il peut même être comparé à Jéfus-Chrift, le Sauveur du Monde, & notre premier Pafteur, ,, qui defcendit des Cieux pour fauver les pécheurs par la médiation de la Croix, ,, & qui porta fur fes épaules, les Publicains & les Voleurs, pour les préfenter à ,, fon Dieu, à fon Pere, comme autant de brebis égarées."

Le T. S. Synode exhortant ainfi les Fils tant Eccléfiaftiques que Laïques de la Ste. Eglife Orthodoxe, leur fouhaite fincérement la bénédiction de Dieu & une plénitude de graces.

L'original eft figné de chacun des Membres du Synode, *le* 31 *Décembre* 1763.

Tome I. F

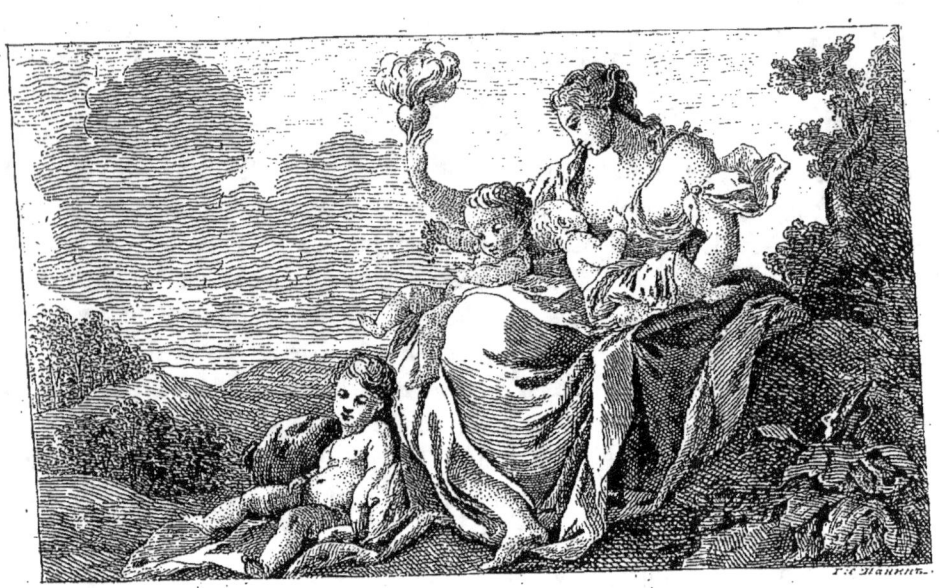

F. le Maurien.

PLAN GÉNÉRAL

De la Maison Impériale fondée à Moscou pour les Enfans trouvés ; & de l'Hôpital en faveur des Femmes en couches, annéxé à cette Maison.

AVANT-PROPOS.

Ce Plan est distribué en trois Parties.. Dans la premiere, on se borne à exposer les Constitutions de la Maison.. Dans la seconde, on développe, d'une maniere assez étendue, les droits & les obligations des Membres de cette Maison, rélativement à la Place que chacun y doit occuper. La troisieme traite de l'Institution Physique & Morale convenable aux Eleves ; aussi bien que des matieres sur les quelles on doit les instruire, & des exercices aux quels on doit les former. Enfin ce Plan est suivi d'un grand nombre de Pieces relatives à l'Etablissement, la Fondation, l'accroissement & la prospérité constante de cette Maison. On y trouve des morceaux précieux qui font honneur à l'humanité.

PREMIERE PARTIE.

Conſtitutions Générales de la Maiſon.

CETTE premiere Partie renferme ſix objets principaux. 1°. Elle fait connoître les Chefs, les Adminiſtrateurs, les Coopérateurs, en un mot tous ceux qui doivent concourir à établir & maintenir l'ordre, à tendre, par tous leurs efforts, au but de l'Inſtitution. 2°. Elle preſcrit la maniere dont les Enfans doivent être reçus, nourris, entretenus, & inſtruits. 3°. Elle explique tout ce qui peut concerner les Femmes en couches, tant pour leur réception, que pour leur ſoulagement. 4°. Elle expoſe la maniere dont les fonds de cette Maiſon ſeront acceptés & régis. 5°. Elle fixe la nature & l'uſage des peines & des récompenſes; elle enſeigne auſſi la maniere de les appliquer. 6°. Enfin elle annonce les Privilèges de cette Maiſon, & la part que peut y prétendre chacun de ſes Membres.

CHAPITRE PREMIER.

Des Chefs, des Supérieurs & des Domeſtiques.

CE Chapitre renferme en abrégé tout le Régime de la Maiſon. Il ſuffit pour donner une idée générale, mais claire de cet Etabliſſement.

I.

Du premier Tuteur.

LE premier Curateur, ſous l'autorité, ſous la protection ſacrée de SA MAJESTÉ IMPÉRIALE, eſt le Chef de ce vaſte Corps, le principe de tous ſes mouvemens, l'ame de ſes entrepriſes, & de ſes délibérations. Il faut donc que ce Chef ſoit un homme reſpectable, par ſes lumieres & ſes vertus. Avec ces rares qualités, il ne peut manquer de s'attirer la confiance de SA MAJESTÉ IMPÉRIALE, choſe abſolument néceſſaire à quiconque ambitionneroit cet emploi.

MAIS le ſeul motif qui doive animer celui qui aſpire à la dignité de premier Curateur, c'eſt le bien public, qui renferme un deſir ardent de ſeconder les vues de l'Auguſte Fondatrice d'un ſi ſaint Etabliſſement.

I I.

Du Conseil des Tuteurs.

Le Conseil de la Maison, sera composé de six Membres, qui auront chacun le nom de Tuteus. On ne doit élire pour Tuteurs, que des personnes de distinction.

Ces Tuteurs n'ont aussi d'autre espérance à concevoir, que la gloire de donner des preuves certaines de leur amour pour la Patrie, & de la bonté de leurs cœurs qui les portent à secourir les pauvres, & à soulager les malheureux.

Leurs obligations sont d'une grande étendue. Ils doivent prendre connoissance de tout ce qui intéresse la Maison: en soutenir la cause avec autant de zèle que d'activité. Veiller à ce que personne n'attente à ses droits; les défendre, avec autant de force que de constance. En un mot, faire pour cette Maison, l'office d'un vrai Tuteur, plus étroitement lié par ses obligations, qu'un Pere de famille.

Dès que le premier Surveillant (dont nous parlerons bientôt) aura fait au Conseil, le rapport de quelque incident, le devoir des Tuteurs est de travailler à y obvier, à porter au mal un remède aussi prompt que salutaire. Si, dans quelques cas, leurs soins sont sans efficace, ils en informeront le premier Curateur, qui remettra l'affaire à la volonté suprême de Sa Majesté Impériale.

Les fonctions ordinaires des Tuteurs, sont d'être les dépositaires & les dispensateurs des fonds, & des revenus de la Maison, & d'en régler l'Administration. Pour cela, ils s'assembleront, les jours requis, dans la Salle du Conseil, afin d'y prononcer définitivement sur tous les cas qui concernent les besoins, l'utilité, & le régime de la Maison.

Des obligations si essentielles, si multipliées, demandent de l'assiduité : aussi ne sera-t-il permis à aucun Tuteur, de s'absenter, pour un certain tems, sans avoir averti la Compagnie ; mais il doit toujours se trouver au Conseil, au moins trois Tuteurs, pour former une décision.

I I I.

Des Curateurs & Curatrices.

Nous voudrions bien indiquer le nombre & le nom de ceux que nous comprenons ici sous le titre de Curateurs & Curatrices. Si l'humanité peut une fois reprendre ses droits, ne pouvons-nous pas nous flatter d'avoir, par la suite, un nombre suffisant de ces généreux correspondans, qui, dans chaque ville de cet Empire, & même dans les pays étrangers, se feront un honneur, se feront un devoir de participer à une œuvre si pieuse, & si méritoire ; qui s'empresseront de communiquer leur zèle à ceux qui peuvent être leurs émules dans cette noble carriere ? Avec quelle ardeur ne se porteront-ils pas à recueillir les effets de la libéralité des Personnes charitables de leurs villes, & de les faire passer sûrement au Trésor de cette Maison ? Avec quelle bonté, quelle affection ne veilleront-ils pas à la conservation, à la sûreté, au bien-être des Enfans qui, sortis de cette Maison, de l'aveu de leurs Supérieurs, manqueroient de secours, ou souffriroient quelque violence ! Telles sont en effet les obligations que contractent tous ceux qui veulent être décorés du titre de Curateurs, ou Curatrices.

Le Conseil recevra avec joie toutes les personnes animées d'un tel zèle, dont l'état & les qualités ne formeront point d'obstacle à leur bonne volonté. Ainsi toute personne de l'un & l'autre sexe, constituée en quelque rang distingué, ou revêtue de quelque dignité, soit Ecclésiastique, soit séculiere, peut aspirer à cet honneur.

Tous ceux donc qui desireront remplir ce devoir de charité, d'humanité, s'adresseront au premier Curateur, ou même au Conseil des Tuteurs. Aussitôt leurs noms & le récit de leurs bienfaits, seront inscrits dans un régistre particulier, qui sera déposé, conservé, pour rendre à la postérité, le témoignage de leurs vertus. On leur enverra l'acte de leur réception, avec les remercimens du Conseil, signés de la main des Tuteurs, & muni du sceau de la Maison. La Copie de cet acte sera aussi délivrée au bureau de la Gazette, pour y être inférée & publiée.

A l'égard des personnes qui, non contentes des soins que cette fonction exige, ajouteront encore quelque don considérable ; leurs portraits seront déposés dans les Salles, au rang de ceux des bienfaiteurs de la Maison.

IV.

Du premier Surveillant.

1°. Celui qui est immédiatement à la tête du régime, après le Conseil des Tuteurs, c'est le premier Surveillant. Comme il doit remplir tous les devoirs que renferme ce titre, il faut qu'il possede les talens & les vertus qui donnent les moyens de pratiquer ces devoirs & qui les font aimer.

Une probité à toute épreuve, des mœurs douces & pures ; des lumieres naturelles & acquises pour l'éducation des enfans ; des connoissances étendues sur les divers arts & les différents métiers ; un génie né pour l'œconomie, c'est-à-dire propre à régir une nombreuse famille ; une activité sans bornes : telles sont en général les qualités qu'il doit réunir.

F 3

Il faut qu'à chaque inftant, il fache tout ce qui fe paffe dans la Maifon, & qu'il puiffe en rendre compte. Il faut qu'il diftingue ce qui eft conforme au bon ordre, ce qui eft tolérable, & qu'au moindre mal qu'il prévoit, il y remédie, ou, felon les cas, qu'il en avertiffe le Confeil des Tuteurs. Il ne va pas à ce Tribunal feulement comme accufateur & dénonciateur; il y fiège, comme juge, pour tous les cas foumis à fa direction, qui s'étend fur tous les autres Officiers, & fur tous les Domeftiques de la Maifon *.

L'Importance de cette Place a fait règler, qu'aucun célibataire n'y pouvoit prétendre. On en verra les raifons détaillées dans la feconde partie.

2°. La première Surveillante, dont nous allons parler, a un diftrict affez étendu pour foulager en beaucoup de chofes, le premier Surveillant. L'œconome, de fon côté, le difpenfe de plufieurs foins, pour ce qui concerne les détails. Il lui refteroit néanmoins trop de chofes à règler, à préparer, à prévoir, fi nous ne lui donnions pas un Aide; fur-tout pour la partie qui concerne les études. Celui-ci fera nommé Cenfeur ou Surveillant d'études. Nous dirons plus particuliérement dans les 2eme & 3eme Parties, quels font les devoirs de cet Officier, & quelles font fes prérogatives.

V.

De la première Surveillante.

Quoique l'Office de première Surveillante n'ait pas des fonctions auffi étendues, ni auffi relevées que celles du premier Surveillant; les fiennes font cependant affez effentielles, pour éxiger dans cette Place, une femme d'un âge mûr (35 à 40 ans) ornée des vertus de fon fexe, & capable de remplir avec éxactitude, tous les devoirs de cette importante charge.

Ils confiftent d'abord, à veiller fur la conduite des perfonnes de fon fexe, employées au fervice de la Maifon. Surveillantes, Maîtreffes, Ouvrieres, Nourrices, Domeftiques, toutes font foumifes à fes ordres & à fa direction. C'eft à elle qu'appartiennent le foin & la difpenfation de tout ce qui concerne le linge & les vêtemens des Enfans. Elle doit avoir un magafin toujours prêt, pour les befoins journaliers, tant des Enfans qui font actuellement dans la Maifon, que de ceux qui peuvent furvenir à chaque inftant. Afin qu'elle puiffe fournir à tous ces befoins,

---

* Au refte fes lumieres, fon génie, fa probité, fes mœurs, doivent lui acquérir une telle confiance, qu'il ne foit pas, à chaque inftant, obligé d'affembler le Confeil pour des troubles de peu d'importance; il faut que fon autorité, fa feule préfence, fa décifion ferme, mais perfuafive, fuffifent pour tout calmer.

elle a le droit de prendre dans les magasins généraux, tout ce qui lui est nécessaire. Il lui suffit d'avoir un billet de l'Oeconome, servant de décharge au Garde-magasin.

DEPLUS, toute l'Education des Enfans, qui n'ont pas encore atteint six à sept ans, lui est confiée. A cet âge l'Instruction se réduit à de petits ouvrages manuels, qu'elle doit bien savoir faire, pour y exercer les Enfans; en un mot, c'est une vraie Mere de famille, qui, après avoir réglé son ménage, joue utilement avec ses Enfans.

Mulierem fortem, quis inveniet?.

V. I.

De L'Oeconome.

CE n'est pas un simple maître d'Hôtel, que nous appellons ici Oeconome. Nous voulons trouver en lui, un homme capable d'entrer dans les vues du régime, & de seconder le premier Surveillant, dans les choses qui ont rapport à la recette, aux dépenses, & à tous les détails de ce genre. Outre les devoirs que le nom de sa place lui impose, nous entendons qu'il ait un œil attentif au maintien du bon ordre, & qu'il ait pour cela plusieurs qualités communes avec le premier Surveillant.

SON Office, comme Oeconome, est de tenir des comptes éxactes des revenus, des sommes casuelles qui pourront survenir, des dépenses & frais journaliers de la Maison. Ces comptes seront soumis à l'inspection & au contrôle du premier Surveillant, dont ils doivent être vus, approuvés, & signés. L'Oeconome doit les produire au Conseil des Tuteurs, à la fin de chaque mois, & aussi le relevé à la fin de chaque année, pour être alloués par ce Conseil, qui lui donnera décharge, lorsqu'il les trouvera fidèles.

C'EST sous les ordres & la direction de l'Oeconome, que sont tous les Ouvriers. Il peut, selon qu'il le juge nécessaire, les employer aux travaux utiles à la Maison. Il doit donc avoir des connoissances assez étendues sur les métiers qu'éxercent ces ouvriers.

LE grand nombre de ses occupations, ne lui laisse pas assez de loisir pour tenir lui même les Livres, & y tout inscrire; c'est pourquoi il aura deux Secrétaires au moins, qui, sous ses ordres, & sous ses yeux, seront chargés des écritures.

V. I I.

Des Prêtres.

LA Maison aura deux Eglises, une pour chaque sexe. Deux Prêtres, dignes de ce faint Miniſtere, feront choiſis, tant pour le ſervice de l'Autel, que pour procurer les ſecours ſpirituels à ceux de la Maiſon. En outre, ils feront chargés d'expliquer le Catéchiſme, une heure par jour, aux Enfans d'un âge compétant.

VIII.

Des Précepteurs.

LORSQUE les Enfans feront parvenus à l'âge de 6 à 7 ans, ils commenceront à apprendre à lire, enſuite à écrire, puis l'Arithmétique, ſelon qu'ils feront avancés, & qu'ils feront des progrès. On leur donnera pour cela des maîtres, ou Précepteurs.

LES Précepteurs enſeigneront chaque jour, pendant ſix heures, ſous la direction des Prêtres, & ſous les ordres du Cenſeur, ou Surveillant d'études. Ils feront choiſis entre les Diacres, & autres deſſervans de l'Egliſe; cependant on peut dans les cas de beſoin, les prendre dans d'autres états, & même chaque fois qu'on le jugera à propos.

IX.

Du Médecin.

OUTRE le ſoin de la ſanté de tous les membres de cette Maiſon, le Médecin fera chargé de donner des Inſtructions aux Sages-Femmes de l'Hôpital, de prêter le ſecours de ſes lumieres, dans les couches pénibles, & de preſcrire les remèdes les plus utiles & les plus ſalutaires.

X.

Du Chirurgien.

LES fonctions du Chirurgien, ſont de viſiter les Enfans, à meſure qu'on les apporte, pour donner un rapport auſſi fidèle qu'éclairé de l'état actuel de chacun de ces Enfans. Si celui qu'on lui préſente eſt ſain, il le fera porter à l'inſtant dans la Salle commune: mais s'il apperçoit dans cet Enfant, quelque ſymptôme de maladie, il doit le faire tranſporter à l'Infirmerie. Son devoir eſt de donner tous les ſoins au ſoulagement & à la guériſon de ces malades, ſans qu'il lui ſoit permis de s'abſenter. Si le beſoin l'éxige, on prendra pluſieurs Chirurgiens.

CELUI qui fera plus particuliérement attaché à l'Hôpital des Femmes en couches, doit être auſſi adroit qu'inſtruit dans tout ce qui concerne l'accouchement, pour aider les Sages-Femmes tant de ſes conſeils, que de ſes ſecours manuels, dans les cas qui le requéreront.

XI.

X I.

Des Sages-Femmes.

CELLES qui fe préfenteront pour être Sages-Femmes, fubiront l'éxamen des Médecins & Chirurgiens. S'ils les jugent capables, elles feront reçues. Ce jugement
favorable ne les difpenfera pas de prendre l'avis du Médecin, ni de recourir aux fecours du Chirurgien, dans tous les cas où l'on pourroit prévoir quelque danger.

ON ne peut trop leur recommander la difcrètion, la prudence & les foins. La
moindre négligence fur tous ces devoirs, eft d'une trop grande importance pour
qu'on puiffe la tolérer. Les remèdes néceffaires font fous leurs mains. Avec l'ordonnance du Médecin, elles peuvent les prendre dans l'Apoticairerie de la Maifon.

X I I.

Des Surveillans & des Surveillantes.

POUR veiller éxaÉtement à la propreté, à la fûreté, à la première & principale
Éducation de ces Enfans, qui confifte à faciliter le développement de leurs efprits encore foibles, mais affez flexibles pour les diriger vers les objets louables & utiles, il
faut des perfonnes qui obfervent avec affiduité tous leurs mouvemens. C'eft pourquoi
nous établiffons des Surveillans pour les Garçons, & des Surveillantes pour les Filles.

LES perfonnes aux quelles on confie ces tendres plantes, doivent être, fans doute,
d'une conduite irréprochable, d'un âge où la raifon foit dans toute fa maturité, & le
corps dans toute fa force. Outre le foin continuel de fuivre des yeux, d'apprécier
& de règler toutes les démarches de leurs Pupilles; il faut encore qu'elles fachent les
occuper, conformément à leur âge, en dreffant leurs foibles mains à de petits ouvrages utiles, felon ce qui eft preferit au Chapitre fuivant.

X I I I.

Des Nourrices, & des Bonnes.

LES Enfans nouveau-nés ont befoin de Nourrices, pour les allaiter & les foigner.
On choifira des perfonnes faines, d'une fanté forte & vigoureufe. Leurs mœurs
doivent être auffi pures que leur lait. Celles qui fe préfenteront, avec ces qualités,
feront reçues fur la foi des Paffe-ports.

SI elles font libres, on traitera direÉtement avec elles; mais fi elles font dans la

Tome I.   G

fervitude, il faudra s'adreſſer à leur Seigneur, pour fixer avec lui, le tems qu'elles doivent reſter dans la Maiſon.

ON prendra les mêmes précautions pour tous les Ouvriers & Domeſtiques que l'on engagera.

XIV.

LES principaux Officiers de la Maiſon, ſavoir : le premier Surveillant, le Cenſeur d'études, la premiere Surveillante & l'Oeconome règleront les gages & les occupations des Ouvriers & Domeſtiques, ſelon les inſtructions qu'ils prendront du premier Curateur, & du Conſeil des Tuteurs, dont les ordres doivent fixer toutes leurs démarches.

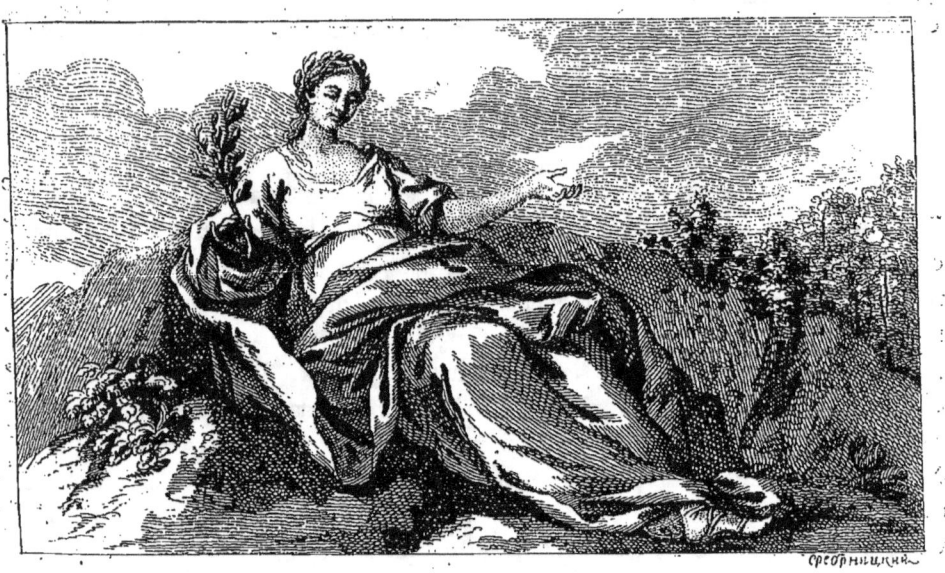

CHAPITRE DEUXIEME.

De la maniere dont les Enfans doivent être reçus, nourris, entretenus & inſtruits.

I.

ON recevra dans cette Maiſon, tous les Enfans nouveau-nés qui y feront apportés, ſoit que les Meres elles-mêmes les y aient envoyés, ſoit que d'autres les aient trouvés expoſés, abandonnés, ſans ſecours, & ſans que perſonne les réclamât.

On ne fera même aucune queſtion à ceux qui les apporteront : on ne s'informera ni de qui ils les tiennent, ni où ils les ont pris, ni de rien autre choſe qui puiſſe tendre à détruire, ou même affoiblir la confiance. Seulement on demandera ſi l'Enfant eſt batiſé, & quel eſt ſon nom de batême. Cependant ſi la perſonne qui préſente l'Enfant, deſire faire quelque déclaration, elle ſera inſcrite tout au long dans des régiſtres deſtinés à cet uſage.

II.

Dans la crainte qu'un trop grand éloignement ne formât quelque obſtacle à la bonne volonté de ceux qui rencontrent de ces Enfans, nous annonçons qu'on peut les dépoſer au premier Hôpital, au premier Monaſtere qui ſe trouveront à portée. Il eſt ordonné aux Curés, aux Adminiſtrateurs des Hôpitaux, & aux Supérieurs des Couvens, de l'un & l'autre ſexe, de recevoir les Enfans, & d'enjoindre à leurs Portiers d'ouvrir à toute heure de nuit comme de jour pour les recevoir.

Ils ne feront abſolument d'autres queſtions au ſujet de ces Enfans, que celles qui ſont ci-deſſus preſcrites ; & après s'être informés ſeulement, ſi l'Enfant eſt batiſé & comment on le nomme ; ſur la réponſe affirmative ou négative, ils le feront tranſporter dès l'inſtant à cette Maiſon, avec la ſûreté & les précautions néceſſaires ; ils y rendront compte de la réponſe qui leur aura été faite. Pour encourager les perſonnes peu aiſées, le régime ſe charge de donner deux Roubles de dédommagement & de récompenſe à ceux qui ſe feront acquités de ce devoir *.

Il eſt expreſſément défendu aux Gardes, & Gens de Police, d'arrêter, d'inquiéter, de quelque maniere, & ſous quelque prétexte que ce ſoit ; ceux qui porteront, ou qui conduiront ces Enfans, & de les interroger à ce ſujet. Il eſt même enjoint & ordonné à toute perſonne, ſans exception de qualité & de condition, & ſpécialement aux Gens de Police, de ſecourir ces Enfans & ceux qui les portent, ou conduiſent, dans tous les cas de beſoin, & ſur-tout de les défendre contre toutes ſortes de violences.

III.

Dès qu'un Enfant ſera préſenté, le premier Surveillant & l'Oeconome, après l'avoir reçu, doivent faire inſcrire dans le régiſtre. 1°. La datte de ſa réception. 2°. Le récit de la déclaration, ſi le porteur en a fait une. 3°. La deſcription du linge, des vêtemens, & de tout ce qui a été donné, ou trouvé avec l'Enfant.

* De mauvais effets viennent ſouvent d'une bonne cauſe. La récompenſe promiſe a produit quelques abus ; & pour les arrêter dans leur principe, on a ſupprimé cette gratification.

4°. Les marques, comme taches, verrues, défauts &c. &c. qu'ils pourroient remarquer sur la surface, ou dans la construction de son corps.

Ils le donneront ensuite au Chirurgien, pour l'examiner au sujet de la santé. Et, sur son rapport, l'Enfant sera porté à la Salle commune, ou à l'Infirmerie, comme il a été dit ci-dessus. (*Chap. I. pag. 130.*)

Si l'Enfant que l'on présente, n'est pas encore batisé; il faut, à sa réception, le remettre entre les mains du Prêtre; afin qu'il lui administre le Batême. Il y a une observation à faire au sujet du Batême de ces Enfans; c'est que, pour obvier à l'inconvénient de la parenté spirituelle, ou Ecclésiastique; il faut avoir grand soin qu'un des Prêtres, & toujours le même, batise seulement les Garçons, & que l'autre Prêtre ne batise que les Filles. Il ne faut aussi donner qu'un Parain, sans Maraine, aux Garçons; & une Maraine, sans Parain, à chaque Fille.*

Après le Batême, le Prêtre, selon l'usage, mettra une Croix au cou de l'Enfant; mais ici cette Croix sera empreinte du Numéro sous lequel cet Enfant est inscrit dans les régistres. Cette cérémonie achevée, on le revêtira des mêmes enveloppes & habillemens qu'il avoit, lorsqu'on l'a présenté à la Maison; ensuite on le remettra entre les mains de la premiere Surveillante.

Celle-ci fera tirer de son magasin tout ce qui est nécessaire pour habiller cet Enfant, comme les autres, & rendra au premier Surveillant & à l'Oeconome, les habillemens qu'avoit cet Enfant, lorsqu'on le lui a présenté; ensuite elle lui donnera une Nourrice.

Le premier Surveillant & l'Oeconome se chargeront de ces dépouilles (si elles ne sont pas trop viles) pour les déposer dans un magasin destiné à cet usage, sous le Numéro & le nom de l'Enfant auquel elles appartiennent.

I V.

Une Femme peut allaiter deux Enfans: tel est visiblement le vœu de la Nature. Ainsi chaque Nourrice en aura deux; mais celles qui ont leur propre Enfant, ne doivent être chargées que d'un seul Nourrisson. Comme il seroit difficile de trouver un nombre suffisant de Nourrices, telles que nous les desirons; nous serons souvent contraints de confier quelques Enfans, les plus robustes, à des Femmes entendues,

---

* Cette regle étoit nécessaire à établir, parcequ'en Russie, les Parains & Maraines sont regardés comme peres & meres, & leurs filleuls ou filleules, comme freres & sœurs. Il suit de là qu'ils ne peuvent se marier ensemble; & il est probable que nos Elèves des deux sexes, auront de fortes raisons pour se rechercher en Mariage, & s'unir de préférence les uns avec les autres. J'ai peine à concevoir le motif de cet empêchement, dont le Clergé Grec ne peut retirer aucun avantage temporel.

& bien inftruites à les nourrir de lait, & d'autres alimens convenables, felon ce qui leur fera prefcrit d'après les obfervations des perfonnes les plus inftruites en ce genre.

V.

1°. Ces Enfans feront entre les mains des Nourrices, ou des Femmes qui y fuppléent, jufqu'à l'âge de deux ans. Enfuite on les tirera de leurs bras pour les mettre dans les Salles ordinaires, & pour y être élevés en commun.

2°. Pour que cette vie commune foit réglée, il faut fixer l'heure & le nombre des repas. L'heure fe réglera fur celle du lever des Enfans, & le nombre fera fixé à trois. Les alimens feront fimples, mais fains, de qualité convenable & en quantité fuffifante. C'eft aux Surveillans & aux Surveillantes à y maintenir l'ordre, & veiller à ce que la propreté & la décence y foient fcrupuleufement obfervées.

Des expériences trop multipliées, une infinité d'exemples trop funeftes, ont démontré que toutes les efpèces d'airain, d'étain, & de plomb, font des métaux très-pernicieux, dont on ne doit faire aucun ufage pour la cuite & la confervation des alimens. Les plus grandes précautions laiffent encore du doute; & comment compter fur ces précautions recherchées, dans le détail immenfe de cette Maifon? C'eft pourquoi il eft défendu de fe fervir de ces métaux; il eft expreffément ordonné que tous les vaiffeaux, & tous les autres uftenciles de la cuifine feront de fer.

3°. On ne voit nul inconvénient à laiffer enfemble les Enfans des deux fexes, jufqu'à l'âge de 6 à 7 ans. C'eft dans cet intervalle qu'on tâchera de leur infpirer du goût pour quelques ouvrages légers, par forme de jeu & d'amufement.

V I.

Depuis fept jufqu'à onze, ces Enfans feront, chaque fexe à part, dans les Ecoles, une heure par jour, pour apprendre à lire & les premiers Elémens de la Religion. L'efprit des leçons qu'on leur donnera doit être la crainte de Dieu, & l'amour de la vertu, fentimens qu'on ne peut leur infpirer de trop bonne heure. Leurs exercices confifteront à tricoter des bas, des bonnets, & à faire d'autres petits ouvrages de cette nature. Outre cela, les Garçons feront exercés dans l'Agriculture & le Jardinage, tandis que les Filles fileront, feront de la toile, des rubans, des dentelles &c. &c.

V I I.

Les trois ans qui s'écoulent depuis onze jufqu'à 14, feront employés prefque de la même maniere. Pour l'étude, on fuppofe que nos Enfans favent déjà lire; ainfi leurs leçons doivent être consacrées à l'Ecriture, à l'Arithmétique, & aux princi-pes de la Religion. Ces leçons ne dureront non plus qu'une heure par jour pour chacun ; le reste du temps nous paroît trop cher. Nous voulons accoutumer nos Elèves à une vie laborieuse & sur-tout à une extrême propreté.

A l'égard des exercices, comme le corps a plus de force, ils seront un peu plus pénibles. Ainsi les Garçons nettoyeront, affineront, prépareront le chanvre, le lin, la laine, que les Filles mettront en œuvre, pour faire de la toile, des rubans, & toute autre chose de besoin & d'usage.

Les Garçons commenceront à travailler tout de bon à l'Agriculture & au Jardina-ge, tandis que les Filles, tour-à-tour, s'employeront à la cuisine, à faire le pain, &c. *

V I I I.

Lorsque les Enfans seront parvenus à l'âge de 14 à 15 ans, on doit les appliquer à quelque métier. Il faut en cela consulter leur inclination. Les Supérieurs atten-tifs, comme nous les supposons, doivent avoir eu tout le tems & les occasions d'ob-server quels sont les talens propres à ces jeunes gens, & quel est l'art méchanique auquel un goût particulier les destine. Un espace de 4 à 5 années, suffit pour mettre nos Elèves, préparés comme ils sont, en état d'exercer avec avantage quelque métier que ce soit. Mais l'intention du Régime, n'est pas de perdre de vue ces Enfans, durant le cours de cet apprentissage. On choisira des Maîtres d'une conduite con-forme à l'esprit & aux mœurs de la Maison. Ces Maîtres y auront leurs appartemens, & leurs laboratoires ; ainsi les Elèves, toujours sous les yeux des Supérieurs, seront, non seulement préservés de la contagion du mauvais éxemple, mais encore confirmés dans le bien, dont on leur a donné, dès la plus tendre Enfance, le goût & l'amour †.

I X.

Voilà nos jeunes gens, les Garçons surtout, parvenus au tems dans lequel, avec les connoissances qu'on leur a données, avec les talens qu'ils ont acquis, ils peu-vent pourvoir eux-mêmes à leur subsistance & à leur entretien. Ils sont même en état de se procurer un Etablissement honnête.

---

* A l'exemple des femmes fortes célèbres dans l'Ecriture, & des femmes laborieuses, chantées par Homere, elles s'occuperont de tous les besoins journaliers de la Maison. C'est ainsi qu'on verra comme éclore une génération d'hommes chez laquelle l'oisiveté, la négligence, la paresse & tou[s] les défauts que ces vices traînent à leur suite, seront inconnus.

† L'esprit du Régime n'a tendu qu'à ce but. A chaque instant, il sembloit répéter à chacun d[e] ces Enfans.

       virtutem ex me, verumque laborem
  Disce, puer. . . . .   Virg.

Nous pourrions donc, dès à préfent, les laiffer à leur propre conduite, & les envoyer dans les lieux qu'ils jugeroient les plus avantageux, pour y éxercer leurs Arts & leurs Métiers. Cependant le Régime, comme une bonne & tendre Mere, qui ne voit qu'avec douleur s'éloigner d'elle, ceux qui lui ont coûté tant de peines, de foins, de follicitudes, retiendra la plus grande partie de ces jeunes gens, pour les attacher à la Maifon.

Tous ceux qui, de leur bon gré, conformément à leur inclination, choifiront pour époufe quelqu'une des Elèves, une de leur fœur d'adoption, feront établis dans la Maifon même, & logés dans les appartemens conftruits pour les Arts Méchaniques. Ils travailleront pour leur propre compte; & par la fuite, ils enfeigneront ce qu'ils ont appris, aux mêmes conditions que leurs Maîtres, comme il eft expliqué plus au long dans le *Chapitre V. Parag.* 1, 2, 13. *

X.

Voyez pour ce Paragraphe, ce que nous avons dit ci-deffus, *Parag.* V. N°. 2°.

XI.

Dans le grand nombre de nos Enfans, il s'en trouvera, fans doute, quelques-uns doués d'une intelligence, d'une pénétration, d'une fagacité d'efprit, fupérieures à ce qu'éxige l'apprentiffage d'un métier. Il ne faut pas confondre ces plantes précieufes avec les plantes communes. Au lieu d'éteindre les talens, il faut travailler à les accroître; au lieu d'étouffer le génie, il faut en favorifer le développement.

Quand donc les Chefs auront reconnu quelques fignes de talens fupérieurs dans leurs Pupilles, quand ils y découvriront quelque étincelle de génie, ils commenceront par effayer, fi ce n'eft qu'une lueur, ou fi ces talens, ce génie font auffi réels que folides. S'ils les jugent tels, ils en informeront le premier Surveillant, qui, d'après un Examen approfondi, en rendra compte au Confeil, afin qu'on y prononce, fi l'on doit envoyer ces Enfans à l'Univerfité de Mofcou, pour les Sciences, ou à l'Académie de St. Pétersbourg pour les Beaux-Arts; ou bien même, fi on les fera inftruire dans la Maifon, ce qui devroit être préféré autant qu'il fera poffible.

Au refte ce que nous difons ici ne regarde, comme l'on voit, que les Sciences & les Arts Libéraux. Ainfi lorfque le germe de talens, ou de goût, qu'on remarquera dans un Elève, ne tendra qu'à l'efpérance de le voir devenir un habile Maî-

---

* Qui peut douter que ces jeunes gens, pénétrés pour cette Maifon de tous les fentimens d'un amour filial, ne s'efforcent de fe rendre dignes de cette faveur?

tre dans quelque Art Méchanique, on trouvera dans la Maison tous les secours né-cessaires pour le former ; puisque l'intention du Régime est que ces Arts, sur-tout les plus utiles, y soient enseignés, pratiqués, exercés dans toute leur perfection.

L'Art du dessein est absolument nécessaire à nos Enfans. Un Menuisier, un Charpentier, &c. le plus simple Ouvrier doit en avoir, jusqu'à un certain point, la connoissance & la pratique. Nous aurons donc des Maîtres qui enseigneront cet Art à nos Elèves.

Il seroit impossible qu'un jeune homme parvînt à un certain dégré de perfection, soit dans les Arts, soit même dans un simple Métier, sans la connoissance des principes qu'en ont rédigé & publié les meilleurs Maîtres. Le génie, le gout naturel ne suffisent pas : l'éxpérience le prouve. Comment un jeune homme pourra-t-il donc s'instruire des leçons, des réflexions, des méditations de ces grands Maîtres, s'il ne sait pas leur langue? Ces ouvrages, pour la plupart, ne sont pas traduits. Chaque année fournit de nouvelles découvertes: tous les jours les Arts & les Métiers se perfectionnent. Le moyen que notre Elève, qui ne sait que sa langue, puisse profiter de toutes ces richesses ? Il est donc condamné à la médiocrité, ou plutôt ce n'est qu'un Manoeuvre.

On sent toute la nécessité de faire apprendre à nos Enfans, de l'un & l'autre Sexe, une langue, qui devenue celle de l'Europe, transmet fidèlement le depôt de toutes les connoissances humaines.

XII.

Le bien se multiplie par l'éxemple. Eh! quel éxemple plus efficace que celui d'une Souveraine dont toute l'Europe admire le génie & les vertus! Et sur qui cet éxemple doit-il avoir plus d'empire que sur ceux de ses Sujets qui, par la douceur de son regne, se trouvent en état de l'imiter, chacun selon le dégré de ses forces?

Ainsi nous présumons qu'il se trouvera plusieurs personnes dans chaque ville de Province, qui touchées du sort déplorable d'Enfans dénués de tous secours, de toutes ressources, leur donneront un azile, les feront nourrir & entretenir avec autant de zèle que de soins. On les avertit que ce zèle & ces soins, qui leur feront tant d'honneur, auront un terme assez court. Ces Enfans seront envoyés à la Maison de Moscou, qui les recevra depuis l'âge d'un an, jusqu'à cinq, pour les élever, les instruire comme les autres. Mais si ces mêmes Enfans avoient plus de cinq ans, on ne les y recevroit pas. L'expérience a prouvé que c'est-là l'époque où l'innocence est le plus exposée à la contagion du mauvais exemple; & si, faute des précautions

&

& des inftructions néceffaires, elle en étoit atteinte, en entrant dans l'Etabliffe-ment, elle la communiqueroit bientôt à nos Elèves.

AUSSI, les Supérieurs feront bien autrement difficiles fur la réception de ces Enfans, que fur celle des nouveau-nés. Il faut que ceux qui les préfenteront puif-fent rendre compte du tems que ces Enfans font tombés entre leurs mains & du lieu où ils ont été trouvés. On leur demandera fi, dans ce tems, ces Enfans étoient déjà batifés, ou s'ils l'ont été depuis; dans quelle Eglife, quand, & par quel Prêtre; &c. &c. en un mot, on voudra être éclairci fur tout ce qui peut les concerner. Le motif de toutes ces précautions eft de s'affurer que l'Enfant pré-fenté n'eft pas né de parens d'une condition fervile, & arraché, par quelque fe-cret motif, à fes parens. Or il eft défendu de recevoir, fous quelque prétexte que ce foit, aucun Enfant qui foit dans ce cas.

XIII.

SI quelqu'un, foit qu'il fe faffe connoître, ou non, offre une fomme d'argent ou quelque chofe d'équivalent, pour le profit particulier de quelque Enfant par lui défi-gné, on recevra cette donation pour être employée à fa deftination. Si la fomme eft confidérable, ou que ce foit une penfion annuelle, donnée dans l'intention de procurer à cet Enfant une nourriture plus délicate, un entretien plus diftingué, une inftruction plus étendue, le Régime fe conformera en tout aux vues du Fondateur.

XIV.

POUR graver profondément, dans le cœur de nos Elèves, le fouvenir des bien-faits de SA MAJESTÉ IMPÉRIALE, pour en conferver la mémoire à la Poftérité, & la tranfmettre d'âge en âge, le Prêtre fera chargé de compofer une priere, qui expri-me les fentimens de gratitude dont nos Enfans font pénétrés, & que doivent natu-rellement leur infpirer une bonté, une compaffion, une munificence, fans bornes. Cette priere renfermera les vœux les plus ardents pour la fanté précieufe, la confer-vation, le bonheur conftant, & la profpérité du regne de l'Augufte Fondatrice & Protectrice de cette Maifon. Elle fera lue, à voix haute & intelligible, dans tous les appartemens; & les Enfans doivent la favoir par cœur.

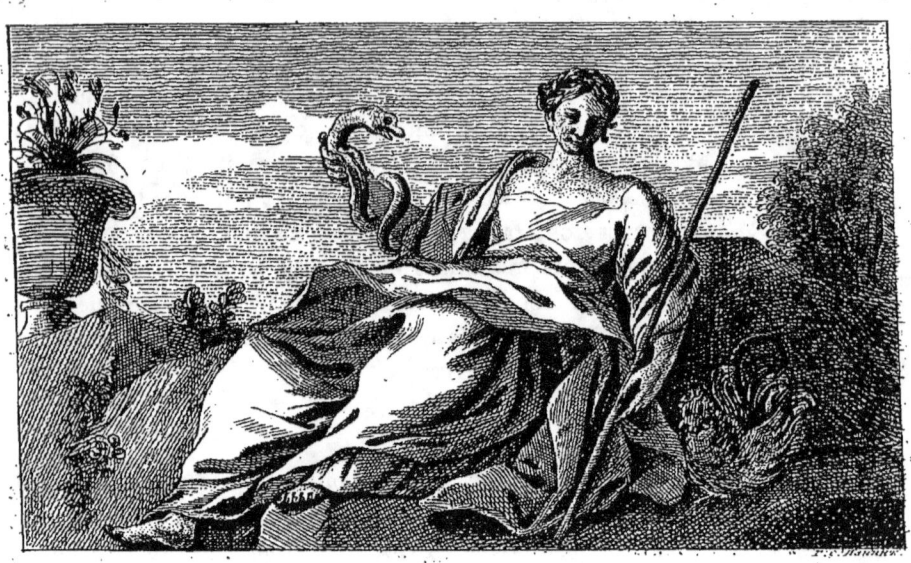

CHAPITRE TROISIEME.

De l'Hôpital des Femmes en couches.

I.

Nous avons pourvu, autant qu'il nous a été possible, à la conservation des Enfans qui font déjà nés ; nos foins vont maintenant s'étendre fur ceux qui n'ont pas encore vu le jour, & fur les Meres infortunées de ces Enfans. Les unes réduites à une affreufe indigence, ne voient qu'avec frayeur, s'approcher l'inftant fatal, où elles vont mettre au monde un Enfant, qui femble n'y venir que pour périr miférablement. D'autres que la honte fait rougir d'elles-mêmes, attendent ce moment dans les mêmes tranfes, qu'un criminel attend fon fupplice. Elles voudroient fe cacher à tout l'Univers. Toutes leurs penfées, tous leurs foins ne tendent qu'à dérober aux yeux des hommes, le trifte fruit d'une foibleffe fi conforme au penchant de la Nature.

Des motifs auffi puiffans nous ont déterminés à fonder un Hôpital en faveur de ces malheureufes Meres. Qu'elles viennent donc, avec une entiere confiance à cet azile. Qu'elles accourent s'y cacher, & s'y mettre en fûreté fous la protection sacrée de la plus Grande, de la plus Augufte des Souveraines : qu'elles viennent déguisées, le visage couvert, & qu'elles choisissent, si elles veulent, les ombres de la nuit : la porte leur est toujours ouverte : leur état indique leurs besoins : cette Maison est destinée à y pourvoir : le secret & le silence en font la suprême loi.

II.

LE bâtiment de l'Hôpital doit être séparé de celui des Enfans : il sera distribué en appartemens commodes pour tout ce qui est nécessaire aux Femmes en cet état. Il faut, pour les couches laborieuses, des chambres plus retirées. On n'omettra rien de tout ce qu'exige un Etablissement de cette nature, tant pour la commodité, que pour le soulagement & les soins.

III.

IL est difficile de fixer exactement le terme de la délivrance d'une Femme enceinte : il n'est donc pas surprenant qu'elles puissent elles-mêmes y être trompées. Afin de mettre ces personnes dans le cas de n'être pas surprises, on les recevra quelques jours avant celui qu'elles présument. On peut même les tenir une semaine entiere avant leur accouchement.

LES cas extraordinaires ne font pas assujettis aux règles ; ainsi, dans ces cas, on gardera ces personnes autant de tems qu'il sera nécessaire.

IV.

MAIS pour éviter les abus qui pourroient naître d'une trop grande indulgence ; dès qu'une Femme enceinte se présentera, la Sage-Femme doit éxaminer si elle est à terme, ou si ce terme ne doit pas aller au-delà de huit jours. Dans ce cas, elle l'introduira dans les appartemens de l'Hôpital, & lui fournira tous les secours. Si le terme de cette Femme est encore éloigné, elle la consolera, en lui faisant entendre qu'elle s'est trop pressée ; & lui indiquera le tems auquel on juge qu'elle doit revenir.

V.

SITÔT qu'il sera né quelque Enfant, la Sage-Femme le fera transporter dans la Salle commune, pour être remis entre les mains des principaux Officiers, qui suivront ce qui est prescrit, dans le Chapitre précédent.

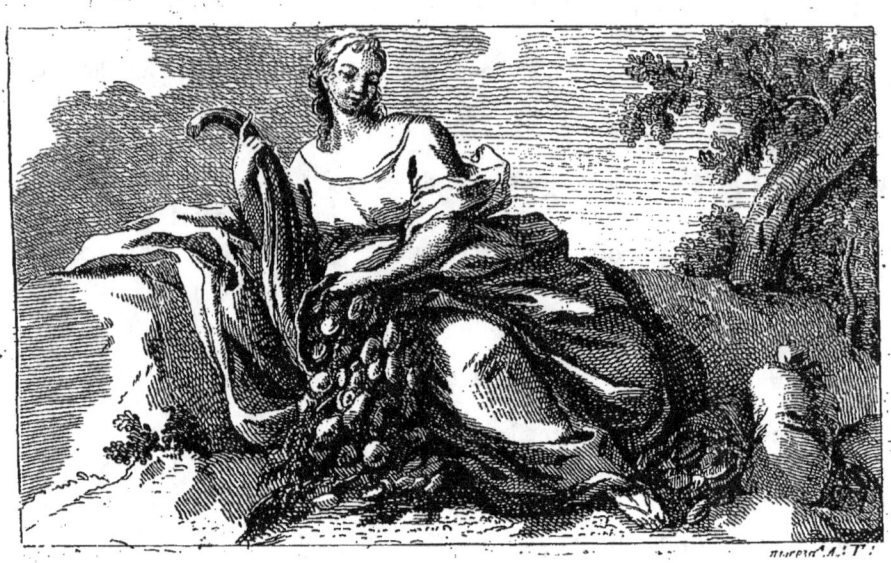

CHAPITRE QUATRIEME.

Des Fonds, des Revenus, & de leur Emploi.

I.

C'est sûr les Fonds octroyés par la munificence de SA MAJESTÉ IMPÉRIALE, & par celle de son ALTESSE IMPÉRIALE MONSEIGNEUR LE GRAND DUC, que nous fonderons cette Maison, & que nous commencerons à l'ouvrir pour l'utilité publique. Pourrions-nous craindre qu'un Etabliſſement ſi précieux, ſi glorieux à la Nation, établi ſous des auſpices ſi favorables, manquât par le défaut de ſecours! loin de nous une idée ſi odieuſe, ſi humiliante pour la Patrie! nos intentions ſont auſſi pures qu'elles ſont utiles: travaillons avec courage; & laiſſons le reſte à la généroſité de nos Compatriotes.

I I.

AFIN de faciliter, autant qu'il eſt poſſible, aux perſonnes charitables, les moyens de participer à cette œuvre pieuſe, la Maiſon recevra tous les dons qui lui ſeront faits, de quelque nature que ce ſoit: Villages, Fonds de terre, Maiſons, Argent,

Bijoux, & autres chofes précieufes, Provifions, Matériaux, en un mot, tout ce que la piété pourra lui offrir, foit une fois donné, foit annuellement, ou à quel-qu'autre terme périodique.

Un Livre deftiné à cet ufage, & revêtu du fceau, contiendra, article par arti-cle, l'expofé de la nature, de la qualité & de la quantité de chaque donation, avec le nom & le rang du Donateur. (On verra ci-après les Privilèges honorables accordés aux Bienfaiteurs de cette Maifon.)

III.

L'Oeconome de fon côté tiendra un Régiftre dans lequel il infcrira exactement l'argent & autres effets qu'il recevra, pour en rendre compte chaque mois, & cha-que année, felon ce que nous avons dit au *Chap.* I. *Parag.* VI.

IV.

La Prudence éxige que nous prenions une précaution en faveur des perfonnes cha-ritables qui chargeroient quelqu'un de remettre, en leur nom, quelque chofe à cette Maifon. Or, pour empêcher que leur bonne volonté ne foit fruftrée, elles doivent demander à celui qu'elles ont chargé de cette commiffion, une reconnoiffance de réception, fignée du premier Surveillant, qui eft tenu d'en délivrer à chaque fois.

Ce reçu contiendra (comme nous l'avons dit à la fin de l'Article II.) l'expofé de la nature &c. (Voyez l'endroit cité.)

Outre cette précaution, à la fin de chaque mois, on inférera dans la Gazette, un Mémoire éxact de toutes les donations reçues pendant ce mois, avec les noms de ceux qui les auront faites; & à la fin de chaque année, la Gazette annoncera de la même manière, toutes les donations faites dans le courant de cette année. Il fera donc facile à chacun des Donateurs, de voir s'il n'y trouve pas fon arti-cle; & de s'en plaindre au premier Curateur, ou au Confeil, qui lui feront rendre une juftice auffi prompte qu'intègre.

La Gazette publiera auffi à la fin de chaque année, ou au commencement de l'année fuivante, un détail contenant le nombre des Enfans qui auront été reçus dans cette Maifon, de ceux qui y feront nés, & de ceux qui feront morts, dans le cours de l'année. On marquera de plus l'Etat actuel des travaux de la Maifon, & les nouvelles conftructions qui auront été faites. Le Public fera donc informé, chaque année, de l'Etat actuel & des befoins de cet Etabliffement.

H 3

V.

Les Revenus de la Maison, & les deniers provenus de la libéralité du Public, feront employés 1°. à la conſtruction d'une Egliſe & d'un Edifice, dont les dehors & l'intérieur puiſſent répondre à l'idée qu'on doit ſe former d'une Maiſon auſſi conſidérable. Dans la bâtiſſe & dans la diſtribution, il faut prendre toutes les meſures convenables, pour joindre au néceſſaire, non ſeulement l'utilité, mais encore ce qui ſera le plus commode. Outre les lumieres acquiſes ſur cet objet, on s'efforcera d'inventer quelques nouveaux moyens d'y parvenir, avec le moins de dépenſe qu'il ſera poſſible.

2°. Ces deniers ſerviront à la nourriture, à l'entretien, à l'inſtruction des Enfans. 3°. A payer les appointemens des Supérieurs, des Surveillans, des Maîtres, & les gages des Nourrices & des Domeſtiques. 4°. A fournir la Maiſon de toutes les proviſions néceſſaires. 5°. A l'entretien & aux réparations des Bâtimens, à l'achat des Matériaux, des Outils, & de toutes les autres choſes de cette nature, de même qu'au payement des Ouvriers. 6°. A fournir l'Hôpital de tous les ſecours, tant journaliers qu'extraordinaires. 7°. Enfin il y aura toujours, en réſerve, une ſomme, pour fournir à la dot des Filles, & à l'Etabliſſement des jeunes gens au ſortir de l'apprentiſſage.

Au reſte ces Fonds (comme nous l'avons dit plus haut) ſont ſous la garde & la direction du premier Curateur & du Conſeil des Tuteurs. Quelle ſécurité pour le Public!

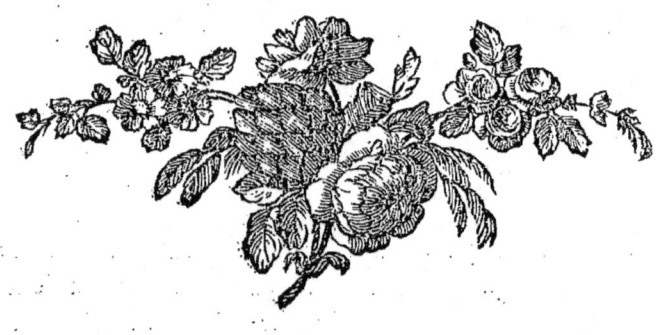

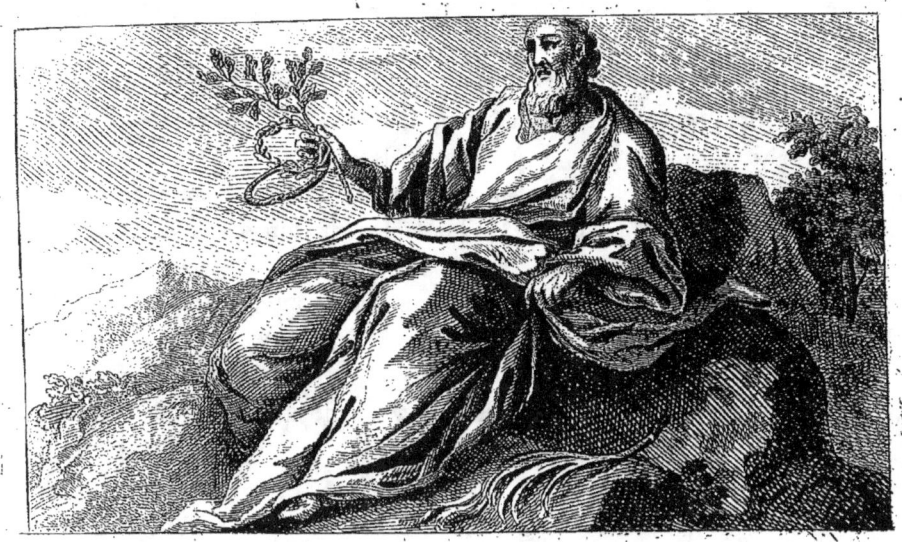

CHAPITRE CINQUIEME.

Des Peines & des Récompenses.

I.

Aucune Société, si peu nombreuse qu'on la suppose, ne peut long-tems subsister sans Règles & sans Loix. Il en faut donc dans une Communauté aussi considérable que doit l'être cette Maison. Il faut que les Supérieurs, leurs Coopérateurs, les Domestiques, & même les Enfans, soient chacun proportionnellement assujettis à ces Règles.

Mais les Loix sont sans vigueur lorsqu'elles sont privées de la puissance coërcitive ; car les Peines & les Récompenses sont les vrais moyens de concilier les actions humaines avec les Loix.

Nous allons exposer quelles sont les Peines auxquelles sont soumis ceux qui manqueront essentiellement à leurs devoirs, & les Récompenses que doivent espérer ceux qui les rempliront fidèlement. Commençons par les Récompenses.

II.

Tous ceux qui travaillent avec zèle au bien de cette Maison pour y mettre & entretenir l'Ordre, (les Supérieurs) tous ceux qui, sous la direction de ces Supérieurs, veillent affidûment à l'Education, à l'Instruction des Enfans, (les Surveillans, Précepteurs &c.) tous ceux qui servent avec fidélité, avec affection, (les Domestiques) méritent un retour de la part du Régime.

Aussi promet-il à toutes ces personnes. 1°. Que les appointemens & gages convenus leur seront exactement payés. 2°. Que leur nourriture sera aussi abondante, que convenable tant à leur état respectif, qu'à l'honneur de la Maison. 3°. Que dans les maladies & les infirmités, on les traitera avec toute l'attention, les soins & la charité qui font l'ame de cette Maison. 4°. Enfin que, quand l'âge viendra leur interdire l'exercice de leurs Fonctions, ils trouveront ici le repos, la nourriture, l'entretien, & tous les secours dont la vieillesse a le plus de besoin.

III.

Chaque Elève qui, après son apprentissage, sortira de la Maison, avec l'agrément de ses Supérieurs, mérité par sa bonne conduite, sera muni d'un Passeport.

Ce Passeport, établissant son Etat de liberté, il peut aller & s'établir en quelque lieu de cet Empire, qu'il jugera à propos, pour y exercer ses talens; il peut le parcourir d'un endroit à un autre à sa volonté, pour chercher à se procurer les besoins, la commodité, l'aisance, & même une plus grande fortune, selon qu'il en trouvera quelqu'occasion aussi légitime que favorable.

Mais il est tenu de renouveller exactement son Passeport dans le terme qui y est préfixe. Comme on ne délivrera ces Passeports que pour un certain espace de tems, (une, deux, trois &c. années) il faut qu'à l'échéance de ce terme, notre Elève demande un nouveau Passeport. Il est en outre tenu de payer à la Maison, sa tendre Mere, un rouble par chaque année. Et si ses talens lui procurent un état plus aisé, il payera à proportion de ses facultés. Voici le Mémoire de ce que la Maison lui fournira dans le moment de son départ.

Un Habit complet de drap neuf, des Chemises, des Cravates, des Mouchoirs, un Chapeau, un Bonnet, une paire de Bas, une paire de Souliers, une paire de Bottes, une Valise pour mettre ses effets, & finalement un Rouble.

IV.

IV.

CE que nous venons de dire des Garçons, doit s'entendre auffi des Filles, en y fuppléant les différences qui fe conçoivent facilement. Ainfi lorfque l'on jugera quelques-unes de ces jeunes perfonnes fuffifamment inftruites, on leur délivrera un Paffeport. On les fournira de linge & d'habits; enfuite on les laiffera choifir le lieu où elles voudront fe fixer, & la maniere de fe procurer les néceffités de la vie. Elles doivent auffi renouveller leurs Paffeports, aux mêmes conditions, & cela toute leur vie, quand même elles feroient mariées.

V.

LE vœu du Régime eft que fes Eléves confervent toute leur vie, & infpirent à leurs enfans, les bonnes mœurs qu'ils ont fucées avec le lait, & les bons principes dont ils ont été imbus. Pour cela, il fouhaiteroit que les jeunes gens choififfent, par préférence, pour époufe, quelqu'une de leurs compagnes d'éducation. Auffi deftine-t-on pour ceux qui contracteront ces mariages, 25 roubles de dot pour la fille, & une égale fomme pour le jeune époux.

MAIS dans les cas, où par des raifons particulieres, approuvées du Régime, le vœu ne feroit pas rempli; on réferve néanmoins des récompenfes à ceux qui s'en rendront dignes par une autre voie. Ainfi tout Eléve, de l'un & de l'autre fexe, qui, ayant paffé quelque tems hors de la Maifon, rapportera un certificat des perfonnes qui l'auront employé, portant témoignage d'une conduite honnête, d'application à fes devoirs, d'habileté dans l'exercice de fes talens, recevra la même récompenfe. On donnera de plus la même fomme à ceux qui feront connoître qu'ils fe font perfectionnés dans leurs connoiffances & qui auront appris quelque nouveau Métier. C'eft ainfi que le Régime travaille au bien de la Société par l'émulation & l'encouragement qu'il donne à fes Eléves.

VI.

NOUS avons déjà fait quelque mention ci-deffus, des prérogatives deftinées aux jeunes gens qui, dans les Arts & Métiers, feroient paroître des talens au deffus du commun; qui, par goût s'attacheront à la Maifon; & particuliérement à ceux qui s'y marieront; nous ajouterons ici, qu'ils feront logés dans les bâtimens conftruits pour les Arts & Métiers. Ils feront auffi employés, par préférence, aux ouvrages de la Maifon, & payés conformément au prix dont ils feront convenus avec les Supérieurs auxquels les détails font confiés. A l'égard des ouvrages qu'ils feront pour leur propre compte, ils feront mis en vente à leur profit dans les boutiques de la Maifon.

Tome I. I

VII.

ENFIN ceux ou celles dont la capacité, le goût, le génie, feront jugés fuffifants, pour qu'ils puiffent exercer les fonctions de Surveillants, de Surveillantes, de Maîtres, de Maîtreffes &c, feront reçus avec plaifir dans ces emplois. Et même on leur promet quelques avantages, quelque préférence fur les autres, en faveur de leur qualité d'Enfans de la Maifon.

VIII.

CE n'eft qu'avec regret que nous allons parler des peines & des châtimens: mais la néceffité nous y contraint.

LA pareffe & la négligence font des vices effentiels dans cette Maifon, où on fe propofe de former des Sujets utiles à la Patrie par leur application, leur courage, & leurs travaux. Ces défauts font contagieux dans des Supérieurs & des Maîtres; dans ceux qui doivent donner l'exemple de la vigilance & de l'activité.

AINSI dès que le régime s'appercevra que quelqu'un des Supérieurs & des Surveillants, fe rendra coupable à cet égard; il doit le faire avertir, le faire exhorter à fe comporter d'une maniere plus conforme aux devoirs qu'il s'eft luimême impofés: mais fi deux monitions deviennent inutiles; à la première rechute on lui fignifiera fon congé fans retour. Pour effayer de les ramener, on peut dès la première fois retenir une partie de leurs appointemens, augmenter ce retranchement à la feconde faute; mais encore une fois, à une troifieme rechute, on ne fera nulle grace.

PUISQUE nous puniffons ainfi la pareffe & la négligence; on doit bien s'attendre que les fautes graves, & fur-tout celles qui peuvent faire éclore le germe du vice, dans le cœur des Enfans, trouveront en nous moins d'indulgence; dans ces cas, on ne doit pas retarder d'un inftant le congé de l'auteur du fcandale; &, fi la faute eft publique, le coupable fera chaffé publiquement *.

IX.

LE Vol Domeftique eft un crime fi odieux, que presque toutes les Nations policées l'ont puni de mort. Nous efpérons que la fageffe qui doit préfider au Con-

---

* SA place ne doit rien obtenir en fa faveur: plus cette place eft relevée, plus le mauvais exemple eft contagieux.

Corruptio optimi peffima.

ſeil de cette Maiſon, n'admettra jamais à l'Adminiſtration, des perſonnes capables de commettre ce crime. Cependant, comme la Loi eſt obligée de ſuppoſer le mal, pour le prévenir; nous allons expliquer de quelle maniere le Vol doit être puni, ſi par malheur il avoit lieu, malgré tous les ſoins & la vigilance poſſibles.

TOUT Membre de cette Maiſon, Supérieur, Surveillant ou Domeſtique qui porteroit une main criminelle ſur les deniers, les effets qui lui ſont confiés, ſera d'abord tenu à la reſtitution de la choſe, & enſuite livré au Tribunal dont il dépend, ou auquel il appartient d'en prononcer, pour y être jugé & puni ſelon les Loix, & ſelon les formes de ce Tribunal.

X.

QUOIQUE le reſſort du Conſeil des Tuteurs s'étende généralement & définitivement ſur tout ce qui concerne cette Maiſon; quoiqu'il pût en conſéquence infliger les peines corporelles que mérite chaque crime; cependant, uniquement occupé à faire du bien, à ſecourir les Pauvres, à conſoler ceux qui ſont dans l'affliction, il ne peut ſe réſoudre à ordonner des ſupplices; c'eſt bien aſſez pour lui des châtimens. Une autre raiſon qui a paru eſſentielle, c'eſt la crainte que la vue, & même l'idée des ſupplices ne communiquât quelque choſe de dur, au cœur de nos Eléves. Ainſi on défend toutes ſortes de peines corporelles dans l'enceinte de cette Maiſon; on n'y ſouffrira aucune punition plus grave, que celle de la priſon, & de la nourriture au pain & à l'eau.

Dès qu'une fois quelque Membre de cette Maiſon aura été renvoyé à un autre Tribunal; quelque légere que ſoit la peine que lui a infligé ce Tribunal, qu'il perde l'eſpérance de pouvoir jamais rentrer dans la Maiſon. Le Conſeil, en le renvoyant par devant les Juges ordinaires, l'a de fait exclu de la Maiſon pour jamais.

X I.

LA foibleſſe, l'ignorance, la légéreté de l'Enfance, exigent de l'indulgence : il faut bien moins punir les Enfans, que les inſtruire & les corriger. Hélas ! combien de fois n'arrive-t-il pas que la négligence des Gouverneurs attire aux Eléves des punitions qu'ils n'ont pas méritées ! Nous eſpérons qu'il n'en ſera pas de même ici. Nous comptons que ceux qui ſont chargés de veiller ſur la conduite de nos Enfans, les inſtruiront encore plus par leur conduite que par leurs diſcours. Ils ſauront apprécier une action fautive d'après l'âge, le tempérament, le caractere & le ſexe de l'Enfant, d'après toutes les circonſtances qui peuvent aggraver, ou exténuer cette faute; & en conféquence, ils employeront les inftructions, les exhortations, les réprimandes publiques, qui produifent la honte du mal, &, s'il eft abfolument néceffaire, de foibles châtimens, comme la diète, le retranchement des promenades & des récréations, un petit furcroît de travail & autres punitions de cette efpèce. Mais il faut une grande prudence dans l'application de ces châtimens. On les rend inutiles quand ils deviennent trop ordinaires : les Enfans en prennent l'habitude : delà naît l'infenfibilité. Il faut fur-tout bien diftinguer, bien difcerner, ces cœurs tendres & fenfibles auxquels un gefte fuffit pour les ramener au devoir, pour qui une réprimande trop aîgre eft, pour ainfi dire, un fupplice. Trop de rigueur les rendroit malheureux fans utilité; & fouvent corromproit cet heureux caractere, deftiné par la Nature au bonheur de la Société.

X I I.

S'IL arrivoit qu'un de ces Enfans donnât quelque preuve d'une pente marquée aux vices que produit la cupidité, & qu'il allât jufqu'à dérober quelque chofe à fes Compagnons, aux Surveillants, aux Domeftiques &c, il faut alors en avertir les premiers Supérieurs. Ils feront rapporter la chofe dérobée, par le coupable lui-même, & le puniront, felon ce qu'ils jugeront de la gravité de la faute, en préfence de tous les Enfans; enfuite ils le feront gouverner comme ils le trouveront à propos. Nous entrerons dans de plus grands détails fur cet objet important, dans la troifieme partie de cette Inftitution.

X I I I.

MALGRÉ tant de foins, tant de follicitudes; s'il fe trouvoit parmi les adolefcents des caracteres fi indociles, fi opiniâtres, fi farouches, qu'on ne pût les corriger par tous ces moyens; les Garçons feront enrôlés comme Soldats, ou Matelots, & les Filles abandonnées à elles-mêmes, entièrement déchues de tous les privilèges, dont elles auroient joui, lors de leur fortie.

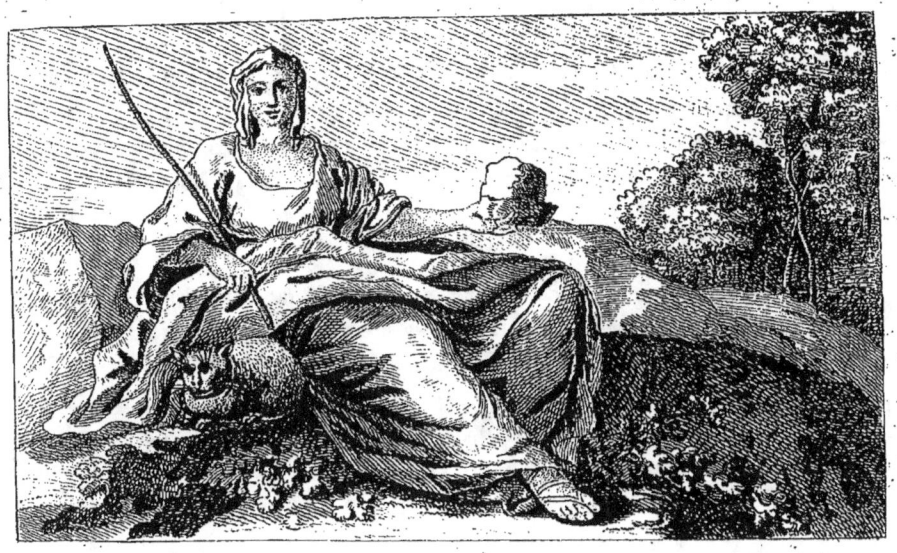

CHAPITRE SIXIEME

Des Privilèges accordés à cette Maison.

I.

LE premier privilège que SA MAJESTÉ IMPÉRIALE ait accordé à cette Maison, c'est celui d'être immédiatement sous son AUGUSTE PROTECTION. Elle a encore ajouté à ce rare bienfait, celui d'ordonner à toutes ses Cours de Justice, de favoriser, secourir & défendre cet Etablissement ; sans néanmoins, qu'aucune de ces Cours puissent connoître de l'Administration, qui appartient uniquement & exclusivement au premier Curateur & au Conseil des Tuteurs. Le choix des personnes respectables, qui composent ce Tribunal, assure le Public de la bonne gestion des fonds que cette Maison peut tenir de sa libéralité.

II.

LA Maison des Enfans trouvés, ses annexes, appartenances & dépendances, sont absolument exemptes de tous impôts, de toutes taxes & charges de police ou militaires, comme corvées, logement de gens de guerre & toutes autres chofes de pareille nature.

Les Maifons du premier Curateur & des Tuteurs jouiront du même Privilège ; mais nous n'y comprenons que la Maifon que chacun d'eux occupe, foit qu'elle lui appartienne, foit qu'il la loue. Un certain tems d'abfence ne rompt pas ce Privilège, & il continuera auffi longtems que celui qui occupe la Maifon fera dans l'Adminiftration.

III.

Il eft défendu à quelque Cour de Juftice que ce foit, de connoître en premiere inftance des fautes, &, à plus forte raifon, des crimes que pourroient commettre, hors de la Maifon, ceux qui lui appartiennent, à quelque titre que ce foit. Suppofé que quelqu'un d'entr'eux, fût arrêté ; on doit renvoyer, fur le champ, l'Accufé au Confeil des Tuteurs pour y être jugé ; fauf à ce Tribunal, de le traduire enfuite par devant les juges qu'il trouvera convenables, felon ce que nous avons dit ci-deffus (*Chap. V. Parag. X.*)

IV.

Tous les Elèves de cette Maifon font déclarés libres, & ils tranfmettront leur liberté à leur poftérité. Aucun particulier, de quelque qualité & condition qu'il foit, ne peut fous aucun prétexte, donner atteinte à cette liberté ; ni encore moins fe les approprier & fe les affervir. Nous allons expliquer la maniere dont nos Elèves doivent conftater leur état.

Chaque Elève de l'un, & de l'autre fexe, qui fortira de la Maifon, fera tenu d'y prendre un Paffeport dont il doit être toujours muni. Ces Paffeports feront fignés du premier Curateur, ou en fon abfence, des Tuteurs & du premier Surveillant. Ils feront en outre revêtus du fceau de la Maifon. Nous avons déjà dit que nos Elèves devoient faire renouveller exaêtement leurs Paffeports à l'échéance ; nous ajoutons ici que, celui qui retiendroit quelques-uns de ces Elèves, au delà du terme fixé dans le Paffeport, fera obligé de payer à la Maifon de Mofcou une amende de deux cents Roubles pour chaque année au delà du tems expiré.

Les Enfans de nos Elèves, ne font pas obligés, comme leurs peres & meres, de faire renouveller leurs Paffeports. Lorfqu'ils feront parvenus à l'adolescence, ils requerreront un Certificat qui atteftera leur naiffance, qui en fixera la datte, & marquera quel eft leur Numéro dans les règistres. Chacun de ces Enfans, en recevant fon Certificat, fera tenu de payer à la Maifon, une fomme, dont la quantité eft remife à l'arbitrage des Juges du Confeil; mais elle ne peut être au-deffous de 10 Roubles: ceci regarde auffi les filles.

CEUX de nos Elèves, à qui il naîtra un Enfant, de quelque fexe que ce foit, doivent en faire le rapport au Bureau de la Maifon, en apportant le témoignage par écrit du Curé de la Paroiffe. Ce témoignage doit contenir la datte de la naiffance, le fexe & le nom de l'Enfant. On infcrira cette déclaration dans le régître qui fera numéroté article par article.

ON donnera à ces peres & meres, un billet portant reconnoiffance de leurs Enfans; & ces billets ferviront de témoignage à ces Enfans, jufqu'à leur adolefcence: alors, ils prendront les Certificats dont nous avons parlé; & leur liberté ne peut plus être conteftée; ils font *ingenui*.

SI la mort enleve ces Enfans, avant qu'ils aient reçu le Certificat, les parens doivent en faire leur rapport au bureau, & l'on rayera leurs noms du livre.

A l'egard des Elèves, qui fe font établis dans les villes de provinces, ils doivent s'adreffer aux Curateurs ou Curatrices de ces villes, qui en inftruiront le Confeil; &, fur leurs réquifitions, il enverra les Billets & Certificats defirés.

V.

PUISQUE l'intention de SA MAJESTÉ IMPÉRIALE, eft de faire de nos Elèves des hommes libres qui, par leurs lumieres & leur induftrie, puiffent être utiles à l'Etat; nous devons apporter tous nos foins à obvier aux inconvéniens, aux fraudes mêmes qui pourroient porter quelque obftacle à ce deffein. Le plus grand de ces inconvéniens pourroit naître d'un mariage mal afforti.

AINSI il eft défendu aux Elèves de l'un & de l'autre fexe, de fe marier avec des perfonnes réduites en fervitude. Il eft auffi très expreffément défendu à tous Curés de Paroiffe, à tout Prêtre, de bénir de femblables mariages, fous peine de perdre leur titre & leur bénéfice.

SUPPOSÉ que la fraude ait été employée pour faire contracter ces mariages; a-lors le conjoint libre communiquera fa liberté à l'autre conjoint, qui rentrera dans tous fes droits naturels, au préjudice du Maître qui aura contribué à cette fraude.

SI le Seigneur eft dans la bonne foi, fi lui-même a été trompé, il n'eft pas jufte de le priver de fes droits; & voici ce que l'on doit prononcer, en cette occafion. La queftion renferme deux cas: ou c'eft l'époux qui eft libre avant le mariage, ou bien c'eft l'époufe. 1°. Si c'eft l'époux qui foit un de nos Elèves, il fera quitte pour payer au Seigneur le prix que l'ufage a fixé pour l'achat de cette femme ; le Seigneur doit recevoir ce prix , & la femme devient libre. 2°. Mais fi un Serf époufe une de nos Elèves, fans qu'il y ait fraude de la part du Seigneur ; cet époux demeure ferf, tant que fon Seigneur ne l'affranchit pas. Mais la femme, tenue feulement aux devoirs du mariage, conferve fa liberté qu'elle tranfmet à fes Enfans, felon l'axiome de droit, *fruƈlus fequitur ventrem* (ff. de reg. jur.)

A l'égard des perfonnes qui auront, par faux témoignage, ou autrement, participé à la fraude, dans ces fortes de mariages ; le premier Curateur & le Confeil les condamneront à une amende. Il eft facile de conclure de tout ce que nous venons de dire, que toute perfonne libre, de quelque qualité ou condition qu'elle foit, peut s'allier par mariage, à nos Elèves de l'un ou de l'autre fexe.

VI.

Nos Elèves parvenus à l'âge requis, leurs Enfans & Descendants jouiffent de tous les Privilèges de la liberté. Ainfi ils peuvent acheter des Maifons, des Boutiques, ou des terreins propres à y conftruire ces Maifons, Boutiques &c. comme auffi des Magafins, Fabriques, Manufaƈtures.; en un mot, tout ce qui peut leur être néceffaire, pour l'exercice de leurs Arts, de leurs Mêtiers, de leur Commerce, & même pour leur commodité. Ils peuvent encore vendre, engager, échanger leurs fonds, felon qu'ils le jugeront à propos, & ne font tenus en toutes ces aƈlions, qu'à l'obfervation des Loix tant Naturelles que Civiles, ainfi que toute perfonne libre.

VII.

La Maifon des Enfants trouvés, & tout ce qui en dépend, ne fubfiftant que par des aumônes, les fonds qu'elle adminiftre ayant une deftination marquée & fixée par l'intention même des Donateurs, elle jouira du droit des pauvres c'eft-à-dire eft dans le cas de ceux qui n'ont rien: *quorum nihil eft.* Ainfi elle eft exempte de tous droits de Juftice, comme dépens, frais, intérêts, amendes &c. pour procès qui pourrôient lui furvenir, & ne doit non plus aucun droit pour les Contraƈts d'achât, de vente, d'échange, de dépôt &c. qu'elle pourroit faire à fon profit & pour fa commodité.

VIII.

La place de premier Curateur eft fi importante pour cette Maifon, que le choix d'une perfonne digne de la remplir, n'eft pas facile à faire. Ne doit-on pas préfumer que celui qui l'a exercée, avec applaudiffement pendant un certain nombre d'années,

nées, eſt le plus en état de connoître exactement toutes les lumieres, tous les talens, & toutes les vertus qu'elle exige?

C'EST ce qui a déterminé SA MAJESTÉ IMPÉRIALE de permettre au premier Curateur en charge, de ſe choiſir un ſucceſſeur, & de le lui préſenter pour être reçu en ſurvivance. C'eſt un grand avantage pour cet Etabliſſement, qui ne ſera jamais privé de ſon plus ferme appui; la vacance de cette Charge pouvant cauſer pluſieurs inconvénients, ou du moins quelque embarras, quelque retard dans la déciſion des cas urgens.

CEPENDANT ſi le premier Curateur, par quelque raiſon que ce ſoit, n'a pas uſé de ce droit, & que ſa charge vienne à vacquer ſans qu'il y ait pourvu, c'eſt au Conſeil des Tuteurs que ce droit eſt dévolu; avec cette différence, qu'il doit marquer entre les Candidats, qui pourroient ſe préſenter, ceux qu'il jugera les plus dignes de cette fonction, & le choix en ſera déféré à SA MAJESTÉ IMPÉRIALE.

I X.

LE premier Surveillant, la premiere Surveillante, ſont après les Tuteurs, les perſonnes qu'il importe le plus de bien choiſir, puiſque toute l'Adminiſtration leur eſt déférée. Que peut il y avoir de plus grand, de plus noble que le ſoin de former des hommes capables de porter la lumiere, de proche en proche, par la connoiſſance & la pratique des Arts les plus utiles, & des Métiers les plus néceſſaires! mais ſi ces hommes ſi précieux ont été expoſés au péril d'être abſolument perdus pour l'Etat, quel nouveau ſujet de louanges, pour ceux qui, non ſeulement les ont conſervés, mais en ont tirés tant d'utilité! Qu'on ne nous vante plus ces fondations pieuſes, qui, bornées dans leur objet, ſe concentrent dans le cercle étroit d'une certaine quantité de malheureux, à qui elles fourniſſent la ſubſiſtance? Notre Etabliſſement a bien une autre étendue. Il ne s'agit pas ſeulement d'empêcher qu'une certaine quantité de nos ſemblables, ne manquent de ſecours; il s'agit de faire, d'un nombre preſque infini d'individus, qui périſſoient, une ſource inépuiſable de richeſſes pour la Nation *.

* Vous qui vous faites tant de gloire de conſacrer votre vie à un état qui a pour but la défenſe de la Patrie contre ſes ennemis, pourriez-vous ignorer que cette même Patrie ne peut ſubſiſter ſans les reſſources de ſon Induſtrie? que toujours réduite à la routine de vos ancêtres, & ſe trouvant néanmoins fort multipliée, elle ſera, dans peu de tems, réduite à la plus affreuſe indigence? Ne ſavez-vous pas qu'à meſure qu'une Nation s'augmente, il faut auſſi qu'elle augmente les moyens de tirer de la terre tout ce qui doit ſatisfaire à ſes beſoins, à ſon utilité & même à ſes plaiſirs? que ce n'eſt que par les travaux médités & ſuivis d'une partie de ſes Sujets, qu'elle peut ſe procurer ces ſecours néceſſaires? & qu'envain vous voudriez la défendre contre l'étranger, ſi elle ne travaille elle-même à ſa propre conſervation? La Nature vous a fait riches, il eſt vrai; mais elle veut qu'au

Ce n'eſt donc pas ſeulement par les vues charitables que ſe propoſent les Tu-teurs, les premiers Surveillant & Surveillante de cette Maiſon, qu'ils ſont recom-mandables. Ce n'eſt pas parce que les ſoins qu'ils ſe donnent, équivalent aux plus abondantes aumônes; ils le ſont encore bien plus par les avantages immenſes que la Nation doit recueillir de leurs veilles & de leurs travaux. Quel motif plus puiſſant pour leur attirer la bienveillance du Souverain, & les éloges, le reſpect, l'amour de leurs Compatriotes!

Ainſi en quelque rang, en quelque dignité que ſoit conſtituée une perſonne qu'anime le deſir de ſe rendre utile en cette partie; les ſoins qu'elle ſe donne, pour y contribuer, ne peuvent que la rendre encore plus reſpectable. *

Le premier Surveillant, la premiere Surveillante ſeront choiſis & nommés ſe-lon la forme que nous avons preſcrite au *Chap. I. Paragraphe III.*

A l'égard des Tuteurs, le choix & la nomination en ſont abſolument & définitive-ment déférés au Conſeil: c'eſt à lui qu'il appartient de ſe choiſir ſes Membres. Ainſi dans le cas que quelqu'un des Tuteurs, par quelque raiſon particuliere, deſirât de ſe démettre de ſa charge, il eſt tenu d'avertir la Compagnie ſix mois d'avance, afin qu'on ait le tems de réparer cette perte, par le choix d'une perſonne digne de lui ſuc-céder. A l'échéance de ce terme, le Conſeil lui expédiera un congé en bonne forme, & un certificat de ſervice, ſcellé du ſceau de la Maiſon. Voici les privilèges qu'il a plû à Sa Majesté Impériale d'accorder à l'éxercice de la charge de Tuteur.

Premiérement, ceux qui ſe conſacrent à cet état, & qui ſont déjà dans des

moins vous puiſiez dans les tréſors qu'elle vous a deſtinés. Ils ne vous produiront aucun avantage, ſi vous ne ſavez pas en uſer. C'eſt pour vous décharger de ce ſoin, que vous trouvez ſi pénible; c'eſt pour vous éviter le déſagrément d'entrer dans des détails qui vous paroiſſent ſi fatiguans, ſi ennuyeux, qu'une Souveraine patriotique vous forme des Cultivateurs éclairés, & laborieux, des Economes auſſi fidèles qu'infatigables, des Diſpenſateurs de vos richeſſes, auſſi intègres qu'intelligens: &, pour vous faire mieux connoître la néceſſité, l'utilité, le prix du Tiers-Etat que vous devrez à ſa munificence; Catherine puiſe les avantages qu'Elle vous préſente, dans une ſource féconde, que l'ignorance de vos peres avoit méconnue, ou que leur négligence avoit mépriſée. *Note du Traducteur.*

* Eh! plût-au ciel que ces places ne fuſſent l'objet de l'ambition que des perſonnes élevées aux premieres dignités! elles juſtifieroient par là le motif qui les a ſi éminemment placées. Mais comme les rangs les plus diſtingués, peuvent encore acquérir un nouveau luſtre par l'ac-ceſſion à ces charges; auſſi eſt-il naturel de juger qu'on ne doit pas en ouvrir l'entrée à tout le mon-de. Quoique le mérite ſolide puiſſe quelquefois ſe cacher dans l'état le plus bas de la Société, on doit néanmoins préſumer qu'il ſe trouve plus fréquemment dans ceux qu'un Gouvernement ſage a tirés de la foule, & qu'il a déjà employés utilement à ſon ſervice. C'eſt la remarque d'un grand génie du ſiecle précédent (*) que *ſi le mérite ſeul devoit décider des rangs, on n'en pourroit jamais éta-blir.* La nobleſſe, l'ancienneté de famille, l'état actuel peuvent donner des préſomptions plus ſûres que l'appareil d'une vertu mal affermie, & qui n'éclate peut-être que pour paſſer avec la rapidité de l'éclair. C'eſt pourquoi nous avons déjà dit que celui qui ſe préſente pour remplir les places, doit avoir au moins le grade de Conſeiller de Collège, qui revient au grade de Colonel dans le civil.

(*) Pascal.

poftes éminens, non feulement ne perdront pas leur droit d'ancienneté dans ces poftes; mais doivent efpérer d'être encore plus promptement avancés.

SECONDEMENT, ceux qui auront quitté le fervice militaire, ou civil, & qui voudront être employés au fervice de cette Maifon, pafferont, par leur réception, du grade où ils étoient, dans celui qui le précede immédiatement. Si les grades dont il eft queftion, font des grades fupérieurs accordés aux fervices & au mérite par le Confeil de cette Maifon, la promotion du Confeil ne fera valable, qu'autant qu'elle fera confirmée par SA MAJESTÉ IMPÉRIALE.

TROISIÉMEMENT, aucun Tribunal ne peut ni les commander, ni porter atteinte à leurs privilèges: ils ne dépendent abfolument que du Souverain & du Confeil dont ils font Membres.

IL eft permis à la Maifon des Enfans trouvés, d'accepter toutes les donations, tous les legs, les charités, les aumônes qui lui feront faits, tant en argent, qu'en villages, maifons, & autres effets; & pour que cette Maifon ne fouffre jamais de la longueur des procédures, & des détours de la chicane, elle a le droit de vendre pour fon avantage, les terres, maifons, qui lui feront légitimement données, comme auffi d'acheter des fonds, des bâtimens pour l'utilité, & la commodité de cet établiffement.

IL lui eft permis d'établir une Apoticairerie particuliere, d'avoir un Apoticaire à fes gages ou de céder ce privilège à qui elle trouvera bon. Les remèdes qu'on y préparera pour les befoins de la Maifon, peuvent auffi être diftribués, & vendus au Public.

ELLE a le droit inconteftable de conftruire & d'établir toutes les Manufactures, Fabriques, & autres ouvrages pour les Arts & Métiers, que les Elèves doivent apprendre & exercer; & ce droit n'a pas befoin d'être confirmé par d'autres privilèges.

SI cette Maifon, par fon économie, fe trouvoit avoir de l'argent comptant, elle a la permiffion d'établir une Loterie, fur le pied des pays étrangers. SA MAJESTÉ IMPÉRIALE lui a accordé la huitieme partie de bénéfice, fur le produit des billets ou des mifes.

LES Entrepreneurs des Spectacles Publics, tels que les Comédies, les Operas, les Bals &c. donneront à la Maifon des Enfans trouvés, le quart du produit de ces mêmes Spectacles.

FINALEMENT cette Maifon aura un fceau approuvé, & tous les paquets qui en feront fcellés, feront reçus gratuitement dans les différentes Poftes de l'Empire, comme ceux des autres Collèges.

LES Nobles, les Marchands, les Particuliers libres, (les Serfs font exceptés) peuvent prétendre au titre de bienfaiteurs de cette Maifon. Un Noble, par exemple, qui lui affignera un revenu annuel de 600 Roubles, ou davantage, aura place au Confeil des Tuteurs, s'il a le rang fixé ci-deſſus; il ne ſera pas tenu d'aſſiſter à chaque ſéance, mais ſeulement quand il le voudra. Son nom ſera inſcrit dans le livre des Bienfaiteurs, & ſon portrait placé avec ceux des premiers Supérieurs de la Maiſon.

Les Marchands & autres Particuliers libres, qui feront des donations, qui aſſigneront des revenus aux Enfans trouvés, feront auſſi honorés par le Conſeil, qui leur donnera des rangs fixes, avec un reçu ſigné de tous les Membres, & ſcellé de ſon ſceau; & s'ils permettent qu'on rende publique une charité ſi éxemplaire, on la publiera dans la Gazette.

Si quelqu'un remettoit un fond, un legs, ou une ſomme à intérêt, en faveur de quelques Enfants élevés dans cette Maiſon, il peut être ſûr que ſes intentions poſitives feront remplies à la lettre & que le Conſeil des Tuteurs veillera particuliérement à la ſureté & à la remiſe de ces dépôts, revenus & donations, dans le tems fixé par les Donataires.

Au ſurplus, ſi l'utilité de la Maiſon, éxigeoit dans la ſuite, quelques augmentations à ces privilèges, Sa Majesté Impériale, permet au premier Tuteur, & au Conſeil de lui adreſſer directement leurs juſtes repréſentations ſur cet objet. Il y a plus: ſi pour produire un plus grand bien, il étoit néceſſaire de faire quelques changemens au Plan même, le premier Tuteur peut les faire, avec le conſentement du Conſeil.

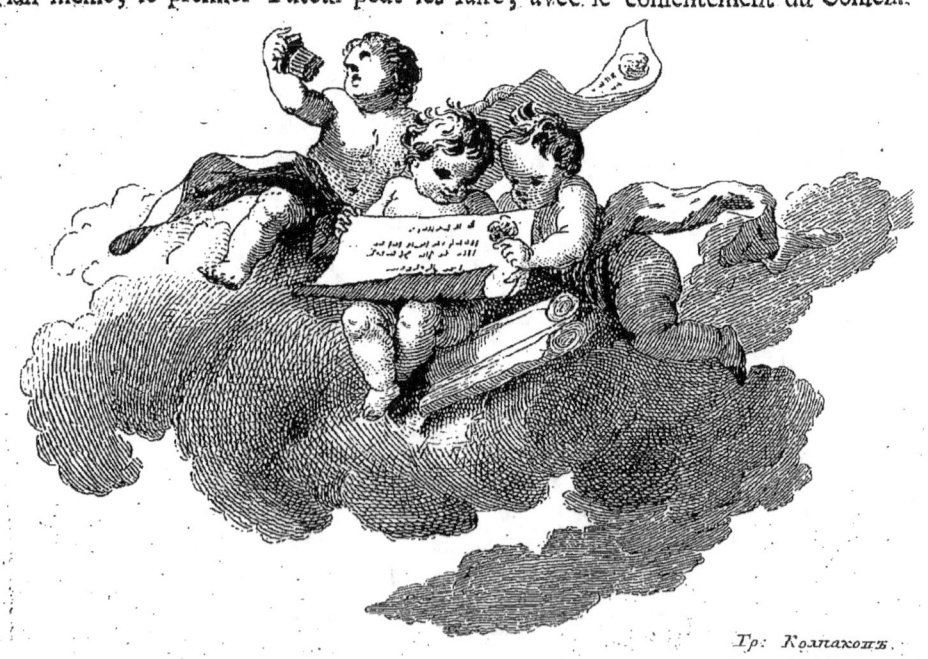

Гр: Колпаковъ.

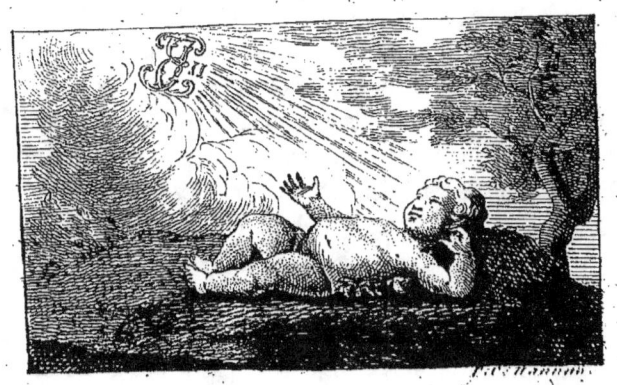

PLAN GÉNÉRAL

DE LA MAISON

DES

ENFANS-TROUVÉS,

FONDÉE À MOSCOU.

SECONDE PARTIE.

Le Premier Tuteur de la Maison Impériale des Enfans-Trouvés, aux Membres du Conseil des Tuteurs.

MESSIEURS,

LA MAISON des Enfans-Trouvés fondée pour le bonheur de l'humanité & la gloire immortelle de notre Patrie, doit à son Augufte Fondatrice, les privilèges les plus diftingués. Les loix établies en fa faveur, en vertu du Plan Général, publié en 1763, feront un monument éternel du Règne floriffant de CATHERINE II. En faifant paffer fon nom à la poftérité la plus reculée, ils procureront à l'Etat, les fruits les plus abondans & les plus defirables. Mais il faut pour hâter, autant qu'il eft en nous,

K 3

cette précieuse récolte, 1°. employer nos soins à maintenir dans toute leur vigueur, les Statuts & Règlemens donnés par Sa Majesté Impériale. 2°. méditer profondément les moyens de retirer des Priviléges accordés, tous les avantages possibles.

A quel point Sa Majesté Impériale daigne concourir à l'éxécution de ce dessein? quelle est l'étendue de ses soins généreux en faveur de cet Etablissement? c'est ce que vous verrez, Messieurs, dans le Supplément au Plan Général, confirmé par Elle, & que j'ai l'honneur de vous préfenter. Ce Supplément contient les deux dernieres parties du Plan: l'une traite des devoirs des Supérieurs de la Maison, & de la maniere de se conformer éxactement aux Statuts. L'autre indique les fonctions des Subalternes, & désigne la forme d'Education qui doit être employée dans cette Institution.

Faisons donc, Messieurs, tous nos efforts pour participer à l'accomplissement des vues bienfaisantes de Sa Majesté. Que son exemple aussi magnanime que rare, échauffe notre zèle, & ne nous laisse rien échapper du véritable fens des motifs qui l'animent.

Quel est le but de sa tendresse maternelle pour ses Sujets, de son amour pour l'humanité en général? D'arracher à la mort une multitude d'Enfans destinés au malheur; précipités, en naissant, dans un abyme de maux, victimes d'un fort affreux; ce but est de sauver, de rendre heureux, des milliers d'innocens, qui seroient absolument perdus pour l'Etat, & d'en faire des Citoyens utiles. Ce fera autant de monumens animés qui célébreront les éminentes vertus de leur Bienfaitrice, par les éloges les plus vrais & les plus justes, puisqu'ils seront dictés par le sentiment intime de la reconnoissance. Les mains levées au Ciel, ils réclameront sans cesse les graces du Tout-Puissant, pour la conservation des jours précieux d'une Souveraine que l'administration de son vaste Empire ne peut distraire d'un devoir que le commun des hommes respecte si peu.

Si nous voulons, Messieurs, mériter nous-mêmes quelque part à la reconnoissance de ces infortunés, imitons avec ardeur notre modèle; qu'il nous serve de guide pour nous fixer invariablement dans la route que nous devons suivre. Nous accomplirons la volonté suprême de Sa Majesté Impériale, en même-temps que nous marquerons notre zèle pour coopérer à l'Exécution de ses grands desseins. Si elle daigne remettre à nos soins la Direction d'une entreprise aussi étendue & aussi louable; si notre chere Patrie elle-même, signale, comme nous n'en pouvons douter, sa compassion & ses libéralités envers cette Maison; si elle se repose entiérement sur nous des travaux inséparables de cette Administration; c'est à nous de répondre à la confiance distinguée dont on nous honore; c'est à nous de remplir nos fonctions d'une maniere irréprochable devant Dieu & devant les hommes.

RAPPORT

De la Commiſſion nommée pour éxaminer la ſeconde & la troiſieme Partie du Plan Général.

TRÈS AUGUSTE SOUVERAINE.

EN CONFORMITÉ des ordres de VOTRE MAJESTÉ IMPÉRIALE, nous avons lu, avec la plus ſcrupuleuſe attention, *la ſeconde & la troiſieme Partie du Plan Général de la Maiſon des Enfans-Trouvés de Moſcou.* Nous n'y avons rien aperçu qui ne renferme & ne promette une utilité réelle à la Patrie, & une gloire immortelle à VOTRE MAJESTÉ IMPÉRIALE.

Ainſi Signé. . . . . {
N. PANIN.
C. E. MUNICH.
P. A. GOLITZIN.
C. J. CZERNICHEW.
}

SA MAJESTÉ a envoyé au Sénat le 13. Août 1767. les dites deux dernieres parties du Plan Général, avec ordre de les faire imprimer, & d'exécuter à leur égard, tout ce qui avoit été fait pour la premiere. Cet Envoi eſt écrit & ſigné de la main de SA MAJESTÉ IMPÉRIALE.

REPRESENTATION

faite à Sa Majeſté Impériale.

TRÈS AUGUSTE SOUVERAINE.

QUE pouvoit-on faire de plus pour l'humanité, que de détourner ſa perte? Quoi de plus étonnant que de voir un puiſſant Monarque deſcendre du trône, de la gloire & de la majeſté, pour s'occuper de la conſervation & du bien-être des infortunés, des malheureux cruellement oubliés, ou abandonnés de la Société.

IL étoit réſervé à VOTRE MAJESTÉ IMPÉRIALE de donner cet éxemple au monde. Telle eſt la fondation de la Maiſon des Enfans-Trouvés.

CET Etabliſſement, gage précieux de votre humanité, a déja les Loix qui conviennent à l'Education des Enfans qu'on y reçoit; mais elles ne rempliſſent pas entiérement la ſageſſe de Vos vues. VOTRE MAJESTÉ IMPÉRIALE ſait que les qualités de l'eſprit ne ſont pas le premier mérite de l'homme; elle a voulu, avec connoiſfance de caufe, qu'un bon efprit fe trouvât joint à un cœur plus éxcellent encore.

TELLES font les idées de VOTRE MAJESTÉ IMPÉRIALE; tel eft le fondement fur lequel elle établit la félicité de fes fidèles Sujets. Tel eft l'objet des Inftructions que vous avez bien voulu me donner.

L'UNIVERS juftement furpris des foins vigilans & continus, des actes multipliés de bienfaifance dont VOTRE MAJESTÉ embellit le trône IMPÉRIAL, s'écriera avec enthoufiafme d'un pôle à l'autre, PIERRE LE GRAND avoit préparé la demeure; CATHERINE II. y a placé l'Homme.

HEUREUX les mortels foumis à fon fceptre! Plus heureux encore ceux qu'un zéle noble & pur portera à imiter fes vertus.

DE VOTRE MAJESTÉ IMPÉRIALE.

Le très fidèle, très foumis & très affectionné Sujet.

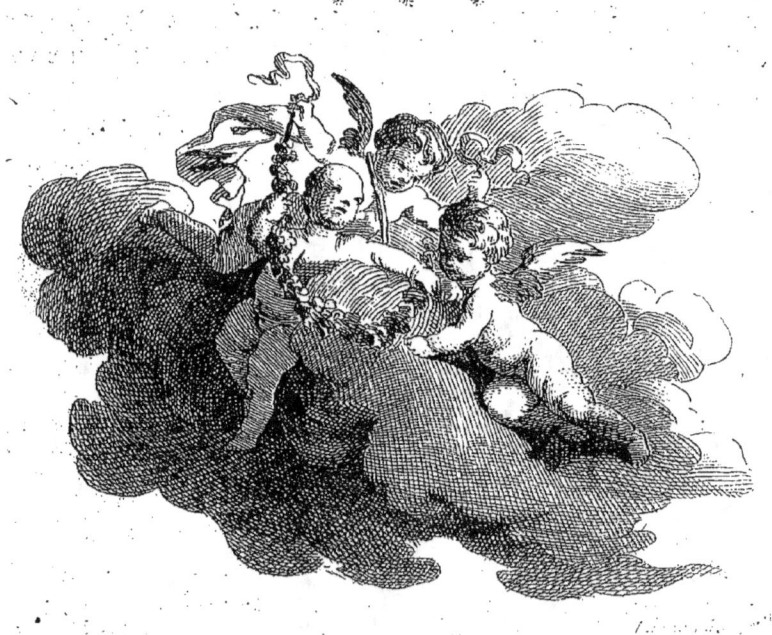

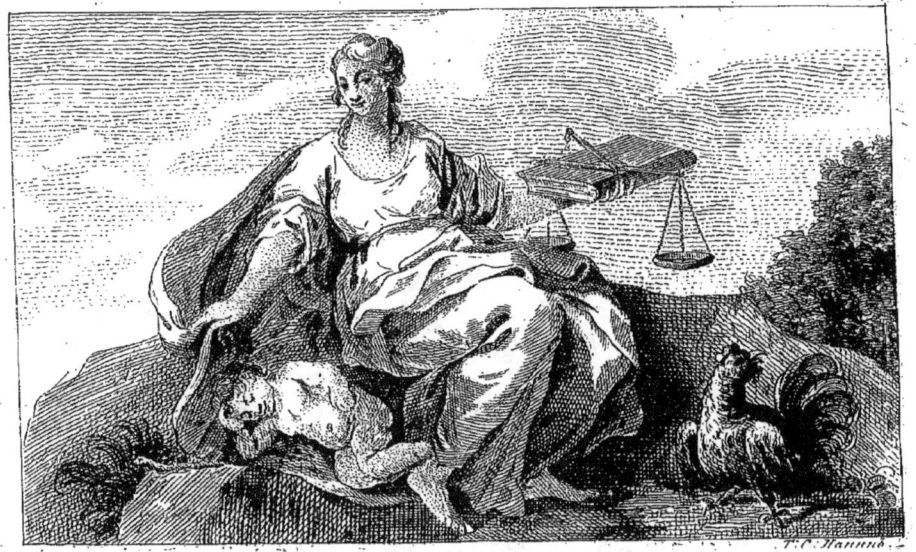

PLAN GÉNÉRAL

SECONDE PARTIE.

CHAPITRE PREMIER.

Des Devoirs du Conseil des Tuteurs.

I.

En VERTU de la premiere partie du Plan Général *Chap.* 1. §. 2. le Conseil doit être composé de six Tuteurs, ou Conseillers de tutelle, auxquels la Direction de tout ce qui concerne les Enfans-Trouvés est remise. SA MAJESTÉ IMPÉRIALE, ayant daigné ordonner que cet Établissement seroit immédiatement sous sa Protection Auguste, & ne dépendroit d'aucuns Tribunaux ; le premier devoir des Membres du Conseil est de règler l'Administration, & tous les détails qui en résultent, d'une maniere à mériter la bienveillance de SA MAJESTÉ & les éloges du Pu-

Tome I. L

blic. Il faut donc que, n'étant foumis qu'aux loix de l'équité naturelle, toutes nos démarches foient règlées fur les droits de l'humanité ; cet objet comprend tous les autres. Nous devons avoir pour principe conftant, de rendre indiftinctement à chacun la juftice que nous éxigerions pour nous-mêmes dans des cas femblables ; & notre propre confcience doit être le juge le plus févére de notre conduite.

I I.

SUBSTITUÉS par notre fonction, à la place des véritables peres, nous ne négligerons rien pour remplir dignement le devoir facré que nous nous fommes impofé en acceptant cet Emploi. Ces Enfans font remis & confiés à la Maifon peu de tems après leur naiffance ; les qualités de leur ame ne font encore ni développées ni altérées ; c'eft à les préferver de la corruption, qu'on doit particuliérement s'attacher. Il ne fuffit pas de prendre foin de la nourriture & des vêtemens ; il faut fur toutes chofes, leur former le cœur par de bonnes mœurs. On ne parviendra à ce but fi defirable, qu'en ne s'écartant jamais en rien du fens véritable des règles preferites, qui confiftent à obferver fcrupuleufement les préceptes naturels & moraux néceffaires à toute éducation, & fpécialement à celle des Enfans qu'on éleve pour l'utilité générale de l'Empire.

I I I.

LES Enfans dont les foibles organes font fufceptibles de toute impreffion, imitent naturellement tout ce qu'ils voient, & peuvent fe porter auffi facilement au bien qu'au mal. Il eft donc d'une néceffité abfolue, qu'ils n'aient devant les yeux que de bons éxemples ; & l'on ne fçauroit apporter trop de précaution dans le choix des Surveillans, des Précepteurs, & même des Domeftiques. Il eft difficile à la vérité, fur-tout dans les commencemens, de trouver des perfonnes douées des qualités requifes, fans leur donner de bons appointemens ; auffi fe relâchera-t-on à cet égard de la févérité de l'Economie. Des gens de mérite, récompenfés comme ils doivent l'être, font bien moins à charge, que de mauvais fujets qui fe contentent de peu. Lorfque les premiers Eléves auront acquis l'Education convenable, on pourra avec le tems, choifir parmi eux des Inftituteurs, des Surveillans, même des Domeftiques (a). C'eft alors qu'on pourra diminuer les dépenfes qu'il eft indifpenfable de faire aujourd'hui, vû la difficulté de trouver nombre de fujets capables de bien remplir ces fonctions.

(a) CELA ne s'entend que de ceux dont la bonne conduite fera reçonnue & qui feront, au moins, âgés de trente-ans.

IV.

Plus cet Etabliſſement deviendra riche, plus auſſi il étendra ſes bienfaits ſur les Infortunés. Le nombre & le montant de ſes revenus étant incertains, on uſera pour les augmenter, de tous les moyens légitimes accordés dans les privilèges. Rien d'illégitime ne doit ſouiller une Inſtitution de cette nature. On aura ſur-tout en horreur, ce qui pourroit provenir, directement ou indirectement, de ces reſſources forcées, qui en accablant l'Etat, achevent d'opprimer les malheureux.

V.

Les légers dommages qu'éprouveroit la Maiſon, mais qui tourneroient à l'utilité des Pauvres, bien loin d'affecter l'Adminiſtration, doivent être regardés par elle comme un gain aſſuré. Uniquement inſtituée pour la bienfaiſance, ſi elle en donne elle-même l'exemple, elle ne manquera jamais de bienfaiteurs. Nous devons particuliérement nous appliquer, non ſeulement à conſerver, mais auſſi à augmenter & à propager, autant qu'il ſera en nous, la réputation, la véritable gloire de cet Etabliſſement. Nous ne pouvons y réuſſir qu'en rendant ſcrupuleuſement juſtice à chacun, ſans partialité, ſans avoir égard au rang, à la qualité des perſonnes. Par là nous prouverons à l'Univers que toutes nos actions ſont fondées ſur la droiture & l'humanité.

VI.

De même qu'on doit prendre ſoin d'améliorer les biens de la Maiſon par des voies convenables & juſtes, de même auſſi doit-on ſonger à éviter toutes dépenſes qui ne ſoient pas abſolument néceſſaires. Par cette raiſon, dans la conſtruction des Bâtimens & autres Edifices, on s'attachera moins à la magnificence des dehors, qu'à retirer de l'ordre & des diſtributions intérieures, le plus d'avantages poſſibles. L'agréable doit par-tout céder à l'utile. Il ne ſuffit pas de diriger les revenus d'une manière honnête & déſintéreſſée, il faut encore que ce ſoit avec jugement.

VII.

Le Conſeil des Tuteurs étant établi juge de toutes les affaires de l'Adminiſtration, il eſt eſſentiel que tous les Membres qui le compoſent, conſervent entre eux la plus grande union. Autant elle eſt néceſſaire à cet Etabliſſement qui ne doit dépendre d'aucun Tribunal, autant doit-on eſpérer qu'elle ſera toujours maintenue entre des Chefs qui ne peuvent & ne doivent avoir d'autre but que celui de concourir au bien général de cette Inſtitution.

VIII.

Ils veilleront avec la plus grande attention, à ce que personne ne porte atteinte aux droits établis en faveur de la Maison. Quelque légere que leur parût d'abord cette atteinte, elle les affoibliroit peu-à-peu, & finiroit peut-être par les anéantir. Aussi-tôt donc qu'on s'appercevra de la moindre entreprise de cette nature, on en instruira sans délai le premier Curateur, afin qu'il puisse demander aux Tribunaux une satisfaction prompte. On apportera les mêmes soins pour empêcher qu'aucun de ceux qui font attachés à la Direction, ou qui font fous fa protection, n'abuse des Règlemens, soit en violant leurs dispositions, soit en les étendant au-delà des bornes préscrites. C'est le vrai moyen de détourner tous les incidents qui pourroient occasionner la diminution ou la révocation d'une partie de ces priviléges; c'est par là qu'on les maintiendra dans toute leur vigueur.

IX.

Dans tous les actes qui seront passés, de quelque état & condition que soient les personnes avec lesquelles on aura traité, le Conseil doit observer rigidement toutes les conditions & promesses faites, soit verbalement, soit par écrit. La bonne foi & la vérité fussent-elles bannies de l'Univers; elles devroient se retrouver dans cette Maison. L'Administration gagnera toujours plus en abandonnant quelques légers intérêts, qu'en les soutenant avec trop de rigueur; elle s'aliéneroit la bienveillance de ceux qui les lui disputeroient. Elle doit en agir ainsi dans toutes les affaires de peu d'importance, qui n'attaqueront pas directement ses priviléges. Cette conduite lui attirera la confiance, l'amour & l'estime de toute la Société. Elle aura pour elle toutes les personnes honnêtes, qui, en cas de nécessité, se feront un vrai plaisir de la protéger, d'affermir de plus en plus un Etablissement où la décence des mœurs est jointe au désintéressement. Elle y trouvera encore cet avantage, qu'elle s'épargnera des procès, des chicanes d'autant plus essentiels à éviter, que n'étant subordonnée par son institut à aucune Cour supérieure, elle ne doit pas, sans une nécessité indispensable se relâcher en rien de ses droits; en dérogeant aux premiers, elle altéreroit les seconds, & par là elle se trouveroit en compromis avec des jurisdictions qui lui font étrangeres.

X.

En se conduisant ainsi, nous aurons lieu de remercier la Providence de nous avoir établis les Tuteurs, ou pour mieux dire les Peres d'un Etabliſſement inſtitué pour l'utilité de la Patrie, & la conſervation de ſes Enfans. Nos places different entiérement de toutes celles qui donnent des rangs & des dignités, & à l'exercice desquelles ſont attachées des récompenſes ou des diſgraces. *Nous ſommes par état auſſi peu avides des premieres, que peu craintifs ſur les ſecondes.* C'eſt par amour que nous nous ſommes dévoués; nous goutons dans nos travaux, la ſatisfaction inéxprimable de prouver à nos Concitoyens que c'eſt par vertu & par inclination que nous cherchons à contribuer à leur bonheur.

X I.

CHARGÉS de ces fonctions honorables & déſintéreſſées, il doit nous être permis, & il l'eſt en effet, par la premiere partie du Plan Général, de nous en démettre, lorſque nous le jugerons à propos. Mais ſi des raiſons légitimes ne nous y obligent pas, l'honneur s'y oppoſera toujours; & celui qui ſe retireroit ſur des motifs légers, donneroit juſtement à penſer, *qu'il s'eſt laſſé de faire le bien; que l'amour de la Patrie s'eſt affoibli dans ſon cœur, & qu'il a renoncé à la vertu.*

X I I.

PLUS l'autorité du premier Tuteur & du Conſeil, eſt bornée dans les différentes parties du Plan Général, plus ils doivent prendre ſoin de ne jamais s'écarter de la route qui leur eſt tracée. Si néanmoins, le temps & les circonſtances éxigeoient quelques changemens indiſpenſables, on pourroit les faire du conſentement unanime du Conſeil, & du premier Surveillant; prenant garde toutefois qu'en réformant une diſpoſition, on n'en altere quelque autre. Lorſque ces changemens regarderont la Maiſon d'Entrepôt établie à St. Péterſbourg, la Caiſſe des Veuves, ou celle des Prêts & de Dépôt, on ne pourra y procéder que de l'avis de ceux qui ſont à la tête de ces parties. L'éxpérience ne prouve que trop que des variations fréquentes & ſubites aportent bien moins d'utilité que de dommage aux meilleurs Etabliſſemens Publics, qu'ils les dégradent inſenſiblement & finiſſent par les renverſer de fond en comble.

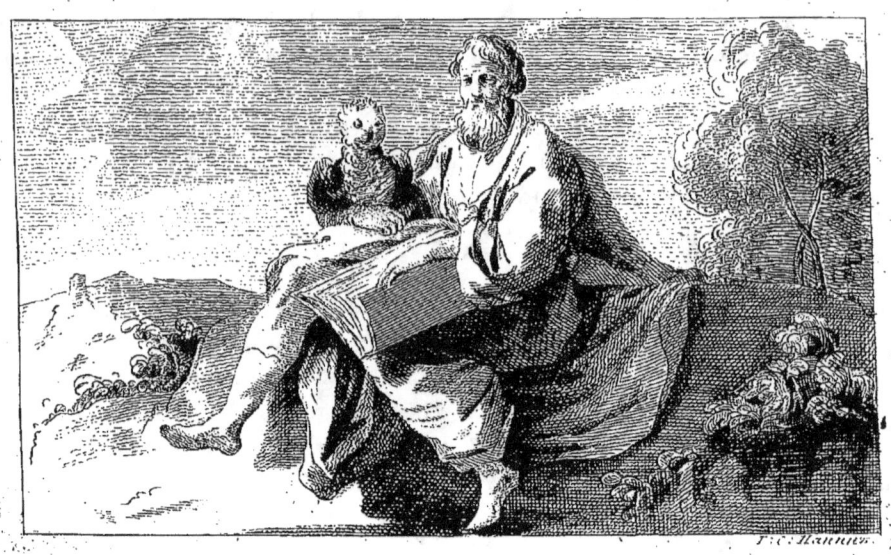

F. C. Hannier.

CHAPITRE SECOND.

Des Assemblées du Conseil des Tuteurs.

De l'Assemblée Générale.

I.

Après la célébration de la fête du 21. Avril, instituée en mémoire de la fondation de la Maison, & lorsqu'on aura fait l'éxamen des études des Elèves; il y aura
une Assemblée Générale du Conseil des Tuteurs, à laquelle ils seront invités par
le premier Surveillant qui leur indiquera le jour fixé. Les affaires qu'on y traitera
exigent nécessairement la présence de tous les Membres qui se trouveront à Moscou, ou dans le voisinage.

II.

Cette Assemblée se tiendra depuis huit heures du matin jusqu'à midi, & depuis
trois heures après midi, jusqu'à sept. Elle sera continuée jusqu'à la fin des affaires
de l'année derniere, qui doivent être terminées au commencement du mois de
Mai. Telle est la nature de ces affaires.

I. Le Premier Surveillant rendra compte au Confeil, de tout ce qui fe fera paffé dans l'Adminiftration, pendant le cours de l'année précédente. C'eft au Confeil à prefcrire une fois pour toutes, la maniere dont les affaires doivent lui être prefentées.

II. On fera la revifion de toutes les Recettes & Dépenfes, en argent comptant. Cette vérification faite, il en fera tiré des éxtraits pour être tranfcrits dans les Régiftres, à la maniere des Négocians. Le tout fera dépofé dans le Bureau des Archives, au rang des affaires annuelles terminées.

III. Le Confeil éxaminera attentivement fi tout s'eft paffé dans la Régie, conformément aux trois parties du Plan Général. Dans le cas où il faudra fur le champ réparer le défordre, fi l'on s'étoit écarté en quelque chofe, on le fera, foit en retranchant les additions qui y auroient été faites, foit en ajoutant à ce qui fe trouveroit retranché.

IV. Il fera permis à toutes les perfonnes attachées à l'Adminiftration, fans en excepter aucune, de rapporter au Confeil dans cette Affemblée, ce que chacun aura jugé convenable d'augmenter ou de réformer aux Règlemens intérieurs de la Maifon. Celui qui appercevra du dérangement dans quelque partie, ou qui aura de juftes fujets de fe plaindre de fes Supérieurs, profitera également du temps de cette Affemblée. Mais fes plaintes ne feront éxaminées que par les Membres particuliers du Confeil, hors les cas où il leur paroîtra néceffaire de prendre les avis du Premier Surveillant. Que ces plaintes foient fondées ou non, les plaignans doivent refter inconnus, afin d'éviter tous fujets de haine & d'inimitié, dans une Maifon de paix.

Pour que chacun puiffe ufer de cette liberté; le jour de la célébration de la fête, dont il a été parlé ci-deffus, après le fervice divin, le Prêtre lira à haute voix l'article fuivant.

,, Celui qui aura quelque avis à donner tendant au bien & à l'avantage de la ,, Maifon des Enfans-Trouvés; qui a remarqué quelque abus, ou reçu de fes Su- ,, périeurs de juftes fujets de plainte, eft averti, qu'après l'éxamen fait dans la pre- ,, miere affemblée du Confeil des Tuteurs, il pourra donner fes reprefentations par ,, écrit, en termes clairs & fuccints. En les envoyant cachetées, & par un tiers, ,, il n'a pas à craindre d'être compromis, & fon nom ne fera abfolument connu que ,, de Meffieurs les Confeillers de Tutelle''.

Le Confeil des Tuteurs ufera de la plus grande circonfpection dans l'éxamen de ces reprefentations. L'objet de fes recherches doit être de découvrir les fautes cachées, & connoître parfaitement l'état de tous les Domeftiques. Il faut fur-tout bien prendre garde d'éxpofer les innocens à des foupçons. S'il arrivoit que la fimplicité ou l'ignorance eût dicté des accufations fauffes & fans fondement, le donneur d'avis ne doit pas pour cela être éxposé à la haine de ceux qu'il auroit accusés mal-à-propos; on lui fera connoître secrètement ses torts, en l'invitant à être plus réfléchi à l'avenir. Si au contraire les accusations sont légitimes & prouvées, on enjoindra au Coupable de mieux remplir ses devoirs; il sera même privé de sa place, si le bien du service l'éxige. Mais dans tous les cas, il faudra toujours montrer plus d'indulgence que de sévérité.

V. La Maison d'Entrepôt, établie par l'Administration à St. Pétersbourg, enverra dans ce même-tems, ses comptes à l'Assemblée Générale, pour y être éxaminés. On y fera la revision des Recettes & Dépenses, du restant de la Caisse des Veuves, de celle des Prêts & des sommes qui doivent porter intérêt. Ces comptes trouvés en règle, seront certifiés; il en sera donné décharge aux Chefs de ces Etablissemens, par le Conseil des Tuteurs.

Des Assemblées Ordinaires.

I.

Tous les Membres du Conseil qui se trouveront à Moscou, seront tenus d'assister à ces Assemblées; & si quelqu'un d'entre eux, ne pouvoit s'y rendre, par maladie, ou pour quelque autre motif légitime, il en donnera avis au premier Surveillant, la veille de l'Assemblée. Pendant ce tems le Secrétaire du Conseil préparera le Régistre des Délibérations, dans lequel les Membres du Conseil devront signer. C'est ainsi qu'il faut traiter toutes les affaires de la Maison de quelque nature qu'elles soient. Elles seront éxpédiées, l'une après l'autre, sans aucun délai; & l'on ne doit pas en commencer d'autres, avant que celles dont il s'agit soient terminées.

I I.

Si le premier Surveillant fait quelques représentations, on transcrira dans le Régistre, les décisions qu'elles auront occasionnées; & s'il le desire, il lui en sera délivré une Expédition signée par le Secrétaire du Conseil.

I I I.

Lorsqu'il sera question de faire quelque Règlement important, les Membres absens seront invités à donner leur sentiment par écrit; & si l'affaire est de la dernière conséquence, on demandera aussi l'avis du premier Curateur, dont la voix sera comptée pour deux. Ces affaires seront décidées comme les autres, à la pluralité des suffrages; mais dans les cas douteux, on tiendra note de la différence des voix.

Chacun

Chacun même, si l'utilité paroît l'exiger, donnera par écrit les raisons de sa détermination. Ces avis, ainsi motivés, pourront faire honneur à leurs auteurs, & contenir en même-temps des détails intéressans pour la Régie.

I V.

POUR abréger les difficultés & les lenteurs dans l'examen des comptes annuels, on visera tous les mois ceux présentés par l'Economè, lesquels, pour plus de sûreté, seront vérifiés par le Secrétaire & le Tréforier, & visés par le Premier Surveillant. Ces Comptes seront arrêtés par les Membres du Conseil, lorsqu'ils seront trouvés justes. Dans le cas contraire, ou si l'on n'avoit pu les examiner le jour même de l'Assemblée, on en indiqueroit une seconde ; ces sortes d'affaires ne devant point éprouver de retard. Le Secrétaire & le Tréforier ne pourront employer que trois jours à la vérification des comptes du mois. Les délais multipliés ne font qu'allonger les opérations, & on s'expose toujours par là à intervertir l'ordre établi.

V.

ENFIN le véritable but des fonctions des Tuteurs, & le repos de leur conscience exigent, qu'indépendamment des Assemblées & des autres soins qu'ils doivent donner à l'Administration, ils se fassent encore un devoir de s'appliquer à tout ce qui pourra concourir à augmenter le crédit & le bien-être de cet Etablissement. C'est en communiquant leurs sentimens à la Société qu'ils y parviendront sûrement. La sensibilité de leur ame doit paroître dans toutes leurs actions comme dans leurs paroles. Leur exemple éloignera les vices & ramenera à de bons principes les gens déréglés. La charité chrétienne les oblige à exciter dans les autres la compassion & la miséricorde, à leur inspirer une assistance généreuse & la bienfaisance envers le prochain, surtout pour cette multitude d'innocens, privés de tout secours, & livrés à une perte infaillible. En faisant tous leurs efforts pour se surpasser l'un l'autre dans des occupations aussi laborieuses, ils auront pour récompense leur noble émulation, le suffrage des vrais Citoyens, l'admiration des grandes ames, le témoignage honorable de leur propre cœur, les justes éloges de la Postérité & le regard de l'Etre-suprême.

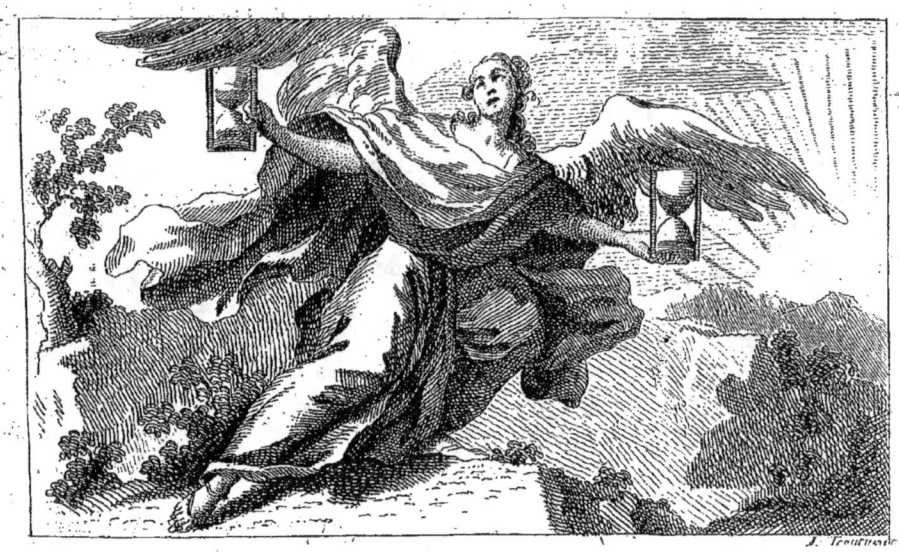

CHAPITRE TROISIEME.

Des Employés dans l'Adminiſtration.

I.

Sɪ le Conſeil des Tuteurs a pour principe fondamental, de rendre éxaɛtement à chacun la Juſtice qui lui eſt due, & de ne donner à qui que ce ſoit aucun ſujet de ſe plaindre ; c'eſt premiérement envers les perſonnes attachées à l'Adminiſtration qu'il doit en agir ainſi. Cette Maiſon eſt une Maiſon de bienfaiſance ; tout ce qui ſe paſſe dans l'intérieur, doit ſervir à prouver quel eſt l'eſprit de ſon inſtitution. La néceſſité éxige d'autant plus une pareille conduite de la part du Conſeil, qu'on ne peut raiſonnablement eſpérer une bonne éducation, premier objet de l'Etabliſſement, que de la part de gens qui ſoient traités honnêtement & convenablement. Sans cela, on ſe donneroit des ſoins inutiles, & ce ſeroient frais & temps perdus. Le premier Surveillant & la premiere Surveillante choiſiront à leur gré les ſubalternes & autres Domeſtiques; la maniere de faire ce choix, ſera indiquée dans leurs Inſtruɛtions. Les Inſtituteurs & autres, d'une qualité ſupérieure, ſeront reçus par le Conſeil luimême ; ſur les repreſentations du premier Surveillant. Mais ni les uns ni les autres ne feront chargés d'aucunes fonctions qu'on ne foit bien affûré de leur capacité, de leur conduite & de leurs mœurs.

II.

On ne recevra perfonne fur des conditions verbales ; on fera à chacun un engagement par écrit, contenant les devoirs qu'il aura à remplir & les émolumens qui y feront attachés. Ces engagemens feront réciproques, c'eft-à-dire que les Inférieurs s'attacheront à leurs emplois, & qu'ils feront traités de la part des Supérieurs, honnêtement & fans partialité ; on évitera les équivoques & les chicanes qui entraînent toujours des mécontentemens, juftes ou injuftes ; elles font toujours nuifibles, en ce qu'elles donnent au Public une mauvaife idée de l'Adminiftration, & c'eft ce qu'on doit s'efforcer de prévenir.

III.

On ftipulera fpécialement dans tous les Contrats qui feront paffés, foit avec les Employés de différens grades, foit même avec les Domeftiques, que dans le cas où l'on n'auroit plus befoin de leurs fervices, on les en préviendra trois mois à l'avance ; de même qu'ils auront toute liberté de fe retirer en avertiffant la Direction trois mois avant leur fortie. Au refte tous leurs devoirs feront clairement détaillés dans les inftructions particulieres qu'on donnera à chacun, fans exception. Lorfque quelqu'un manquera de s'en acquitter, & que ce fera par une défobéiffance formelle, il fera déchu, par le fait, de fa place, fans que la claufe des trois mois doive avoir lieu à fon égard.

IV.

Ceux qui perdront ainfi leur Emploi, ne doivent point pour cela être privés de ce qui leur appartiendra légitimement. Il vaudroit mieux leur abandonner quelque chofe au delà de leurs juftes prétentions que de les tracaffer fur des minuties. Par une pareille conduite, on forcera les uns & les autres, à ne parler jamais de la Maifon qu'avec éloge, & on s'attachera de bons Inftituteurs & de bons Domeftiques.

V.

Chacun d'eux doit être placé felon fon dégré de capacité pour les fonctions qui lui feront deftinées. Cet arrangement fi effentiel au bon ordre & aux progrès de cette Inftitution, regarde entièrement le Premier Surveillant, qui aura fur ces objets une liberté pleine & indéfinie. On peut juger delà, quel doit être ce pre-

mier Surveillant , & combien il faut apporter d'attention & de prévoyance dans
le choix qu'on en fera.

VI.

LES qualités qui doivent le diftinguer, ont été légérement défignées dans la premiere Partie du Plan Général. On ajoute ici qu'il doit être d'un caractere au deffus
de tout préjugé, éxempt de caprices, rempli d'humanité & droit dans toutes fes démarches. Quoique les Prépofés & les Domeftiques lui foient fubordonnés , il doit
bien moins les regarder comme des fubalternes que comme fes amis. En conféquence, il les protégera dans toutes les occafions, rendra juftice à chacun fans
partialité, & donnera de juftes récompenfes au mérite. Lorfque par une négligence marquée dans les devoirs, il fera contraint de congédier quelqu'un, il doit le
faire fans prévention & fans animofité. Il n'eft pas néceffaire que ce premier Surveillant foit fupérieurement verfé dans les fciences, encore moins qu'il foit homme de
condition ; il fuffit qu'il ait l'efprit jufte, un jugement faint & réfléchi, le cœur
droit, l'humeur égale, qu'il foit généreux fans oftentation, & que fes actions ne dé-
mentent jamais fes paroles. Enfin il doit tracer par fon éxemple, là route que chacun doit fuivre, ainfi que la maniere dont on doit fe conduire avec les Elèves. C'eft
ainfi qu'il remplira l'objet important des vues du Confeil : la tranquillité, l'union &
la paix régneront par fes foins dans la Maifon qui s'accréditera dans l'eftime publique.

VII.

TEL doit être le premier Surveillant. Plus un homme revêtu de ces qualités, fé-
ra difficile à trouver, plus auffi doit-on chercher à le fixer pour la vie dans fa place. Il faut pour cela lui donner tous les agrémens qu'il doit naturellement attendre,
c'eft-à-dire lui affigner des appointemens proportionnés à fon mérite, écouter volontiers & mettre à éxécution fes avis, le protéger & le défendre en toute occafion
de l'envie, de la colomnie & de toutes fortes de perfécutions. En un mot, il faut
le traiter de façon que tranquille du côté de l'honneur & de l'intérêt, il puiffe fe livrer fans réferve à fon zèle pour le bien. On fent qu'un tel homme ne doit point
être deftitué de fa place fur de légers prétextes ; on ne peut l'en priver que pour
caufe d'infidélité, ou pour raifon d'une incapacité prouvée par les effets.

VIII.

IL recevra les ordres, comme on l'a dit ci-deffus, du Confeil des Tuteurs ; mais lorfque ces ordres contiendront quelque chofe de contraire, foit au Plan Général, foit à fes Inftruétions, ou qui porte le moindre préjudice à l'Etabliffement, il aura le droit de faire fes reprefentations au premier Curateur, fans que les Membres du Confeil puiffent s'en formalifer en aucune façon. Concourant de concert au bien général, ils doivent fe mettre au deffus de toute prévention & de toutes perfonnalités, qui dégraderoient la nobleffe des fonétions qu'ils font chargés de remplir.

I X.

QUOIQUE chacun en particulier ait le droit d'affifter de fes avis le premier Surveillant, dans tout ce qui pourra tendre à l'utilité & à la bonne adminiftration; aucun d'entre eux cependant ne pourra lui donner des ordres particuliers, pour quelque caufe que ce foit, & il ne fera point tenu d'y avoir égard.

X.

IL aura feul la Direétion Générale de la Maifon. Semblable à un pere de famille, tous les autres Employés quelconques lui feront entiérement foumis. Il recevra diretement les ordres du Confeil, & veillera avec foin à l'éxécution de tout ce qui eft prefcrit dans les trois Parties du Plan Général & dans fes Inftruétions. La premiere Surveillante, l'Econome, & toutes les autres perfonnes attachées à l'Adminiftion, s'addrefferont à lui, & non au Confeil, dans les repréfentations qu'ils auront à faire; à moins qu'il ne leur ait donné quelque jufte fujet de mécontentement. Le Confeil ne doit pas non plus les appeller, ni même les écouter fans des motifs preffans, encore moins fouffrir qu'ils aillent expofer leurs plaintes dans les Maifons particulieres des Membres; cela les porteroit à la défobéiffance & entraîneroit des défordres qu'on ne fauroit prévoir.

X I.

LA premiere Surveillante fera la feconde perfonne de la Maifon; on apportera dans le choix qu'on en fera les mêmes précautions que dans celui du premier Surveillant, qui doit l'aider en toute occafion de fes confeils, & vivre avec elle dans la plus parfaite intelligence. Elle aura fous fa direétion, les grandes filles & les petits Enfans des deux fexes, auxquels, ainfi qu'aux femmes en couche, elle donnera les foins les plus affidus. Elle traitera toujours humainement & fans aucun mépris, tant les pauvres femmes que les nourrices & les fervantes. Les perfonnes du rang le plus bas doivent être précieufes à fes yeux, lorfque par leur zèle & leurs bons fervices

M 3

elles contribueront au bien de l'Etabliffement. Ceux ou celles qui voudroient les traiter comme des Efclaves, de quelque condition qu'ils fuffent, ne mériteroient pas de les gouverner.

XII.

Dans le choix de cette premiere Surveillante, on n'aura aucun égard ni au rang, ni à la richeffe, ni aux recommandations, mais feulement à fes qualités perfonnelles. Elle ne fera reçue par le Confeil qu'avec le confentement du premier Surveillant, qui de fon côté ne pourra recevoir de Gouvernantes que de concert avec elle. Elle choifira les Nourrices & les Servantes & les congédiera. Dans toutes les affaires qui concernent fes fonctions, le Confeil des Tuteurs fe comportera envers elle de la même maniere qu'envers le premier Surveillant.

XIII.

Le troifieme Supérieur de la Maifon fera le Cenfeur. Il aidera le premier Surveillant dans les affaires d'importance. Il inftruira tous les Précepteurs, Gouverneurs, Gouvernantes, Artifans & Domeftiques de la façon dont ils doivent fe conduire envers les Enfans, conformément à la troifieme partie du Plan Général. En fa qualité de Cenfeur, il furveillera l'Education, fera obferver fcrupuleufement les regles phyfiques & morales, détournera tous les fcandales, abus & mauvais éxemples, & s'attachera fpécialement à connoître les qualités & la conduite d'un chacun, afin d'en tirer le parti le plus avantageux pour l'inftruction des Enfans. Il rendra compte au premier Surveillant de tout ce qui fe paffera dans la Maifon, & l'avertira fans délai, de tout ce qu'il appercevra de contraire au bon ordre, & à l'efprit des Règlemens, afin qu'on puiffe y remédier fur le champ. Les Inftructions relatives à tous les devoirs de fa place, lui feront données par le Confeil. Ce troifieme Chef fera chargé en même-tems des fonctions de Contrôleur.

XIV.

L'Econome fera le quatrieme Supérieur. Cet Emploi délicat ne peut être confié qu'à un homme d'honneur, d'une vigilance active & d'une probité éprouvée. L'importance de fa place éxige qu'il foit parfaitement verfé dans le calcul & dans tous les détails de l'Economie. Il fera chargé de l'entretien & des réparations de toutes les Maifons & Bâtimens, & il doit avoir les connoiffances néceffaires dans cette partie. C'eft à lui de maintenir l'ordre & la propreté dans les Cours, les Chambres, Corridors, & généralement dans tout l'intérieur. On lui donnera un nombre d'aides suffifant; & l'on choisira parmi eux le plus intelligent, pour lui succéder en cas de besoin. Ces aides ne dépendront absolument que de lui & du premier Surveillant.

X V.

LA cinquieme place fera celle de Secrétaire du Confeil, qui doit être un homme exact & laborieux. Il fera chargé de tous les papiers concernant l'administration, veillera à l'expédition des affaires, & de toutes les écritures, & en rendra compte à l'Affemblée.

Si l'on n'eft point trompé dans le choix de ces cinq perfonnes; fi chacune d'elles réunit à des qualités eftimables les talens propres à s'acquitter avec fuccès de fes devoirs; c'eft alors, que le Confeil des Tuteurs pourra fe flatter de voir fes fouhaits accomplis, d'avoir trouvé les moyens convenables pour conduire cet Etabliffement à fa perfection, & que, libre de toute inquiétude, il pourra fe livrer avec fatisfaction à fon zèle, ainfi qu'à l'exercice des fonctions honorables dont il s'eft volontairement chargé.

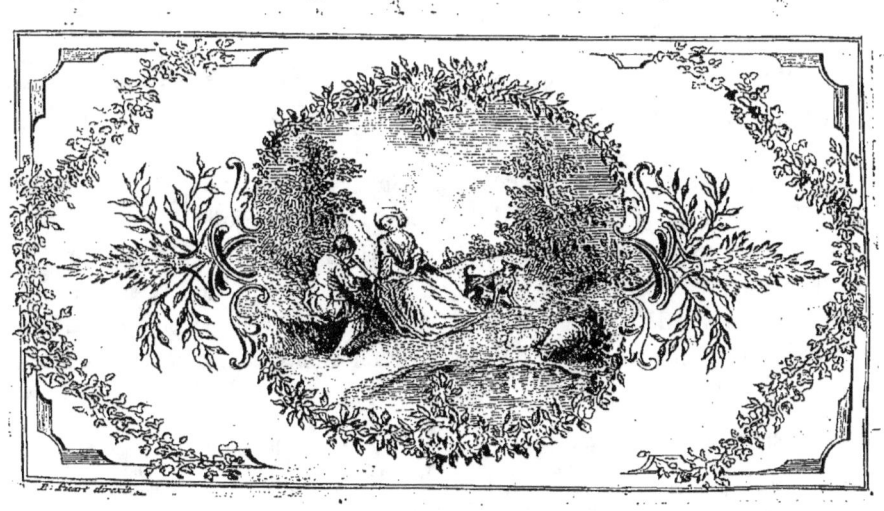

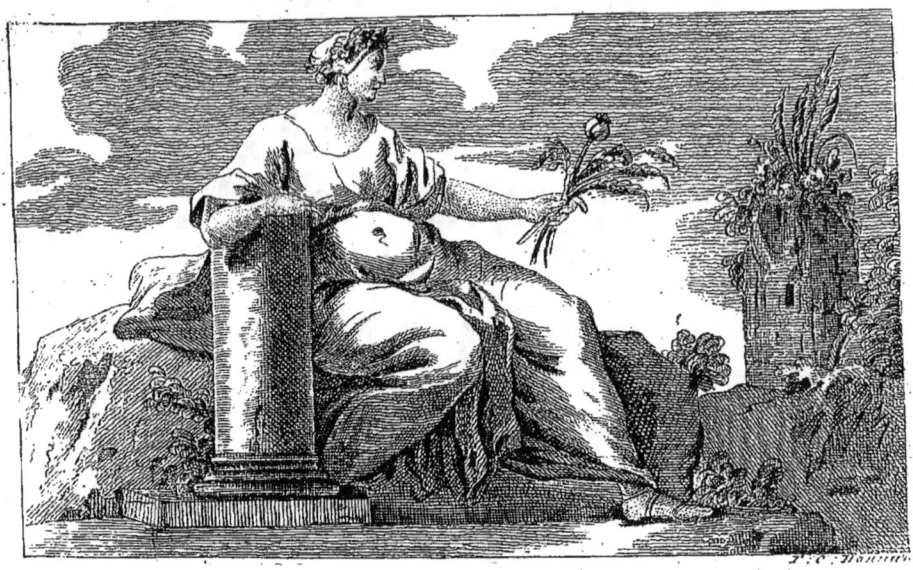

TROISIEME PARTIE.

De l'Institution Physique & Morale, convenable aux Elèves de cette Maison; des ma-
tieres sur lesquelles on doit les instruire, & des Exercices auxquels on doit les former.

D**ANS LES INSTITUTIONS** données aux Supérieurs de cette Maison, nous avons
indiqué la maniere de nourrir, d'entretenir les Enfans jusqu'à ce qu'ils soient sé-
vrés (a). Nous tracerons dans les Observations Physiques, la conduite générale
que l'on doit tenir envers les Enfans de chaque âge : il ne nous reste donc qu'à
ajouter ici, des réflexions particulieres, sur tous les moyens propres à fortifier, à conserver la santé, premier objet d'une Education conforme à la Nature & à la Raison.

CHA-

(a) ON les nourrit ici de différentes manieres : on a recours au lait de chèvres, quand celui des Nourrices ne suffit pas; on ne sévre point les Enfans, avant l'âge d'un an, quand même les dents com-
menceroient à pousser. Mais comme, dans un pareil Etablissement, les préceptes généraux ne peuvent pas toujours être employés, à cause des cas extraordinaires qui doivent y devenir fréquens, les
exceptions à faire seront abandonnées au jugement des Médecins instruits, des Surveillans, Surveillantes & Nourrices expérimentées. Le devoir de ces dernieres est de veiller sans cesse à la conservation
des Enfans, jusqu'à ce qu'ils aient atteint l'âge de 2. à 3 ans.

CHAPITRE PREMIER.

De la nécessité d'une Education conforme à l'intention de cet Etablissement.

CHACUN conviendra que nos Enfans ont besoin d'une Education différente de celle qu'on doit donner aux Enfans-Nobles. Dans notre Etablissement tous les exercices du Corps, tendront beaucoup plus au nécessaire, à l'utile, qu'à l'agrément du maintien. Les Instructions propres à former l'esprit & le cœur de nos Eleves, consistent en un petit nombre de principes simples, clairs, lumineux, tous d'une pratique aisée & propres à la vie commune. En effet, le but, les vues du Régime de cette Maison, sont uniquement de donner à la Société, des hommes robustes, capables de la bien servir par leurs travaux manuels, dans les différens Arts méchaniques & dans les divers Métiers. Si ces hommes laborieux ont encore de bonnes mœurs, tout le but de l'Institution sera rempli (b).

AINSI, nous n'avons nul besoin de Maître de Danse, ni d'autres de pareille espece. Encore moins faut-il donner des Maîtresses de Modes, de leçons de parure, des airs qu'on appelle *du Bon Ton*, à des filles que nous voulons rendre propres aux travaux convenables à leur sexe & à leur état. Le luxe, la molesse, la frivolité ne fournissent que trop la Société de colifichets inutiles & ruineux. Notre dessein est de lui donner des hommes & des femmes utiles. Nos intentions à cet égard, étant suffisamment connues, nous ajouterons quelques remarques nécessaires pour en faire mieux appercevoir l'étendue, l'importance & la nécessité.

DANS presque tous les Etats de l'Europe, il y a un état mitoyen, entre la Noblesse & le Peuple; cet état, qui touche aux deux éxtrêmes de la Société, en fait le lien & le bonheur. Solidement affermi pendant plusieurs siecles, il se perpétue & se multiplie d'âge en âge. Cet Etat mitoyen compose le Tiers-Etat qui nous manque. Le nombre d'Etrangers que nous sommes contraints d'entretenir dans cet Empire, pour y suppléer, doit nous en faire sentir l'indispensable nécessité. Mais comme on ne peut le créer sur le champ, il faut en préparer la matiere, & lui donner les qualités convenables à ce dessein; or, c'est en formant des Maîtres, des

(b) CES Elèves ne seront donc pas des Esclaves, des Forçats que l'on puisse employer au service des Galeres, aux travaux des Mines, ou à d'autres usages semblables. Si les hommes que nous formons, doivent être utiles à l'Etat, ils y doivent trouver leurs propres avantages. Il faut qu'ils puissent s'établir en quelque lieu que ce soit, pour se procurer tous leurs besoins, par le libre éxercice de leurs talens, pour se donner l'aisance & les commodités qui sont le prix du travail, & pour pouvoir laisser à leurs Enfans un Etablissement quelconque, mais solide & permanent. La propriété & la sûreté sont les sœurs inséparables de la liberté; & quand on veut la fin dans une chose, il faut en vouloir aussi les moyens. Sans cela on feroit une dépense inutile & du mouvement sans progrès.

Tome I.

Inftituteurs des deux fexes, & des Elèves dans les Arts méchaniques & les divers : Métiers, que nous parviendrons enfin à trouver chez nous, ce que l'Etranger trouve dans fa Patrie, c'eft-à-dire, des hommes & des femmes d'une conduite exemplaire, capables de fournir à tous les befoins de la vie fociale & à leur bien-être particulier. Et comme l'amour regne partout où il y a de l'aifance, il y aura des mariages nombreux ; les Enfans qui en naîtront, feront non feulement propres à fuccéder à leurs parens laborieux, mais encore à multiplier les germes des talens, des Arts & des Métiers, à les porter à un plus haut degré de perfection.

Pour parvenir à ce but généreux, que de foins, que de peines ne faut-il pas prendre ? L'Education des Filles demande fur-tout une attention auffi férieufe que continuelle. Que de fages & d'utiles réflexions ne faut-il pas faire ? que de reſforts, que de moyens, ne faut-il pas employer pour éviter les inconvéniens, les méprifes, les faux-pas, les fautes mêmes qui fe commettent ordinairement, ou les chocs, les obftacles qui fe rencontrent dans une Education de cette nature & qui en étouffe les fruits ? Le choix de ceux qui doivent préfider & travailler à ce grand ouvrage, eft fi effentiel, que tout en dépend. Il ne fuffit pas que les Maîtres & Maîtreffes ne donnent que de bons principes ; il faut qu'ils les pratiquent, & que leur éxemple faffe naître l'Emulation du bien, dans le cœur de leurs Elèves. C'eft ainfi qu'enfin nous aurons un nombre confidérable de Citoyens, en état de tranfmettre à leur poftérité leurs vertus, leurs talens & leur induftrie (c).

CHAPITRE SECOND.

De l'Entretien des Enfans.

Ce Chapitre eft deftiné à expliquer d'une maniere plus particuliere qu'on ne l'a fait dans la Premiere Partie, tout ce qui concerne la nourriture, le vêtement, &

(c) Socrate confeilloit à fes Auditeurs & à fes Difciples de ne demander à Dieu qu'un Corps fain, un cœur pur & droit, un efprit éclairé; fachant bien que c'étoit là les fondemens folides du bonheur des hommes. A l'égard des befoins de la vie, il foutenoit que chacun peut fe les procurer par fon travail, & que ceux qui font nés fans fortune fur-tout, font obligés de pourvoir à leur fubfiftance par l'éxercice du Corps & le travail de leurs mains. De quel droit les fainéans, les pareffeux, les ignorans volontaires, les hommes fans mœurs, prétendroient-ils avoir part à la Maifon, que les avances, les travaux, les peines, la fueur ont fait croître? Perfonne n'y a droit que les Propriétaires & les Cultivateurs; & pour y prendre part, il faut ou fervir utilement la Patrie, ou donner des valeurs d'échange qui font le titre, le patrimoine, les richeffes de la Claffe induftrieufe. Les Parefſeux, les Mendians, capables de travaux, ne doivent être regardés que comme des mauvais champignons qui pompent les fucs de la terre en pure perte ; ce font des tubérofités accrues fur le Corps languiffant d'un Etat.

l'inſtruction des Enfans. On y parle auſſi de la propreté à laquelle on doit les accou-tumer, & de tous les objets qui concernent la vie qu'on doit leur faire mener.

De la Nourriture.

LA Nourriture des Enfans, depuis le moment où ils commencent à marcher, juſqu'à l'âge où ils peuvent s'habiller eux-mêmes, demande quelque choſe de plus ſolide que dans les premieres années. La chair des Animaux leur devient néceſſaire, mais on y ajoutera des légumes; trop de viande eſt préjudiciable à la ſanté. Une ſage proportion entre les légumes & la viande fait la ſaine nourriture.

ON leur donnera de bon pain de ſeigle; il faut avoir attention à le faire bien fer-menter & bien cuire. Celui que mangent nos Payſans & nos Soldats, ne l'eſt pas aſ-ſez, & par cette raiſon il eſt mal ſain. Comme le pain doit être le fondement de la nourriture de nos Elèves, on peut leur en donner autant de fois qu'ils en deman-deront. On ne doit pas craindre que la gourmandiſe les porte à en demander ſans beſoin. On doit être aſſûré qu'un Enfant a réellement faim, quand il ne demande que du pain de ſeigle; cette nourriture rend le corps frais, ſain & robuſte. Ce-pendant les jours de fêtes, on leur donnera à déjeuner, ainſi qu'au goûté, un eſpèce de biſcuit fait avec la fleur de farine.

LE diner & le ſouper conſiſteront en Légumes, en Herbages, en Racines, en Choux frais ou confits, en bonnes viandes, en gruaux de toute eſpèce, & au-tres mêts connus, d'uſage chez nos bourgeois qui menent une vie commode.

ON ne ſervira point de viande à ſouper; & les jours maigres, on y ſubſtituera le Poiſſon frais, & de tems en tems du Poiſſon-ſalé. Quelquefois auſſi, il ſera per-mis de leur ſervir de la Pâtiſſerie, du Lait, & d'autres mêts ſemblables, pour les rendre ſenſibles à la ſatisfaction que nous goûtons dans les jours ſolemnels établis par la Loi & par les uſages de la Société.

IL faut avoir grand ſoin d'éviter un défaut trop commun dans les Maiſons nom-breuſes: ce défaut eſt le manque de propreté, ſur-tout dans les Cuiſines. Toutes les proviſions dont on fera uſage ici, doivent être fraîches, ſaines, exemptes d'altération & de corruption quelconque. La négligence à cet égard ſeroit un dés-honneur pour la Maiſon; & ce qui eſt bien plus à craindre encore, ce ſeroit d'oc-caſionner des maladies graves & même mortelles aux Enfans. Ils ne boiront que de l'eau pure dans leurs repas: on ſait à quel point ſont nuiſibles les boiſſons for-tes, & ſur-tout dans l'enfance; l'uſage doit en être interdit: mais la ſobriété de tous ceux qui ſont prépoſés à cette Education eſt plus efficace que les préceptes, pour en inſpirer l'amour.   N 2

PLAN GÉNÉRAL DE LA

Des Vêtemens.

Nos Vêtemens ordinaires font les plus commodes pour les Enfans du premier âge. Dès qu'ils commenceront à marcher, jufqu'à l'âge de fix ans, ils porteront des Bas de laine & des Bottes, faites à notre maniere ancienne. On interdira abfolument l'ufage des Jarretieres attachées ou nouées au deffus du genou. Les chemifes doivent être fendues jufqu'au ventre, par devant & par derriere. Les Veftes feront de laine ou de coton, fans boutons; elles defcendront jufqu'aux genoux, & feront affez larges pour être croifées fur le devant. Les Culottes doivent être larges & defcendre jufqu'au milieu de la jambe, afin de pouvoir mettre les Bottes par deffus & affez amples pour que les Enfans les portent comme les Matelots. Le Bonnet fera de drap ou de peau, mais fans fourrure. Depuis l'âge de fix ans jufqu'à douze, nous croyons que les Vêtemens des Circaffiens, feront les plus commodes de tous.

Les règles générales fur les Vêtemens fe réduifent à celles que nous prefcrivons ici. 1°. Tout habillement qui ferre & gêne le Corps & les Membres, une Chauffure trop étroite & trop courte &c. font très nuifibles à la fanté. Ils empêchent la liberté de la circulation du fang, ils affoibliffent les refforts de nos Membres.

II. Les Enfans ont naturellement plus de feu, plus de chaleur interne, que les perfonnes d'un âge avancé; d'ailleurs les jeux, les mouvements d'une Gymnaftique robufte, exigent le libre exercice de leurs membres. Il faut donc des habits aifés & legers, qui les mettent à l'abri des injures de l'air, fans les échauffer trop.

III. On fuivra les mêmes regles pour l'habillement des Filles; depuis qu'elles commenceront à marcher, jufqu'à l'âge où elles pourront s'habiller elles-mêmes. Au refte, tout cela fera expliqué plus au long dans les Obfervations Phyfiques.

De la Propreté.

La Propreté eft un moyen néceffaire pour la confervation de la fanté: les nourritures les plus faines, les Vêtemens les plus commodes, n'obvieront point aux maladies que le défaut de propreté produit toujours à la longue. Ainfi le linge & les habillemens de nos Enfans feront propres: on les peignera réguliérement tous les jours; on ne manquera jamais de leur laver les mains & le vifage tous les matins avec de l'eau froide. Lorfqu'un grand nombre de perfonnes, & fur-tout d'Enfans, eft réuni dans un même lieu, l'air y devient infecté; s'il n'eft pas renouvellé, fi la plus grande propreté ne regne pas, cet air caufera infailliblement les gales, les maux de tête, d'yeux, d'oreilles, le fcorbut, & toutes les autres maladies putrides.

C'EST le devoir des Surveillans, de faire éxécuter cette règle ; dans la crainte que la négligence des Domeſtiques ne la rende illuſoire.

QUAND nous recommandons de peigner les Enfans, nous n'avons pas en vue la beauté, l'élégance, & la longueur des Cheveux ; on les coupera au contraire à meſure qu'ils croîtront trop. Notre but eſt de tenir les têtes nettes, de prévenir les impuretés qu'occaſionne la tranſpiration. A ces impuretés ſe joignent mille corpuſcules qui forment à la fin une infinité de maladies de la peau, ſi communes aux Enfans.

IL ſeroit auſſi très bon de les faire baigner tous les jours ; & quand la rigueur de la ſaiſon s'y oppoſeroit, on leur feroit du moins laver les pieds & les jambes juſqu'aux genoux, mais cela eſt difficile ; il faudroit multiplier le nombre des ſervantes ; il ſeroit à craindre que cette multitude de femmes ne donnât lieu à beaucoup de querelles, de déſordres & de vices ; comme elles ne ſeroient pas toujours occupées, leur oiſiveté pourroit en augmenter le nombre. Quoi qu'il en ſoit, on ſuivra ces règles avec le plus d'éxactitude poſſible.

LE ſage Locke, dans ſon Traité d'Education, ne s'eſt pas étendu ſur cette matiere : né chez un Peuple éclairé, parlant à une Nation qui ſent tous les avantages de la propreté, il a jugé ſuperflu de donner des leçons ſur ce qu'il voyoit pratiquer. Mais ici, nous ne pouvions garder le ſilence à cet égard ; il falloit faire connoître que, non ſeulement, la propreté conſerve la ſanté, & prévient beaucoup de maladies, mais encore qu'elle accoutume les Enfans à une vie plus réglée, à la bienſéance, ſi néceſſaire dans le commerce de la vie. Les Animaux mêmes nous font connoître qu'ils en ſentent les avantages : ils ſe montrent, pour ainſi dire, reconnoiſſans envers ceux qui les entretiennent proprement.

Des Lits, du Sommeil, & des Demeures.

CHAQUE Enfant, de l'un ou l'autre ſexe, en état de marcher, aura ſon lit particulier ; le ſupport en ſera de fer, pour éviter l'incommodité des Inſectes. La Couchette conſiſtera en une Paillaſſe & un Matelas ; la premiere ſera remplie de paille de de ſeigle, briſée & bien ſeche ; le ſecond ſera de laine cardée, le Couſſin & la Couverture feront de même matiere.

CERTAINS Génies, qui outrent tout, qui ne veulent pas voir les choſes telles qu'elles ſont, ou qui ne les voient qu'en noir objecteront peut-être que ce Lit eſt trop délicat : ils nous diront que ce n'eſt qu'au XIIᵉ ſiecle où l'on commença à faire uſage des Lits. Que ſelon l'hiſtoire d'Angleterre, les Rois mêmes couchoient ſur de la paille ; & que de nos jours, il eſt une Nation où les Meres font attentives à faire coucher leurs Enfans fur un Matelas très-dur, pour les préparer à la nécessité de coucher fur la terre.

CEUX qui feront ces Objections, n'ont pas réfléchi fans doute qu'un traitement auffi dur dans l'enfance, qu'une Education fi fauvage, influe beaucoup fur le caractere des Enfans, leur communique une infenfibilité, fouvent même une férocité qui les rend à charge & odieux à une Société d'hommes policés. On commence par tourmenter un oifeau, par abattre fon nid, avant que de tourmenter les hommes & de détruire les Villes. Nous n'en dirons pas davantage : les Animaux les plus féroces & les plus redoutables, s'apprivoifent, quand dès leurs premiers jours, on les éleve en les carreffant. D'ailleurs toutes les femelles des Animaux, fans exception, ne cherchent-elles pas un abri ; ne préparent-elles pas une Couche, un Nid mollet, avant que de mettre bas leurs petits ?

AU furplus, il n'eft pas queftion de faire de nos Enfans un peuple de foldats, tels que l'étoient les Romains dans les fiecles qui ont fuivi la fondation de leur ville. Nous ne deftinons point nos Elèves à l'état de Conquérans ; encore moins voulons-nous qu'ils reffemblent à ce déluge de Barbares, qui, dans le quatrieme & le cinquieme fiecle, infefterent l'Europe, y détruifirent les Sciences & les Arts, & mirent tout à feu & à fang. Une Education, telle que la propofent ces Génies outrés, eft propre à former des brigands, & nous nous propofons de donner à la Patrie des hommes fociables & utiles, par la bonté de leurs mœurs, par leurs talens & leurs travaux ; des hommes qui joignent à l'activité de leur zèle, le défir & le foin de fe rendre aimables à leurs Concitoyens. Nous nous contentons de bannir de leur éducation, la moleffe, le luxe, le fcandale & les vices ; nous voulons en conféquence que tous les befoins attachés à la nature, à la complexion de l'homme, y foient fatisfaits, mais jamais raffafiés. Des Elèves qui travailleront au bonheur de la Société, feront aimés d'elle ; à leur tour, ils aimeront leurs femblables ; ils feront plus, ils adoreront la Divinité qui les fit naître, la Providence qui les nourrit ; ils feront pénétrés d'amour & de reconnoiffance pour la Maifon qui les adopta, pour tous les Bienfaiteurs de cette Maifon. Soumis à l'ordre dès l'Enfance, ils fe foumettront aux Loix fans murmure ; & comme les befoins des Grands les rapprocheront d'eux, & qu'ils fortent de la claffe du peuple, il n'eft pas douteux que leur exemple n'entretienne l'ordre, la fubordination, la paix dans l'Empire.

LES plus petits détails font néceffaires dans l'adminiftration d'une grande machine ; nous continuerons nos obfervations fur la maniere d'élever nos Enfans.

NOUS avons dit que chacun d'eux doit avoir un Lit à part, fans rideaux ; cette précaution qui eſt utile à la ſanté, prévient beaucoup de déſordres.

QUOIQU'UNE Couverture de laine paroiſſe ſuffiſante pour garantir les Enfans du froid, ſur-tout lorſque l'on chauffe modérément les dortoirs ; cependant nous enjoignons aux Surveillans d'avoir attention à ce que quelques-uns de ces Enfans, plus délicats que les autres, ne s'en trouvent incommodés, & d'y ſuppléer comme ils le jugeront convenables.

UNE autre attention auſſi importante, c'eſt de ne pas faire coucher dans une ſeule piece un trop grand nombre d'Enfans & de Domeſtiques ; & principalement quand la rigueur du froid, oblige de fermer les portes & les fenêtres. On règlera donc avec prudence, le nombre d'individus ſur l'eſpace du dortoir, ſur la maſſe & la qualité de l'air qui y circule (d). C'eſt ce manque d'attention qui cauſe la perte de tant de milliers d'hommes, qui meurent du ſcorbut, & de la fievre maligne, dans les Vaiſſéaux, les Infirmeries, les Priſons, &c.

LE Fait que nous allons rapporter, doit nous ſervir d'inſtruction & de preuve. En 1734, plus de 50 Enfans, âgés de 8 à 15 ans, ſe trouverent attaqués d'une maladie ſi dangereuſe, que l'on déſeſpéroit de leur vie. Cet accident arriva dans le Couvent de St. Alexandre Newsky. L'Archimandrite juſtement allarmé, fit appeller Mr. Sanchez pour viſiter & ſoulager ces malades. Le Médecin vit avec ſurpriſe qu'ils avoient les gencives pourries, que les dents y tenoient ſi peu qu'on pouvoit les faire tomber facilement. Pluſieurs même avoient des ulceres rongeans à la bouche, à la langue, au palais, à l'intérieur de la gorge ; il s'informa de ce que mangeoient & bûvoient ces Enfans, de leurs occupations, du lieu où ils couchoient &c. Il apprit que leur demeure commune étoit au rèz de chauſſée, dans des chambres chaudes & humides, ſi exactement fermées qu'il étoit impoſſible à l'air du dehors d'y

(d) POUR prévenir ces accidens, on a grand ſoin chaque jour de renouveller l'air des Dortoirs, des Infirmeries, des Claſſes, des Salles où les Enfans ſe réuniſſent. On les parfume en mêmetems ; afin que l'air renfermé ſortant d'un côté, faſſe place à de nouveaux courans d'air. Sans cette précaution, le parfum ſeroit inutile ou nuiſible. Les Elèves dorment ſans rideaux pour de bonnes raiſons. Les Couvre-berceaux que l'on ajuſte ſur la boëte où l'on renferme les nouveaux-nés, font périr plus d'Enfans que la petite verole naturelle n'en détruiſoit avant l'uſage de l'Inoculation. Examinez un Enfant ainſi couvert, il a le viſage en feu, il ſue à groſſes goutes, il reſpire difficilement, il a une Fievre factice, qui deviendroit putride, ſi ſes beſoins renaiſſans n'appelloient pas du ſecours. Quelle eſt la cauſe des accidens que je décris, & que chacun a pu obſerver comme moi ? Elle tombe ſous les yeux. On tranſpire beaucoup pendant le ſommeil, & l'Enfant tranſpire davantage que l'adulte : il eſt donc clair qu'un homme qui dort entre quatre rideaux, échauffe promptement le petit volume d'air qui y étoit renfermé. Cet air perd ſon reſſort, ſon principe vital, il ſe charge de toutes les vapeurs dont la Nature vouloit ſe débarraſſer : ainſi cet homme ſe repompe lui-même en reſpirant continuellement les vapeurs qui tranſpirent de tous les corps organiques. Voilà comme les préjugés de l'ignorance & de l'uſage détruiſent les Générations futures, & que mille ennemis ſecrets, dont on ne ſe doute pas, minent ſourdement les efforts de la Nature pour ſa conſervation.

pénétrer. Des planches imbibées de cet air humide, leur fervoient de Lit; ils s'y couchoient tout habillés ; la caufe de la maladie étoit palpable & le mal évident. En conféquence on tranfporta les malades dans la Galerie du troifieme Etage, où l'air circuloit facilement; on prefcrivit une diete convenable, des gargarismes, & d'autres remedes anti-fcorbutiques ; ce fut l'affaire de quelques femaines pour rendre la fanté à tous ces Enfans. Il réfulte de là, qu'un air pur & frais eft la premiere nourriture des Animaux & des Végétaux.

COMME nos Enfans font deftinés à vivre en Société, il faut régler le temps de leur fommeil, qui eft un des principaux befoins de la Nature. Il fupplée à la trop grande quantité de nourriture qui accableroit l'eftomac; il répare les forces épuifées par le travail & les exercices; il rend à l'homme la vigueur néceffaire pour recommencer fes travaux ; il lui donne une certaine gaieté très facile à remarquer, mais il ne produit que de la graiffe chez les hommes & les animaux pareffeux.

LES Médecins obfervateurs ont décidé que les Enfans jufqu'à l'âge de 8 à 10 ans doivent dormir dix heures par jour, ou dans 24 heures ; mais en nous en rapportant à leurs avis, nous recommandons expreffément d'accoutumer nos Elèves à fe lever de grand matin, à 4 heures en été, & à 5 en hyver. Ces jeunes gens, deftinés à une vie active & laborieufe, doivent regarder cette règle comme inviolable dans tout le cours de leur vie. En s'y conformant, ils travailleront à leur propre fortune ; ils ne prendront pas l'habitude de perdre leurs foirées dans la débauche.

IL nous refte encore une obfervation importante à faire; c'eft de ne jamais permettre, fous quelque prètexte que ce foit, que les Enfans rentrent dans les dortoirs, quand ils font levés; ils ne doivent y refter que pendant le tems du fommeil. S'ils font malades ou indifpofés, il faut les envoyer à l'Infirmerie.

Des Occupations.

ON penfe communément qu'il faut empêcher les Enfans de s'éxercer à de petits jeux de leur âge, & de fe livrer à des amufemens qui nous paroiffent frivoles. Prefque tous les peres & meres voudroient que leurs Enfans reftaffent tranquiles, fuffent pofés, raifonnables; prétention folle! Qu'ils interrogent la Nature; elle leur répondra. S'ils ne veulent pas s'en donner la peine, qu'ils éxaminent du moins les petits des Animaux qui les entourent: ils verront que le premier âge de ces animaux eft entiérement employé à manger, à jouer, à dormir (e). Les Enfans font dans le mê-

me

(e) JETTEZ les yeux fur ces petits Enfans qui ne peuvent encore marcher, & que des Nourrices mal-adroites retiennent comme prifonniers entre leurs bras, ou dans des Langes. Voyez l'inquiétude, l'impa-

:me cas. Parmi les Exercices dont on fera ufage dans cette Inftitution, il en eft un très néceffaire, c'eft celui de tendre l'arc. Cet Exercice met en mouvement tous les mufcles des bras, des épaules & du dos; il élargit la poitrine, dilate les poumons, & facilite la circulation du fang. Si nous remarquons la force des peuples qui combattent en tirant des flèches, nous ferons perfuadés qu'il n'y a point d'Exercice plus propre à rendre le corps robufte. J'ai remarqué avec fatisfaction, dans les lieux fitués entre la France & Bruxelles, que des villages entiers n'ont point d'autre amufement les jours de fêtes que de tirer au but avec un Arc & des flèches. Cet exercice eft en ufage dans tout l'Orléanois & dans plufieurs autres Provinces.

Il eft auffi néceffaire de donner quelques exercices aux filles; mais les Surveillantes doivent être attentives à y faire obferver les bienféances convenables à leur fexe. C'eft cette différence qu'elles ne doivent jamais perdre de vue, en fuivant l'exemple des bons Surveillans.

l'impatience qu'ils marquent, les cris qu'ils font pour s'échapper de leurs liens, & jouir de la liberté de leurs membres. Ordonnez qu'on leur rende cette liberté & qu'on les mette à terre? Leur gaîté reparoîtra, ils s'amuferont bientôt, ils s'agaceront, ils joueront en rampant les uns après les autres; quelle fatisfaction, quelle joie n'éprouvent-ils pas dans ces jeux, qui font les premiers effais de leurs forces! Laiffez-les donc fatisfaire au vœu de la Nature; ne vous chargez pas de leur apprendre à marcher, vous déformeriez leurs organes; vous ne feriez que retarder leurs progrès. Attendez que leurs jambes foient affermies par les mouvemens qu'ils fe donnent; ils viendront eux-mêmes vous demander leurs befoins; comme les Enfans des Nègres que l'on n'entrave jamais, & qui marchent à 8 mois. Exiger qu'un Enfant refte tranquille, tandis que la Nature travaille fans ceffe pour développer & affermir fes organes, c'eft exiger une chofe abfurde, heureufement impoffible à faire. Il y a des jeux, des exercices & des hochets pour tous les âges. Obfervez, vous verrez que par-tout où les Enfans ne font plus efpiègles à l'âge de dix-à douze ans, ils font déja vicieux.

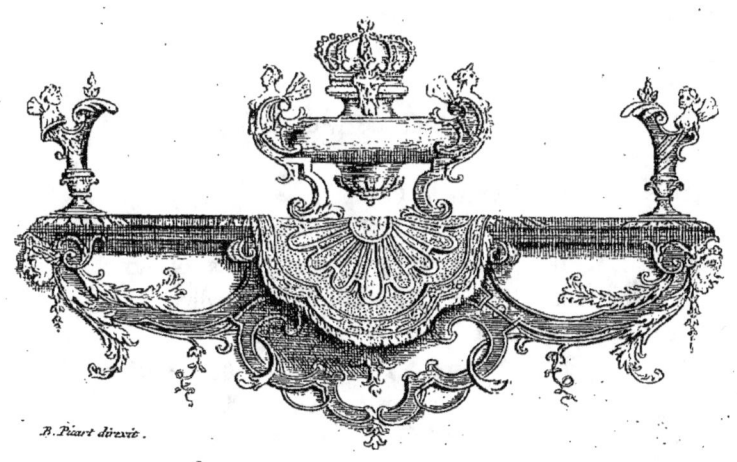

B. Picart direxit.

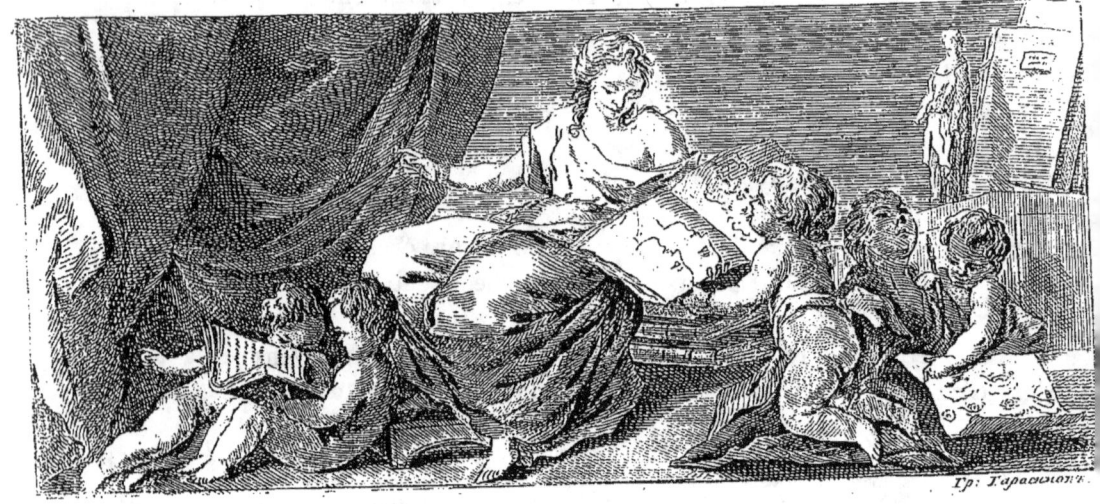

Gr: Fapacuion't.

CHAPITRE TROISIEME.

Tableau des Etudes convenables aux Enfans, depuis l'âge de 5 ans, jusqu'à la fin de leur Education.

I. Les Connoiſſances ſimples de la Religion.

II. Le Deſſein.

III. La Lecture.

IV. L'Ecriture.

V. L'Arithmétique.

VI. Les Elémens de Géométrie & de Mécanique.

VII. La Géographie.

VIII. L'Art de tenir les Livres de Compte.

IX. Les Uſages, les règles de la vie Civile, ſelon les loix de la Patrie.

X. La Connoiſſance des Manufactures, des Fabriques, & des objets du Commerce.

XI. L'Oeconomie domeſtique, l'Agriculture, le Jardinage.

XII. Les Arts mécaniques & les différens Métiers.

XIII. Les Arts Libéraux, à ceux qui auront le goût, le talent pour les exercer.

XIV. Tous les Ouvrages de main propres aux Filles.

Toutes ces Connoiſſances, ces Arts, ces Métiers, ſeront enſeignés ſucceſſivement, & relativement à la marche naturelle de l'eſprit de nos Elèves, & de leurs difpofitions particulieres. Mais avant que d'entrer dans le détail des Règles & des Méthodes à prefcrire pour leur Education, & leur Inftruction, il eft bon de s'élever ici contre les abus funeftes que l'on commet tous les jours à cet égard.

Presque tous les peres, toutes les meres, & ceux qu'ils chargent de l'Education de leurs Enfans, veulent les inftruire, fitôt que ces Enfans commencent à parler. Les uns leur font apprendre & continuellement répéter de longues prieres, que les Enfans retiennent enfin, fans y rien comprendre; l'intention de ces perfonnes peut être bonne, mais leur zéle n'eft guères éclairé; il ne favent pas que c'eft le vrai moyen d'éteindre le génie naiffant, & de porter un coup fatal à la conception encore foible & délicate de leurs Eléves.

En voici d'autres qui, non contens de troubler, d'altérer & même d'étouffer l'efprit de leurs Enfans, vont encore jufqu'à empoifonner le cœur. Ce font les Nourrices, les meres & grands-meres, encore plus ignorantes peut-être que les Nourrices, qui fe font un amufement, une fatisfaction particuliere de bercer ces Enfans, de mille Contes extravagans, de Spectres, de Génies, de Fantômes effrayans; l'effet du pouvoir du Diable, les pactes des Sorciers avec le noir Efprit, les myftères que pratiquent les Sorciers, des hiftoires furprenantes de Magiciennes, & autres fables auffi infenfées qui ne peuvent provenir que de l'imagination renverfée d'un Peuple infecté des préjugés les plus groffiers. Ce qui montre l'imbécilité de ceux qui racontent férieufement ces folies, c'eft qu'ils regardent comme autorifées par la Religion de pareilles puérilités. Eh! quelle Religion peut tolérer de telles extravagances (f).

On ne voit dans la Société que trop de fruits d'une fi déplorable Education. Tous les jours on rencontre des hommes inftruits, dont l'efprit fe montre fur beaucoup d'objets, qui vont s'évanouir à la vue d'un Chat, & qui mourroient plutôt que de refter feuls dans une chambre fans lumiere. Ce Guerrier a marqué fa bravoure, fon intrépidité; tout le feu d'une groffe artillerie ne l'a pas effrayé; une faliere vient à fe renverfer, le voilà confterné.

L'Homme naît foible & prefque fans défenfe. Tout l'effraie dans fon enfance, il fent fa foibleffe; la terreur s'empare de fes efprits à la moindre impreffion; de là les funeftes effets des fables dont nous venons de parler. Quelle attention ne doit-on donc pas prendre pour en préferver ceux que nous deftinons à fervir leur Patrie, par la pratique de tous les talens comme de toutes les vertus.

(f) Comme il eft impoffible d'empêcher que les Nourrices & les Servantes ne parlent aux Enfans, ou en leur préfence, on pourroit bien compofer en termes très fimples & d'un ftile naïf des Contes Moraux, faciles à retenir & dignes d'attention. Les Surveillantes les conteroient à ces femmes fubalternes, qui les reconteroient avec plaifir aux Enfans. Ces femmes, ayant matiere à parler, s'y livreroient, fans expofer les Enfans aux inconvéniens de leurs difcours ordinaires.

Mais si le cerveau encore tendre des Enfans, peut recevoir dès impreffions fi durables ; que ne nous fervons-nous de cette difpofition, pour y graver des idées utiles, fertiles en bonnes-œuvres, & propres à former l'efprit & le cœur de nos Eléves ? Il eft fûr que la vue perpétuelle du bien, dès leur tendre enfance, les portera à l'aimer, & les y attachera d'une maniere prefque inviolable. Mais, dira-t'on, comment viendrons-nous à bout de leur infpirer de pareils fentimens ? Comment ? Par l'éxemple de tous ceux qui les entourent. L'homme, dès qu'il commence à ouvrir les yeux, reconnoît fon femblable. Il a une extrême confiance dans fa force & dans fes lumieres. Cette taille qui lui femble prodigieufe, ces actions qu'il lui voit faire ; tout attire une profonde admiration, qu'il ne peut encore éxprimer. Delà ces fingeries ; qui bien éxaminées, ne font que des imitations. Vous qui êtes chargés du foin de ces enfans, laiffez-là les préceptes, les leçons ; foyez à tout moment gens de bien, vos Eléves le feront auffi.

Ce ne font pas les difcours que vous adreffez à un Enfant qu'il écoute ; ce font vos converfations qu'il retient, c'eft votre conduite qu'il épie ; vos leçons l'ennuient & l'endorment à la fin. Ofez mener une conduite fans reproche, vos Eléves vous reffembleront. Dès qu'ils verront que vous êtes pénétrés de l'exiftence & de la providence continuelle d'un Etre Suprême, créateur de tout & qui a tout deftiné au fervice de l'homme, ils ne manqueront pas de l'adorer & de lui demander avec foi & affiduité tout ce qu'ils defireront le plus. Ils s'égareront fur le choix : mais leurs idées feront redreffées par les-vôtres ; il vous fera facile par ce moyen de les inftruire fur les devoirs les plus importans : mais attendez leurs Queftions. N'allez pas étouffer leur curiofité, en voulant la prévenir ; le grand art eft de la fatisfaire à propos & toujours conformément à la plus éxacte vérité.

Cet âge eft néanmoins fufceptible de la premiere partie de ce que l'on appelle ordinairement Inftruction. Pour peu qu'on y faffe attention, il eft facile de voir que les Enfans, dès leurs premieres années, fe plaifent à tracer quelques figures. Au défaut d'autres inftrumens, ils les tracent fur le fable, ou fur la terre molle ; jouez avec eux dans ces éxercices enfantins ; tracez les Lettres de l'Alphabeth ; tout en jouant, ils les connoîtront, ils apprendront le fon qu'elles éxpriment & comment il faut les écrire. Ce fera le moyen de leur donner à la fois les premiers principes du deffein & de la lecture ; mais fur-tout que ce ne foit encore qu'un amufement. Si vous voulez faire des Leçons férieufes de ces amufemens, le dégoût des Enfans vous annoncera que tout eft perdu.

Peut-être vous direz qu'il faut recourir aux corrections, aux châtimens ; ce fera encore pis. Bien éloignés d'une telle penfée, nous recommandons éxpreffément aux Surveillans de cette maifon, & à tous ceux qui y feront chargés de la conduite des Enfans, d'éviter les corrections, même verbales, trop aîgres & trop dures ; bien moins encore permettrons-nous les châtimens, ou punitions corporelles. Il faut leur donner pour un éxemple qu'ils doivent fuivre, celui des femmes Chinoifes. Là, une mere n'ufe jamais de châtiment envers fon fils. Si ce fils eft défobéiffant, gourmand, opiniâtre, colere, &c. le chagrin s'exprime fur le vifage de cette tendre mere ; les larmes coulent de fes yeux, & fa peine s'éxhale par ces paroles ,, malheureufe que je fuis ! j'ai un fils que j'aime beaucoup, que je dois aimer, ,, & ce fils m'offenfe continuellement. Sans ceffe il me perce le cœur par fes ,, mauvaifes actions : ne fuis-je pas en effet une mere bien malheureufe."

CEUX qui aiment les châtimens, fe moqueront d'une fi foible correction, & n'y auront nulle confiance. Cependant cette fimple éxhortation eft fi éfficace qu'elle fuffit pour corriger les Enfans chez une Nation la plus ancienne, la plus nombreuse, la plus fociable & la plus laborieufe de toute la terre.

CHAPITRE QUATRIEME.

De l'Etude des Enfans, fur la connoiffance de la Religion, le Deffein, la Lecture, l'Ecriture, depuis le tems qu'ils s'habillent eux-mêmes.

POUR FIXER cet intervalle, nous dirons qu'en général, les Garçons font plus tardifs à cet égard que les perfonnes de l'autre Sexe. Ceux-là parviennent jufqu'à 8 & quelquefois jufqu'à 9 ans, avant que de pouvoir s'habiller; mais celles-ci le favent plutôt. C'eft aux Surveillans à faire la guerre à la pareffe là-deffus. Dès que ce tems eft venu, voilà le terme où doit commencer la folide Inftruction: on doit donner à nos Elèves les connoiffances qui leur feront néceffaires toute leur vie, &, avant tout, celles de la Religion. Nous n'avons pas deffein de prefcrire ici les Elémens de ces connoiffances divines: les fages Eccléfiaftiques qui en feront chargés. les leur enfeigneront, conformément au dépôt de la foi, & aux règles & canons de l'Eglife. Mais comme quelques-uns d'entre-eux, fe livrant à toute l'activité de leur zèle, pourroient oublier qu'ils parlent à des Enfans; qu'il nous foit permis d'obferver que rien n'eft plus nuifible, plus dangereux pour des ames encore tendres & foibles que d'éxciter en elles les terreurs du Diable, & de leur faire de vives peintures des tourmens de l'Enfer. Combien d'Enfans frappés de ces terribles images reftent pour jamais timides, craintifs, fanatiques, s'ils n'en deviennent pas tout-à-fait infenfés. (g).

La vraie maniere d'inftruire les Enfans, n'eft pas de leur furcharger la mémoire. Nous demandons feulement qu'à cet âge, nos Elèves apprennent par cœur & comprennent l'Oraifon Dominicale, le Symbole, les Dix-Commandemens & les Prieres du matin & du foir, compofées exprès pour les Etabliffemens d'Inftruction, fondés par Sa Majefté Impériale.

Quel temps précieux ne perd-on pas dans l'ufage d'enfeigner, que l'on fuit à-préfent! De longues leçons que les Enfans ne peuvent comprendre: elles font hors de la fphère de leurs idées. Leur cœur s'afflige & s'aigrit contre les Maîtres; leur tempéramment en eft affoibli, & leur efprit fe rétrécit toujours, quand il n'eft pas entiérement étouffé.

Il eft défendu de laiffer les Enfans crier en lifant, comme cela eft d'ufage dans les Ecoles ordinaires. Il fuffit qu'ils élevent la voix d'un ton un peu plus haut que celui de la converfation; en confervant néanmoins les infléxions naturelles. Que leur prononciation foit claire, nette, bien articulée, en un mot qu'ils fe faffent comprendre fans effort, & avec tout l'agrément de la Langue Ruffe.

Il eft furprenant avec quelle facilité les Enfans apprennent à lire; avec quel plaifir ils s'occupent du deffein. On doit donc les accoûtumer de bonne-heure à deffiner; dès qu'ils y auront acquis une certaine habitude, il ne leur fera plus difficile de deffiner des caractères alphabètiques; ils apprendront volontiers à écrire, à former des chiffres; & bientôt la curiofité, fi naturelle à l'enfance, les portera au defir de s'inftruire des ufages auxquels on applique tous ces caractères.

Les Précepteurs doivent montrer à bien tenir le crayon & la plume, à pofer le papier devant foi, à maintenir le corps & le bras, dans la fituation la plus commode pour faciliter l'éxercice des doigts & du poignet. Tout cela eft mis en préceptes par les meilleurs Maîtres; qu'ils les confultent & les fuivent dans la pratique.

Après ces préparatifs, les Maîtres doivent leur enfeigner à former de beaux caractères, tels qu'ils fe trouvent dans les Ecritures des bons Ecrivains: ils doivent en outre, leur apprendre à faire des paquets de Lettres, à les cachetter avec adreffe

(g) Nous ne ferons ici aucune autre remarque à ce fujet. Le devoir des Supérieurs eft de veiller à ce que les Maîtres obfervent éxactement ce qui eft ici prefcrit. Pour leur en faire connoître la néceffité, il feroit facile de leur citer un grand nombre d'exemples. On en rapportera un qu'on tient d'une perfonne de haute confidération, à qui cela eft arrivé. Des Difcours femblables qu'elle avoit entendus dans l'Enfance, firent fur elle des impreffions fi fortes, que de tems en tems elle étoit contrainte de chercher la folitude, pour s'y livrer aux larmes les plus ameres. Cette affreufe crainte étoit d'autant plus affermie dans fon efprit, qu'elle étoit fondée fur les difcours de perfonnes auxquelles elle croyo devoir autant de confiance que de refpect.

& propreté, à y mettre l'adreffe: la taille des plumes n'eft pas moins néceffaire.

Nota. Nous paffons ici légérement fur certains articles, parce qu'on fe propofe de compofer & de publier un petit Livre, en Langue Ruffe, qui traitera des Devoirs des Supérieurs & des Subalternes fur toutes les parties du Régime, & dans lequel on inférera quelques Règles Morales. Nous en parlerons plus au long dans un autre Endroit.

CHAPITRE CINQUIEME.

De la néceffité de faire apprendre à nos Elèves l'Arithmétique & la Géographie, & de la maniere de les leur enfeigner.

Il eft néceffaire d'enfeigner à nos Enfans l'Arithmétique, du moins jufqu'au point qu'ils puiffent en favoir autant qu'il en faut pour tenir des Livres de Comptes, foit pour les recettes & les mifes, foit à l'ufage des Marchands, & felon la maniere Italienne; pour ce qui concerne le Commerce, il ne fuffit pas de leur faire connoître les parties fimples, mais auffi les parties doubles. On doit fuivre là deffus, les règles fimples & faciles de Barême & de Defportes, en y ajoutant ce que d'autres Auteurs plus modernes, ont pu inventer pour les perfectionner.

Si nous difons qu'il faut encore leur enfeigner la Géographie, ce grand mot va révolter bien des perfonnes, qui croient que cette étude n'eft propre qu'à la Nobleffe, & que de fimples Artifans n'en ont pas befoin. Sans faire ici des réflexions qui ne leur feroient pas avantageufes, ni fort agréables, nous nous bornerons fimplement à leur faire fentir, combien notre projet eft utile. Nous les prions d'abord de jetter un œil attentif fur l'étendue de notre Empire; de confidérer les relations néceffaires entre les diverfes Provinces, les divers peuples qui les compofent. Chacune de ces Provinces, chacun de ces Climats produit des fruits différens, fournit diverfes fortes de marchandifes. Quand un Marchand s'en tiendroit à concentrer fon Commerce dans l'intérieur de l'Empire, encore faudroit-il qu'il connût les diverfes productions de la terre dans les divers endroits; quelles font les voies les plus courtes & les plus fûres, pour l'importation & l'exportation des denrées; quels font les fleuves, quels font les lacs, quelles font les rivieres, qui peuvent faciliter les tranfports. Toutes ces connoiffances n'appartiennent-elles pas à la Géographie? mais pour peu que ce Marchand porte fes vues plus loin, ne doit-il pas avoir les mêmes connoiffances fur toutes les Nations & les Peuples tant Européans qu'Afiati-

ques, qui nous entourent, & confinent à notre Patrie? Dire que ces connoiffances font néceffaires au Marchand, c'eft convenir de la néceffité d'enfeigner la
Géographie à nos Elèves.

Combien de bévues & de pertes, le Marchand ne feroit-il pas, s'il étoit dénué
de ces connoiffances? Il enverroit du fer en Sibérie, de la foie en Perfe & à la
Chine, du vin, & du froment &c. & fe ruineroit infailliblement. Les Exemples en
font affez fréquens. Nous concluerons donc que ces connoiffances doivent abfolument entrer dans le plan des Etudes de nos Elèves.

Mais nous fommes bien éloignés de vouloir qu'on entre en Géographie, dans
des détails plus curieux qu'utiles & fouvent faux, ou du moins frivoles. Une
idée générale du Globe, de fes différentes parties, de la pofition refpective des divers Empires, Royaumes, Etats, de leurs productions, de leur befoin, peut s'acquérir en un ou deux mois de leçons bien données fur un grand Globe: nous favons
que certains Maîtres, conduits par un vil intérêt, font un myftère de ces connoiffances fimples, & facrifient des années précieufes, pour les communiquer peu-à-
peu aux Elèves. Mais ces Maîtres ne feront pas les nôtres; qu'ils s'adreffent à
ceux qui fans éxamen, & fouvent fans motif, prennent des maîtres par air, par
ton, parce que c'eft l'ufage, fans s'embarraffer du fruit qui en reviendra à leurs Enfans. Il nous refte encore à démontrer la néceffité d'enfeigner à nos Elèves, à tenir
les Livres de Comptes: mais, comme en cette partie fur-tout nous affocions aux
garçons, les jeunes perfonnes de l'autre fexe; il eft bon de décider ici une queftion
importante, & en même-temps de démontrer qu'une Inftruction fenfée ne peut jamais qu'être utile à la Société, dans quelque état que foit celui qui l'a reçue.

C H A P I T R E   S I X I E M E.

S'il eft néceffaire de donner aux Filles, les Inftructions que l'on donne aux Garçons.

A qui fommes nous redevables des premiers foins qui nous font fi néceffaires
quand nous venons au monde? Qui s'empreffe à nous donner la premiere nourriture? Qui foutient en nous le foible commencement d'une vie prête à s'éteindre?
Qui nous donne les premières idées, le germe de toutes nos connoiffances futures? Qui fait naître en nous le premier fentiment d'affection, d'amitié, d'amour,
le fentiment qui doit faire à jamais la douceur de notre vie? ce font les Femmes.

mes (*h*). Par quel travers inconcevable, l'homme a t'il pû oublier son propre intè-rêt, au point de négliger l'Education de celles qui l'inftruifent le plus utilement ; puifque les premières impreffions durent toute la vie, & qu'il eft de fait que l'efprit & le caractère des Enfans font formés, quand ils fortent de la main des Femmes ? Quelques Pédans me citeront pour éxemples certains grands hommes qui n'ont don-né quelques fignes de génie qu'à un âge avancé ; mais ce n'étoient pas les femmes qui les avoient mis dans les entraves des Méthodes ufuelles ; il falloit qu'ils fuffent débarraffés de toutes ces gênes, avant que leur génie pût prendre l'effor ; plus il s'étoit développé fous le gouvernement des Femmes, plus il avoit gémi fous l'au-torité tyrannique & barbare du Pédantisme.

Faut-il que quelques degrés de force nous rendent affez orgueilleux, affez inju-ftes, pour mettre une auffi grande diftance entre nous, & nos aides, nos compa-gnes, nos femblables ? en abufant de ce qui nous donne la fupériorité, voulons-nous réduire nos Enfans à n'avoir pour protecteurs, pour bienfaiteurs, pour maîtres, mais fervons nous d'un terme plus tendre, pour meres, que des Automates ? For-mez donc l'efprit des meres, des nourrices, des Bonnes ; vos enfans trouveront en elles, prefque tout ce que l'Art peut faire, pour aider la Nature ; & peut-être que le Pédantifme ne s'éleve contre cet ufage falutaire que dans la crainte de fe voir fans emploi. Mais par quelle fatalité les gens même qui ont de l'efprit & des connoiffances, fe laiffent-ils prendre aux Trébuchets des fots de cette efpèce.

Plusieurs conviendront qu'il eft néceffaire en effet de donner une Education con-venable, des Inftructions mêmes affez étendues aux jeunes Demoifelles ; mais ils dif-puteront fur la néceffité d'inftruire de même les perfonnes qui ne font deftinées, en quelque forte, qu'à fervir les autres. Il n'eft que trop d'ufage de leur interdire abfolu-ment toutes lumieres ; on ne veut, dit-on, en elles qu'une prompte & aveugle obéiffance.

Ainsi, on donne des Précepteurs, des Maîtres de toute efpece, des Gouverneurs aux Enfans nobles ; on furcharge ces Enfans de leçons ; ils apprennent en même tems toutes les fciences. Le pere flatté par les éloges intéreffés des Maîtres, s'ap-plaudit. Il fe promet de voir par la fuite fes chers Enfans capables de remplir les premieres places, foit dans le Militaire, foit dans les premiers Tribunaux, fo.. même à la Cour & dans le Miniftere ; il eft charmé de les avoir élevés d'une maniere conve-

(*h*) S'il en étoit de la Vérité, comme il en eft de l'erreur, qui s'accrédite d'elle-même, l'auteur de ce Plan d'Education fe feroit bien gardé de propofer & de réfoudre un pareil Problême. Dans le dix-huitieme fiecle, on eft forcé de convenir que le Monde, âgé de plus de fix-mille ans, n'eft pas encore mûr à la raifon, ou que s'il l'eft, fa raifon eft bien inconféquente, pour ne rien dire de plus. *Note du Traducteur.*

Tome I. P

nable à leur naiſſance. Dès que ces jeunes gens parviennent à l'âge auquel ils doivent commencer à mettre en œuvre leurs belles lumieres, le pere les propoſe: qu'arrive-t-il communément, que toute leur ſcience n'eſt que fumée?

CE tendre pere affligé, maudit les Maîtres & les Gouverneurs; ils ne ſont tous
dans ſes idées, que des fourbes & des trompeurs; il ne lui vient pas ſeulement à l'eſprit que le mal procède d'une autre ſource: il faut la lui montrer. Elle eſt ſi féconde qu'il n'y aura jamais rien de bon à eſpérer dans l'Education des jeunes Enfans nobles, tant qu'elle ne ſera pas tarie.

NOUS demanderons à ce pere, quelles ſont les perſonnes qui ont pris ſoin de ſes
Enfans, depuis le moment de leur naiſſance? Quels ſont les gens qui les ont, ſans
ceſſe, entourés, ſuivis, habillés, & preſque nourris? Avec qui ont - ils paſſé leurs
premieres années, cette tendre jeuneſſe, dans laquelle l'homme apprend plus que
dans tout le reſte de ſa vie? Ce fier Noble répondra que ceux qui entouroient ſes
Enfans étoient ſes eſclaves. Que de tels gens ne ſont pas faits pour ſavoir quelque
choſe, encore moins pour inſtruire; que tout ce qu'ils ont à faire, ſe réduiſant au
ſervice des perſonnes auprès deſquelles il les diſtribue, il leur ſuffit d'écouter les ordres qu'on leur donne & de les éxécuter promptement. Il affirmera que la connoi-
ſance des préceptes moraux les plus ſimples eſt inutile & même nuiſible à ceux
qui ne doivent avoir d'autre volonté que celle de leur Maître, de leur Seigneur,
& terminera en prononçant d'un ton ſententieux: Je ne veux pas avoir des Phi-
loſophes à mon ſervice.

LES perſonnes qui prennent ſoin de vos Enfans, depuis le commencement de leur
naiſſance, ſont des Nourrices, des Bonnes & des Eſclaves mâles & femelles, que votre orgueil ne place pas au rang des hommes, & que votre cruauté change ſouvent
en bêtes féroces. Tels ſont les premiers Gouverneurs, les premiers Compagnons,
les premiers Favoris de vos Enfans, que vous chériſſez, dites-vous, autant ou plus
que vous-mêmes. Ainſi vos chers Enfans feront ſous la garde, la tutelle, la conduite
des Nourrices inſenſées, des Domeſtiques libertins & crapuleux, des Femmes ſans pu-
deur & ſans retenue, juſqu'à l'âge de ſept à huit ans au moins, & peut-être même
juſqu'à celui de l'adoleſcence. Ils auront donc perpétuellement ſous les yeux, les
vices, les dérèglemens, les éxcès, qui ſont propres à l'ignorance, à la pareſſe, à la
brutalité; ils ne verront que des éxemples ſcandaleux & funeſtes; ils n'entendront
que des paroles groſſieres & indécentes. Or, l'Enfant naît imitateur, comme le
Singe; il répete ce qu'il a entendu comme le Perroquet. Mais ce n'eſt pas tout encore: ces Domeſtiques feront tous leurs efforts pour gagner l'amitié de vos En-

fans ; ils fe profterneront devant eux ; ils obéiront à tous leurs caprices ; car fi même ils s'y refufoient, vous les feriez battre cruellement devant eux.

Voilà les premieres leçons que reçoivent vos Enfans. La contagion qui eft entrée par tous leurs fens dans leurs efprits & dans leurs cœurs y produira fes effets. Ils feront menteurs, fourbes, hauts, impertinens, durs, tyranniques envers les autres, & bientôt ingrats & dénaturés envers vous. Dans cet état des chofes, je vous entens gémir fur la pareffe, l'ignorance, la mauvaife volonté, les vices, les déportemens de vos enfans ; mais bien loin de vous accufer vous-mêmes du mal dont vous êtes la premiere caufe, vous accufez, ou plutôt vous calomniez la Nature ; & fi l'on vous prouve que l'homme naît bon, vous attaquez le Ciel, en difant que vos Enfans font nés fous une mauvaife Etoile. Cette Etoile, c'eft vous-même ; tous leurs vices font d'acquifition, ils les ont fucés avec le lait ; il eft bien jufte que vous recueilliez les fruits de la culture que vous leur avez donnée. Peres & Meres, de tous les états, gravez fur les berceaux de vos Enfans, que malgré les titres & la naiffance, tous les hommes naiffent toujours égaux, du même pere commun ; que tous les hommes font nos freres ; que fi la Société a établi des inégalités néceffaires à fa confervation, elle s'eft obligée de refpeéter les droits du dernier des hommes. Ne placez auprès de vos Enfans que des perfonnes raifonnables & de bonnes mœurs ; traitez-les avec douceur, avec humanité ; confiez leur la portion d'autorité néceffaire pour réprimer les fantaifies, les caprices bifarres de vos Enfans ; rempliffez vous-mêmes, les devoirs que la Nature & le Sang vous impofent ; n'oubliez jamais qu'à l'âge de fept à huit ans, le caraétere d'un Enfant eft formé en bien ou en mal. Prévenez ce tems, en lui donnant ou lui faifant donner une Education, digne de vous & de lui. Voilà le remède au mal dont vous vous plaignez.

D'après ces réflexions, malheureufement trop fondées, je ne penfe pas que quelqu'un foit affez dépourvu de bon fens, ou affez infenfible au bonheur du genre humain, pour ne pas defirer que l'Inftruétion foit plus générale ; que nos Elèves des deux fexes, fachent non feulement lire & écrire, mais qu'on leur donne encore une Education conforme à leur Etat, & les différentes connoiffances utiles aux différens emplois de la vie civile. Nos Filles, devenues meres un jour, en éleveront mieux leurs propres Enfans, ou ceux qui leur feront confiés. Epoufes, elles rempliront leurs devoirs avec plus d'amour & d'éxaétitude. Bonnes, ou Gouvernantes, elles fe garderont bien d'infpirer aux Enfans des craintes, des terreurs paniques ; elles ne leur feront jamais de ces contes éxtravagans, de ces hiftoires abfurdes, où les Revenans, les Speétres, les Sorciers, le Diable enfin, jouent toujours les premiers roles.   Leurs difcours fenfés feront dignes d'être retenus; leur modération infpirera des paffions douces; leur bonne conduite, leur décence, leurs mœurs, offriront des modèles à fuivre ; leur humanité rendra les Enfans humains & compatiffans, & leur Société fera auffi fenfée qu'agréable.

D'Ailleurs les Filles élevées, comme nous l'avons dit, font deftinées, pour la plupart, à habiter des Manufactures, des Fabriques, & d'autres Etabliffemens ; elles doivent les faire profpérer, diriger des Magafins, vendre & débiter les Marchandifes, calculer le profit ou la perte, règler ce Commerce pour le mieux, & connoître à fond tous les détails d'un Ménage. C'eft l'unique moyen d'y mettre l'ordre & l'économie néceffaire; & c'eft le droit chemin d'un bien-être légitime.

CHAPITRE SEPTIEME.

De la néceffité d'enfeigner l'Arithmétique à nos Elèves, ainfi que la maniere de tenir les Livres de Comptes en parties fimples & doubles.

Si le Monde Politique, auffi bien que le Monde Phyfique, peut fe règler, à beaucoup d'égards, par poids, nombre & mefure ; fi le cours de la vie privée & fociale, eft un calcul continuel; la néceffité de l'Arithmétique n'a pas befoin de preuves, & les hommes de tous les Etats doivent poffeder cette Science.   C'eft ce qui faifoit dire à Socrate, dans Platon.   ,, Il eft donc convenable que nous faffions une ,, Loi, à ceux qui font deftinés à remplir les premieres places dans notre Répu- ,, blique, de s'appliquer à la fcience du Calcul, & de l'étudier à fond".

Locke dans fon Traité d'Education, confeille fortement d'enfeigner cette fcience, à la jeuneffe, afin qu'elle en faffe ufage toute la vie, non feulement pour prévenir la diffipation des biens fonciers & mobiliaires, & la ruine des Maifons particulieres les mieux rentées ; mais encore pour augmenter les patrimoines, & par là les revenus, foit en règlant les Dépenfes fur la Recette, foit en s'abftenant des Dépenfes frivoles & inutiles.   Par-tout cette fage Economie eft un fupplément à la médiocrité du revenu.   Le Chef d'une Famille, ou d'une grande Maifon, qui ne fait pas, ou qui ne veut pas fe donner la peine de calculer, n'aura de l'aifance & des richeffes qu'autant qu'il plaira à ceux qui calculent pour lui; mais ce terme eft bien court.   Les Intendans font prefque tous riches, il faut bien que les riches deviennent pauvres.   Il faut donc compter & toujours compter ; & malheureufement jufqu'ici, des abus changés en coutume, y ont oppofé des obftacles funeftes.   Un autre abus

principal, qui contribue à la ruine des meilleures Maisons, c'est le nombre pro‑
digieux de Domestiques inutiles que nous employons à notre service ; ces fainéans
deviennent bientôt des libertins ; ces libertins ne sont bons qu'à occasionner du trou‑
ble & des désordres en tout genre ; & comme la plupart de nos revenus consistent en
vivres & en productions naturelles ; au lieu d'en tirer un parti avantageux, nous
les consumons à l'entretien & à la nourriture de ces Domestiques, que l'on peut
justement comparer à une armée de Sauterelles, qui ravagent nos Campagnes.

Quoi qu'il en soit, quand nos Elèves sauront bien lire, bien écrire, bien calcu‑
ler, on leur apprendra la maniere de tenir en bon ordre, les livres de Dépenses, de
Recettes, comme cela est d'usage dans les Comptoirs‑marchands ; les Elèves peuvent
avoir acquis ces connoissances complettes, même avant l'âge de quinze ans.

Ces Elèves dans la suite feront d'une grande utilité à tous les Ordres, à toutes
les Classes de la Societé, & par conséquent au bien de l'Empire ; car outre les avan‑
tages particuliers de cette Institution, & ceux qu'en retireront les Seigneurs, les
Nobles, les Riches, les Négocians, les Fabriquans, les Manufacturiers &c. les
connoissances des Elèves, qui se répandront dans toutes les Provinces de ce vaste
Empire, nous serviront à le mieux connoître ; c'est alors, que du commerce or‑
dinaire de la vie, l'Arithmétique pourra s'élever jusqu'à la sphère de la grande Ad‑
ministration ; & cette Arithmétique politique nous donnera le nombre des hommes
qui habitent chaque Province, la quantité de nourriture qu'ils doivent consommer,
le travail journalier qu'ils peuvent faire, le tems qu'ils ont à vivre, la fertilité des ter‑
res, le calcul des avances qui peuvent tripler, quadrupler leurs produits, pour aug‑
menter en même proportion les revenus des Propriétaires. Voilà ce qu'il faut sa‑
voir lire en blanc, dans cette Institution ; & si quelqu'un pouvoit être indifférent sur
ces avantages réels, ou s'il ne les apprécioit pas à leur valeur, parce qu'ils sont
encore au *futur* ; ce quelqu'un seroit à coup sûr, un Egoïste, c'est‑à‑dire un
homme qui rapporte tout à lui, & pour qui le bien public n'est qu'une chimère.

CHAPITRE HUITIEME.

*De la maniere de se comporter envers les Précepteurs, les Surveillans, & les autres
personnes préposées à l'Institution.*

Pour que le bon ordre, le zéle, l'émulation, l'amour & l'accomplissement des
devoirs, se trouvent réunis dans un Etablissement quelconque, il faut que chacun

des Prépofés connoiffe fes droits & fes devoirs, les récompenfes & les peines attachées à l'accompliffement & à la tranfgreffion des Statuts qui font la bafe d'u-
ne Adminiftration bien ordonnée.

Les Puiffances motrices de cette Adminiftration font la tête & les membres :
nous comprenons dans la premiere, les Tuteurs, les premiers Surveillans, & les
autres Chefs en fous-ordre; & c'eft de leur conduite envers les fubordonnés que
nous allons tracer ici le plan.

I. Il faut beaucoup de circonfpection dans le choix des Précepteurs, des Gouvernantes & des Surveillans fubalternes.

II. Parmi ces Surveillans, il s'en trouvera, fur-tout dans les commencemens,
qui feront nés & élevés dans la fervitude; mais ce n'eft pas une raifon pour que les
Supérieurs les traitent en Efclaves. Ils doivent fe conduire avec eux, comme
avec des hommes utiles; la bonté, la douceur, la politeffe, leur infpireront des
fentimens & des manieres femblables; leurs efprits, leurs ames étoient, pour
ainfi dire, des corps abattus, qui ne fe mouvoient que par des impulfions étrangeres; ils reprendront bientôt du reffort, de l'action, de l'énergie morale : la douceur dont on ufera avec eux, la bonté avec laquelle on les traitera, les attacheront par des liens puiffans, à la Maifon qui fera leur bonheur.

III. Les Précepteurs, les Gouvernantes & les Surveillans, doivent remplir les
fonctions de peres, de meres, de parens, d'amis, auprès des Elèves; il faut donc
que nos Enfans des deux Sexes, les aiment, les refpectent, leur obéiffent comme s'ils étoient en effet leurs véritables peres & meres. Mais cet amour, cet
attachement doivent être réciproques; les Prépofés à l'Education & au bon ordre,
doivent marquer à tous les Elèves, du zèle, de l'intérêt, de l'affection; comment pourroit-on obtenir ces points capitaux de l'Education, fi on traitoit avec
hauteur, avec mépris, avec dureté, ces peres & meres adoptifs, ou fi eux-mêmes donnoient aux Enfans des leçons de groffiéreté, d'indécence, de méchanceté,
foit dans leurs paroles, foit dans leurs actions? (i).

IV. Il peut cependant arriver que les Surveillans fe mettent dans le cas de mériter des reproches, du blâme, & même l'éxclufion de cet Etabliffement pour toujours. Dans ces différens cas, on doit ufer de beaucoup de prudence & de modé-

(i) Les Enfans font auffi bons Obfervateurs qu'Imitateurs: parlez mal, ou méprifez ceux qui prennent foin de leur Education, l'Enfant fera votre écho & votre finge, il les méprifera, les infultera
& leur crachera au vifage une heure après. Donnez lui un mauvais éxemple, il furpaffera bientôt
fon modèle. Voilà les Enfans tels qu'ils font; il faut fe conduire avec eux décemment, dans tous
les tems & toutes les circonftances de la vie. Un feul mauvais exemple peut produire plus de mal
que les leçons de Socrate, & la morale de Confucius ne peuvent produire de bien.

ration. On ne doit jamais réprimander, blâmer, punir, éxclure, qui que ce foit, devant des Eléves, afin d'éviter jufqu'à l'ombre du fcandale. Il faut donc donner aux Elèves, à chaque heure, à chaque inftant, des éxemples d'humanité, de dou‑ ceur, de complaifance, d'amour pour le travail, de zèle pour le bien, de gratitude & de foumiffion, tant aux Statuts de l'Etabliffement, qu'aux loix de l'Etat, & aux dogmes de la Religion. Ces Exemples qui peignent les vertus en action, fe graveront profondément dans les cœurs ; les Elèves prendront l'habitude de bien dire, de bien faire, avec la même facilité qu'ils apprennent & qu'ils parlent leur lan‑ gue naturelle. Il faut donc que tous les fupérieurs de la Maifon, & toutes les per‑ fonnes en fous‑ordre, foient vertueufes & dignes d'être imitées.

Pour réuffir dans ce choix, il faut fe conformer éxactement à ce qui eft prefcrit dans la feconde partie du Plan Général. On ne négligera rien pour fe mettre au fait du caractere, des mœurs, de la maniere de vivre, des habitudes, de tous ceux qui poftuleront les places de Surveillans. Quelque caché, quelque diffimulé que foit un homme qui veut en impofer au Public, vous le connoîtrez bientôt, fi vous éxami‑ nez fa conduite domeftique, & les compagnies qu'il fréquente : c'eft‑là la pierre de touche de fon caractere & de fes penfées fecrettes. Par ce moyen, on évitera toutes erreurs, toutes méprifes dans le choix ; & les mauvais fujets ne feront pas préférés aux bons. Les Etrangers même, ne mériteront la préférence fur les Natio‑ naux, que quand ils en feront plus dignes.

Il nous paroît abfolument néceffaire de choifir des Ruffes pour Surveillans : ils doi‑ vent remplir dans la Maifon, les fonctions de peres & de meres ; il feroit bien diffi‑ cile que nos Enfans reconnuffent des Etrangers pour tels, & leur marquaffent l'a‑ mour, l'amitié & l'obéiffance qui leur font dus ; d'ailleurs, les Etrangers ne parlent pas notre langue, & les Surveillans doivent être les Compagnons inféparables de leurs Eleves, foit à l'Eglife, foit ailleurs ; ils doivent entrer dans tous les détails de l'œconomie, manger habituellement avec les Enfans : en un mot, remplir les devoirs de véritables parens ; fans cela l'amour, le refpect, la confiance, ne fe gra‑ vent point dans le cœur des Enfans.

Il feroit à défirer que tous les Précepteurs & les Surveillans fuffent mariés, & que leurs Femmes fuffent employées dans la Maifon. Elles ont naturellement plus de compaffion, plus de tendreffe que les Hommes ; elles font plus capables d'une infinité de petits foins dont les Enfans ont un befoin indifpenfable. De leur côté les Hommes mariés font plus décens dans leur conduite, plus fociables, plus attentifs, & plus éxacts dans les affaires dont ils font chargés.

Tous les Prépofés, Hommes & Femmes, dont nous parlons, doivent avoir des Inftruétions particulieres fur les devoirs qu'ils ont à remplir, & chacun d'eux s'y conformera éxaétement.

Quant aux Employés fubalternes qui ne fçavent pas lire, on les affemblera chaque femaine, à des jours fixés, pour leur lire & leur faire comprendre l'importance des détails qui les concernent. C'eft le feul moyen de les inftruire à fond des chofes qu'ils pourroient ignorer. On fera donc à leur égard, ce que le bas Officier fait tous les Samedis, à l'égard des Soldats; il leur lit les articles du Code Militaire, qui les regardent, afin que chacun d'eux s'acquitte de fes fonétions. Auffi pouvons nous affûrer qu'il n'eft aucun fervice où l'éxaétitude & l'obfervation de la Difcipline Militaire, foient auffi rigoureufes que dans le nôtre.

Comme il eft impoffible de prévoir tous les cas à la fois, les Chefs de la Maifon font tenus d'obferver & d'éxaminer tout ce qui s'y paffe; c'eft par là qu'on ajoutera aux premiéres Inftruétions données ce qui pourroit leur manquer en utilité & en perfeétion.

Nous obferverons, en finiffant ce Chapitre, que les Surveillans doivent avoir pour qualités principales. 1°. Une grande douceur. 2°. Beaucoup de docilité à fuivre les Inftruétions qu'on leur donnera par écrit. 3°. De la prudence & du bon fens. Avec ces qualités précieufes, ils doivent être éxempts de deux vices fortement enracinés chez le Peuple, de l'Ivrognerie & de l'Oifiveté.

C H A P I T R E   N E U V I E M E.

Effai fur l'Inftruétion & l'Etude.

On a écrit une infinité d'Ouvrages fur l'Education des Enfans; ils font remplis de règles & de préceptes fur ce qu'on doit leur enfeigner, & ces préceptes font dignes d'être fuivis. Mais on y a oublié l'effentiel, puifqu'on n'y parle point des qualités des Gouverneurs, des Précepteurs; de leurs devoirs par rapport à l'étude, & des moyens qu'il faut obferver dans l'Inftruétion.

Tous ceux qui font chargés des fonétions honorables de peres & de meres auprès des Enfans, doivent faire leur objet principal, 1°. De leur infpirer de la fenfibilité, de leur former un bon cœur, de leur donner des mœurs pures, d'élever leur ame par le récit des aétions nobles & vertueufes. 2°. De leur offrir en tou tems, les principes, les mœurs, les vertus en aétions dans leur propre conduite

3°. D

3°. De ne jamais perdre l'occaſion favorable pour faire connoître aux Enfans les avantages de l'honneur, la néceſſité & l'utilité d'être homme de bien. Pour obtenir ces points importans, il faut une attention continuelle à tous les diſcours, à toutes les actions des Elèves. S'il ſurvenoit des querelles entre eux, c'eſt aux Gouverneurs à les terminer, à raiſonner les torts reſpectifs, à démontrer combien la méchanceté & l'injuſtice ſont odieuſes à la Société, & funeſtes à ceux qui ſont injuſtes & méchans. La connoiſſance de l'ordre qui doit règner dans les devoirs, inſpirera aux Enfans la docilité, l'obéiſſance, la ſoumiſſion, & l'amour du travail ; & ſi les Gouverveurs épargnent à leurs Pupiles, le dégout, l'ennui, la répugnance dans leurs Inſtructions, je leur promets d'avance le ſuccès le plus complet. L'affabilité, la douceur, la politeſſe des Maîtres, accoutumeront les Enfans à être polis & civils dans leurs jeux, leurs amuſemens & toutes leurs occupations ; ils le ſeront encore entre eux, & envers le dernier Domeſtique de la Maiſon. Cette humanité conſolera ceux que la néceſſité a réduits à ſervir les autres.

UNE Loi générale de cette Maiſon eſt d'entretenir dans tous les cœurs la gaieté naturelle, par la liberté des fonctions de l'ame. Etre toujours gai & content, chanter & rire, apprendre avec plus de plaiſir que de peine, c'eſt le moyen ſûr d'avoir le corps ſain, le cœur bon, l'eſprit vif & agréable. Et pourquoi ne procureroit - on pas ces avantages à nos Elèves ? Leurs occupations doivent être entremêlées de plaiſirs innocens. Ces plaiſirs nourriſſent le penchant à l'Etude, en même - tems qu'ils en ſont la recompenſe.

L'USAGE ordinaire eſt de faire aſſeoir les Enfans pendant le tems que durent leurs leçons : une poſition ſi forcée, une ceſſation de mouvement ſi longue, la durée des devoirs, l'état de contrainte ou ſe trouvent les Enfans pendant pluſieurs heures de ſuite, tout cela les fait ſouffrir, les dégoûte de l'Etude, épuiſe leurs forces en pure perte & les rend languiſſans. Il faut leur conſerver leur activité naturelle, leur permettre du mouvement, puiſqu'ils ont beſoin de forces, de vigueur, d'imagination pour l'éxercice des Arts & des Métiers auxquels nous les deſtinons.

UN autre uſage auſſi ridicule s'eſt introduit dans nos Ecoles, depuis le commencement du Chriſtianiſme dans cet Empire ; cet uſage eſt d'apprendre à lire aux Enfans la langue Eſclavonne, au lieu de la langue uſuelle, & d'employer des années entieres à cette Etude. Cette méthode ſera proſcrite de notre Inſtitution. Nos Elèves ſauront lire & parler la langue Ruſſe. Tout le monde doit ſavoir la force & l'étendue de ſa langue naturelle. Le moyen ſans céla de connoître les inſtitutions de l'Empire, les loix des Monarques &c. ? Comment contracter des en-

gagemens folides, former des traités d'importance, établir des correfpondances néceffaires, fans favoir préalablement bien lire, bien écrire la langue ufitée ? Nous
n'entendons pas pour cela rejetter de la Maifon de Mofcou, l'étude de la langue
Efclavonne; elle aura fon tour, & nous la jugeons néceffaire: nos livres de prieres & ceux de notre Eglife, font écrits en cette langue; d'ailleurs la perfection
de la nôtre en dépend. On l'enfeignera donc aux Enfans qui feront doués d'une
conception fupérieure aux autres, & qui par là feront deftinés à des Arts plus re-
levés. Indépendamment de leur langue naturelle, nos Elèves doivent apprendre
les langues étrangeres, afin qu'ils puiffent entendre tous les Livres convenables à
leur état futur. On fent bien que cette loi ne regarde que ceux qui auront les
difpofitions requifes pour en profiter. (k).

On doit regarder tous les Enfans comme des Voyageurs arrivés dans un nouveau monde; ils font naturéllement portés à la curiofité de connoître tout ce
qu'ils voient, & tout ce qu'ils entendent; ils ont un goût décidé pour l'imitation & font tous grands queftionneurs. Si les Gouverneurs & les Surveillans entre-
prenoient de vouloir répondre à toutes leurs queftions, ils fe trouveroient bientôt pouffés à bout. Les Enfans veulent favoir le pourquoi du pourquoi, ou la
raifon de la raifon des chofes qu'on leur explique; il faut donc favoir détourner
adroitement les queftions qu'on ne fent pas à leur portée, & leur donner fur les
autres, des réponfes claires, juftes & convenables à leur âge.

La Promenade eft bien propre à éxciter la curiofité des Enfans; le nombre &
la variété des objets qu'elle offre fucceffivement, ouvre un champ vafte à l'inftruction; cette inftruction fera d'autant plus préférable & profitable qu'elle fe préfente naturellement; l'Enfant la met à profit fans même s'en douter.

Au lieu de répéter fans ceffe aux Elèves, des préceptes moraux, dont ils ne
fentent pas encore l'utilité; on doit écrire fur les murs des différens Appartemens,
ou fur les portes des Chambres, des Salles d'affemblées, les maximes qui doivent être
la bâfe de leur conduite prefente & à venir. Ils les apprendront d'abord par cœur,
& ils ne tarderont pas à vous demander ce qu'elles fignifient. Ces maximes doivent
être d'un grand fens, & en petit nombre; on peut les réduire à celles-ci.

(k) Nos Elèves n'ont pas befoin d'apprendre à lire & à parler felon toutes les règles de la Gram-
maire. Toutes les Grammaires font dégoutantes pour les Enfans, parce qu'elles leur font inintel-
ligibles: je les regarde comme la Métaphyfique de l'efprit & du langage; métaphyfique abftraite qui
exige les efforts de la raifon. C'eft bien affez que nos Elèves puiffent comprendre les Livres de
ceux qui ont écrit fur les Arts & les Métiers. Nous ne voulons pas plus de luxe dans les études & les connoiffances que dans l'Etabliffement de cette Maifon.

„ I. Ne faites jamais à autrui, ce que vous ne voudriez pas qui vous fût fait;
„ mais faites lui tout le bien que vous defireriez qu'on vous fît.

„ II. Comportez vous envers chacun, comme vous voulez qu'on fe comporte
„ envers vous.

„ III. Soyez dociles, humbles & reconnoiffans.

„ IV. Ne foyez jamais ni pareffeux, ni oififs. L'oifiveté eft la mere de tous
„ les vices."

Mais nous répéterons encore ici, que les manieres, la conduite, les mœurs de
tous les Prépofés à l'Education, feront les plus efficaces des Livres moraux, pour
former nos Elèves à la bienveillance, à la bienfaifance, à la vertu.

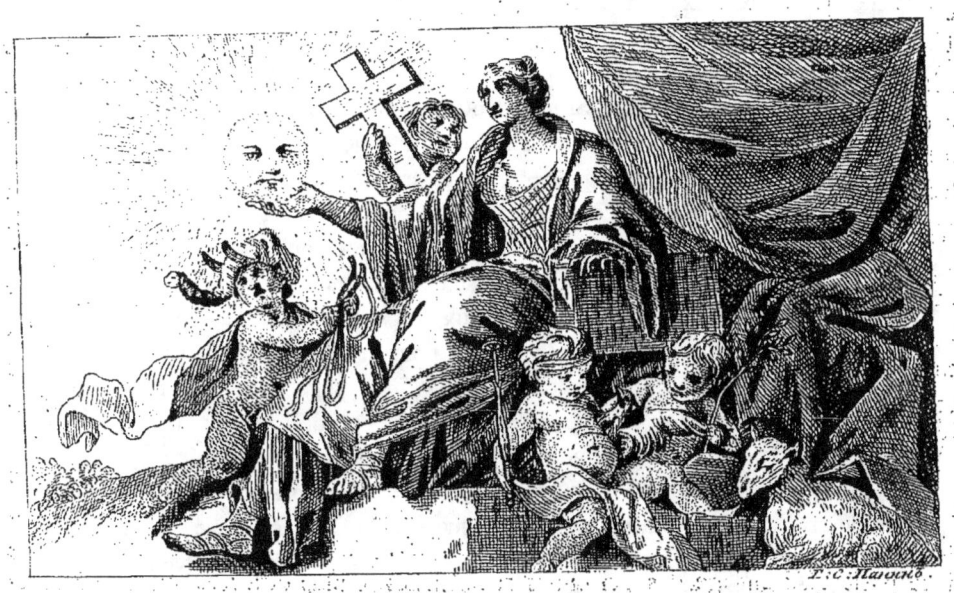

CHAPITRE DIXIEME.

Effai fur la maniere de compofer en langue Ruffe un très petit Livre moral, qui
renferme toutes les connoiffances effentielles à nos Elèves.

Mr. Mosheïm a fait un petit Livre moral élémentaire, à l'ufage des Collèges
de Brunswick-Lunébourg. Cet ouvrage eft bien écrit; mais quelque mérite qu'il
puiffe avoir, l'objet de l'auteur, qui a travaillé pour fon pays, n'embraffe peut-

être pas tout ce qu'il eſt néceſſaire d'enſeigner à nos Enfans. En effet, il ſort des Ecoles Allemandes, des Eccléſiaſtiques, des Hommes deſtinés à remplir les Charges Militaires & Civiles, des Profeſſeurs en tout genre. Nos Elèves, au contraire, ſont dévoués aux différens Arts & Métiers; conſéquemment la Morale qu'on doit leur donner, doit être conforme à leur condition, ainſi qu'à leur deſtination.

Voilà pourquoi les ouvrages de Xénophon, de Plutarque, de Cicéron, de Marc-Aurèle, de Puffendorff, de Locke & de tant d'autres Modernes diſtingués, deviennent inutiles dans cet Etabliſſement, où toutes les règles de la Métaphyſique, tous les raiſonnemens philoſophiques & moraux ne peuvent avoir lieu. Il ne s'agit que d'expoſer ſimplement, clairement, en peu de mots, ce qui peut être entendu, compris & obſervé par nos Elèves.

Les hommes agiſſent bien plus par imitation & par habitude, que par la réflexion & la comparaiſon. Si ceux qui ſont obligés de pourvoir chaque jour à leur ſubſiſtance, viennent à réfléchir ſur leur conduite, ils ne ſe règlent ordinairement que ſur un ou deux préceptes fondamentaux. Un laboureur, ſoit qu'il ſème dans des jours ſereins ou nébuleux, lorſque l'air eſt calme ou agité, devant ou après la pluie; ſi la moiſſon eſt abondante, la méthode qu'il aura ſuivie pour enſemencer ſon champ, lui fera tirer une conſéquence qui règlera toute ſa conduite à venir. Il en eſt de même de ceux dont les travaux & l'induſtrie forment le patrimoine. Les uns & les autres comptent pour *utile* & pour *vertu* ce qui leur réuſſit, & leur procure des avantages; ils regardent pour *nuiſible*, pour vicieux tout ce qui leur eſt contraire. Leurs réflexions ne s'étendent guères au delà, puiſqu'il ne comparent jamais une expérience à une autre.

Je connois les bornes de mes lumières & de mes forces, je me contenterai donc ici de tracer ſimplement la route qui me ſemble la plus ſimple, la plus droite, la plus courte, pour inſtruire nos Elèves avec fruit. Tous mes vœux ſont remplis, ſi ce petit eſſai engage des perſonnes reſpectables & plus éclairées que moi à compoſer l'ouvrage, dont je donne l'eſquiſſe.

I. Il eſt néceſſaire que nos Enfans aient une juſte idée de Dieu; il faut le leur peindre comme un Etre inviſible & tout-puiſſant, créateur & conſervateur de tout ce que nous voyons, & de tout ce qui échappe à notre vue. Le Ciel & la Terre l'annoncent; il eſt la ſource & le principe de tous les biens dont nous jouiſſons dans tous les tems de notre vie. Voilà ce qu'il faut premiérement graver dans leurs cœurs.

II. Il faut leur apprendre que l'homme eſt l'ouvrage de Dieu; que nous devons autant qu'il eſt poſſible imiter la bonté de cet Etre Suprême, en faiſant du bien non feulement à nos femblables, mais encore à tout ce qui refpire & vit, & par conféquent que nous ne devons ni les offenfer, ni leur nuire, directement ou indirectement.

III. Les Bienfaits que Dieu nous difpenfe tous les jours, & à chaque inftant de notre vie, éxigent de nous, l'amour, le refpect, la reconnoiffance, la priere & l'hommage pur de nos cœurs.

IV. Il faut le prier de nous accorder la force & la vigueur du Corps, pour que nos organes puiffent foutenir les travaux journaliers que nous devons faire, & que lui-même à prefcrits à l'homme. Mais en même tems, il faut lui demander un cœur fincere & rempli de l'amour du bien, afin d'être à l'abri des remords, qui font les premiers châtimens des cœurs méchans & pervers. Il écoute les prieres du jufte, il illumine fon efprit ; fes actions lui font auffi agréables, qu'elles font utiles aux autres hommes.

V. L'Exemple & la conduite de tous les Prépofés à l'Education des Eléves, doivent leur prouver évidemment que la vertu confifte dans l'amour & l'accompliffement de nos devoirs ; que ces devoirs renferment toutes les actions dirigées par la bienféance & les loix.

VI. En gravant ces préceptes dans le cœur des Enfans, il ne faut jamais oublier de leur dire, que quelque bonnes que foient les prieres du matin & du foir, elles ne nous rendent agréables à Dieu, que quand nos occupations font louables, & nos actions conformes à la juftice. L'impatience, la pareffe, l'orgueil & tous les autres vices, ne peuvent être rachetés par des prieres dont l'effet eft détruit fur le bord des lèvres. Faites ce qui eft néceffaire, ce qui eft utile à l'homme fociable, fi vous voulez que vos actions & vos prieres foient agréables à Dieu.

VII. Au moment où nous naiffons, nous fommes entourés des befoins de la vie, & nous ne pouvons nous les procurer. Nous devenons donc néceffairement les débiteurs de tous ceux qui prennent foin de notre Enfance, qui nous vêtent, qui nous nourriffent, qui nous inftruifent & nous mènent dans la route que nous devons fuivre pendant le cours de notre vie. Conféquemment, nous fommes obligés d'aimer, d'honorer, de refpecter nos peres & meres ; nous devons leur être foumis, de même qu'à tous nos bienfaiteurs, à nos fupérieurs, &c.

VIII. Nos befoins croiffent avec l'âge, & principalement quand nous approchons de la vieilleffe : il s'enfuit que nous avons befoin de la juftice pour la confervation de nos biens, de notre honneur & de nos jours. Delà, la néceffité de l'Autorité Souveraine, des Tribunaux, des Chefs & des Supérieurs. Sans les Loix du Sou-

Q 3

verain, fans fes foins continuels, fa juftice, fon adminiftration œconomique, nos Ennemis s'empareroient de notre bien, de notre Patrie, & finiroient peut-être par nous détruire; les animaux féroces viendroient nous dévorer dans nos habitations; les grandes routes ne feroient ni libres, ni fûres, ni commodes, ou plutôt, il n'y auroit pas des forêts coupées de quelques fentiers; nos champs incultes ne feroient couverts que de ronces & d'épines; nous n'aurions que des fubfiftances fauvages & cafuelles; nous manquerions des Arts fi néceffaires aux befoins, aux commodités de la vie, en un mot notre vie feroit pire que la mort. De cette infinité de befoins indifpenfables, & de reffources que la fociété nous procure, il réfulte un devoir important, un devoir facré, que rien ne peut enfreindre: ce devoir univerfel, eft celui d'obferver le ferment de fidélité que nous prêtons, dès que nous fommes raifonnables, au Souverain, à la Puiffance Tutélaire & Légiflatrice qui nous conferve la vie & les biens. Nous ne devons épargner ni l'un ni l'autre pour la défenfe & la confervation de fes Droits. Les Enfans de cet Etabliffement, lui doivent encore plus que tous les autres fujets de l'Empire, puifque fa Majefté daigna fixer fes regards maternels fur eux, au moment même où ils alloient périr abandonnés de tout le monde. Sa compaffion, fa charité, fa munificence ont plus fait encore; elles ont élevé des fanctuaires pour leur Education, & c'eft là qu'ils trouveront tous les fecours pour former leurs Corps & leurs Ames. Qu'ils reffentent donc à chaque inftant de leur vie, de quelque état qu'ils foient, dans quelque lieu qu'ils habitent, que la confervation de leur être, leurs talens, leurs profeffions, leur bonheur, leurs jouiffances légitimes, émanent de cette fource féconde en bienfaits.

IX. Nos Eleves doivent favoir que chaque homme en particulier, & tous en général, prennent part aux afflictions, aux malheurs, aux infortunes, qui accablent leurs parens, leurs alliés, leurs concitoyens, & de proche en proche toute l'humanité. Il en eft de ce fentiment, comme de celui que nous éprouvons au récit des calamités qui dévaftent les Royaumes étrangers. Tels font par exemple, la difette, la pefte, les embrafemens qui réduifent en cendres des villes entiéres, les innondations, &c. Quoique nous n'éprouvions pas ces mêmes malheurs, nous fommes très intèreffés dans ces pertes & ces dommages, par les liens réciproques qui uniffent les Nations entr'elles. Tous les hommes ont une origine commune, il faut traiter tout le monde en frere.

X. En reconnoiffant que nous fommes intèreffés dans les malheurs de nos Compatriotes & de nos Voifins, on eft forcé de convenir que leur félicité & leurs avantages réjailliffent fur nous. Cette vérité doit nous exciter à leur être utiles ; car en prenant foin de leur bien-être, nous travaillons indirectement au nôtre.

Pour rendre ces réflexions plus à la portée des Elèves, ne pourroit-on pas les réduire en queftions, de la maniere fuivante.

Qu'est-ce que la Bienfaifance ? La Bienfaifance eft un devoir qui nous infpire le fentiment de faire du bien aux hommes, l'amour de la Patrie, l'amour de l'ordre & de la paix, l'hofpitalité ; les fecours, les travaux, & les talens utiles, font autant de moyens qui caractérifent la Bienfaifance.

Qu'est-ce que l'Hofpitalité, demanderont les Enfans? En quoi confifte t'elle?

Elle confifte à bien recevoir, à nourrir, à confoler, à fecourir ceux qui nous demandent un azile & des fecours. C'eft un à-compte de la dette que nous avons contractée envers la Société.

Qu'est-ce que l'amour de l'ordre & de la paix ?

L'Amour de l'ordre eft l'obfervation des Loix phyfiques & morales, qui gouvernent le monde & les êtres. Si la vertu confifte dans l'accompliffement de nos devoirs, la paix qui nous procure la facilité de les remplir, eft le principal bonheur de l'homme. L'ordre & la paix ont été établis par Dieu même, comme une fource d'union & d'amour entre les créatures. S'ils doivent règner entre tous les Citoyens d'un même état, à plus forte raifon doivent-ils règner entre des Chrétiens.

Celui qui fe conformera aux Loix divines & humaines, qui ne s'énorgueillit point de fa naiffance & de fes talens, qui ne cherche pas à s'élever aux dépens des autres, qui ne veut pas gouverner injuftement fes femblables, qui n'abufe jamais du pouvoir que le Souverain lui a confié, en un mot, qui fuit en tout un milieu jufte & raifonnable : celui-là obferve l'ordre, aime la paix ; il en infpirera le fentiment à tous ceux avec lefquels il vit. Bien loin de leur ravir leur pain, leur falaire, leurs récompenfes, il fe fera un devoir de les leur affûrer. Si deux perfonnes fe querellent, s'outragent mutuellement, l'ami de l'ordre & de la paix, s'efforcera de les rétablir entr'elles, de les réconcilier par des paroles pleines de douceur & d'affabilité. Un tel homme rapproche les familles divifées, les fociétés défunies, & procure la tranquillité à tous ceux avec lefquels il vit. L'homme qui aime la paix, poffède toujours une vertu bien utile, qui eft la patience.

Qu'eft-ce que la Patience ?

C'est une vertu qui nous fait fupporter tranquillement les défauts, les vices des autres hommes. Les cas où elle eft néceffaire fe prefentent à chaque inftant:

chaque fociété a des hommes d'un caractère dur , incivil, d'une conduite déré-glée , qui font infolens dans leurs paroles, artificieux dans leurs difcours & méchans dans leurs actions. Des hommes pareils femblent être nés uniquement pour la dé-funion ou la deftruction de la Société. L'unique moyen feroit de les fuir quand on le peut, comme on évite les rugiffemens d'une bête féroce , ou les cris d'un enragé, d'un furieux qui a perdu l'efprit. Mais fi nous fommes forcés de vivre, de voyager, d'avoir des relations avec eux , il faut s'armer d'une patience à toute épreuve. Il en eft de même de tous ceux dont les idées & les opinions diffèrent des nôtres en quel genre que ce foit, mais furtout dans ce qui concerne la religion. Si vous entendez un Samoyède exalter le Paganifme , ou un Tartare fe glorifier d'être Mahométan, fupportez-les ; foyez patient ! Ils font hommes comme vous: vous pouvez les plaindre , mais vous n'avez pas le droit de gouverner leur efprit. Ils ne penfent différemment de vous, que parce qu'ils ont fucé d'autres principes ; priez Dieu de leur faire connoître leur erreur & de les ramener dans le vrai che-min. Le Culte eft une affaire entre Dieu & l'Homme ; quant aux actions fociales, il n'appartient qu'aux Souverains, qu'aux Chefs de la Juftice-humaine, d'apprécier les crimes, & d'infliger les châtimens qu'ils meritent.

Qu'eft-ce que l'amour du Travail?

C'est le défir ardent de profiter des inftructions que l'on nous donne, pour en faire notre profit particulier , & pour l'avantage de la Société : ce défir naît de l'obéiffance à l'ordre, de la juftice & de la reconnoiffance. Travailler n'eft autre chofe que de remplir un devoir ; qu'acquitter une dette contractée envers ceux qui font nos guides, nos Inftituteurs, ainfi qu'envers les bienfaiteurs qui nous gouvernent, nous protègent & nous défendent. Celui qui travaille avec zèle , avec amour, felon fon rang & fa deftination, ne s'occupe jamais de nuire aux au-tres. Le Travail eft le bouclier de la vertu ; il eft l'aliment perpétuel de l'ef-prit, & le préfervatif néceffaire au cœur. Les Souverains eux-mêmes, ceux qui font attachés à leur perfonne, qui exécutent les fonctions importantes de l'Etat , travaillent fans ceffe : s'ils reftoient oififs, ils feroient bientôt privés du degré de puiffance & d'autorité donc ils jouiffent. *

Le Travail eft un maître impérieux & doux, qui fous un front févère nous cache des avantages certains. L'homme qui lui obéit en reçoit l'entretien, le bien-être, les commodités ; par conféquent il n'eft à charge, il ne caufe de dommage à perfonne.

Qu'eft-

Voyés le Petit code de la raifon humaine &c. xxix. *Note de l'Editeur.*

Qu'eſt-ce que la Juſtice ?

La Juſtice eſt une vertu qui conſiſte à rendre à chacun, ce qui lui appartient en propre. L'homme juſte ne nuit jamais, n'envie point, ce qui appartient aux autres hommes; il reſpecte leur honneur, leur réputation, leurs talens, leurs propriétés, il compte avec lui-même, il ne contracte jamais de dettes que celles qu'il peut payer, il ne trompe, il ne ruíne perſonne, il n'eſt point en butte à la haine, aux procès, il ne s'expoſe jamais au parjure, à l'ignominie ; content de lui-même, il n'eſt point réveillé par les remords & par les plaintes de ceux qu'il a rendus malheureux ; la douceur de ſon ſommeil répare ſes forces, conſerve ſa ſanté, qui eſt le plus précieux des biens que Dieu ait accordés aux hommes.

Toutes les Loix Civiles des anciens Perſes, étoient compriſes dans ces trois points qui ſuivent.

Ne jamais mentir. N'être pas oiſif. Ne devoir rien.

Il eſt impoſſible à l'homme de vivre ſeul : les perſonnes mêmes les plus déréglées cherchent à faire des liaiſons conformes à leurs mœurs. Voulez-vous remonter à la ſource de leurs dérèglemens? C'eſt l'oiſiveté qui leur a donné naiſſance. Quand on ne s'occupe pas du bien, on s'occupe néceſſairement du mal. Voilà le principe du libertinage, de toutes les eſpèces de débauches, des querelles, de la médiſance, de la calomnie & de preſque tous les vices de la Société. Ceux qui ſe comportent ainſi, ne tarderont pas à tomber dans la miſere; la néceſſité les obligera ou de vivre aux dépens d'autrui, ou d'employer le vol, la rapine & le meurtre. L'impoſſibilité d'acquitter leurs dettes, les rendra menteurs, parjures, & perfides; & pour comble de malheur enfin, leurs éxemples produiront des Emules. A ce point la Société n'offre plus qu'une réunion de Brigands & de Meurtriers. En faut-il davantage pour perſuader à l'homme Chrétien, que le Travail tient le premier rang parmi les vertus. La vertu conſiſte dans l'amour & l'accompliſſement de nos devoirs. Or, tout homme adulte eſt chargé par Dieu même, de pourvoir pas ſon travail, à ſa propre conſervation, à ſon propre bien-être, ſous peine de ſouffrance & de mort. C'eſt la premiere Loi que Dieu fit au premier homme après ſa déſobéiſſance: Tu mangeras ton pain à la ſueur de ton front. Si cette loi eſt un châtiment, il faut convenir que ce châtiment eſt celui d'un bon pere. Le Travail eſt le vrai repos de l'ame: l'oiſiveté qui engendre tous les vices, en eſt le tourment. Mais pour aimer le travail dans l'adoleſcence, il faut

Tome I.　　　　　　　R

le faire aimer & pratiquer dès la jeuneſſe; c'eſt auſſi le premier devoir preſcrit dans cet Etabliſſement: ce devoir eſt une loi dont la ſanction eſt inévitable.

Voilà, à peu-près les Elémens, les Préceptes, les Maximes, d'après leſquels on devroit compoſer l'abrégé-moral, néceſſaire aux Elèves. Il eſt facile d'y ajouter les choſes eſſentielles; & de les éclaircir par des remarques. Mais on doit bien ſe garder de rendre cet abrégé trop étendu, il faut qu'on puiſſe le lire en entier, dans l'eſpace d'une heure; car les Elèves doivent le ſavoir par cœur, avant leur ſortie de la Maiſon. Le ſtile de ce Livre élémentaire, doit être ſimple, clair, & à la portée de tout le monde.

CHAPITRE ONZIÉME.

Des Châtimens.

RIEN n'eſt peut-être plus difficile que de fixer la nature des peines & des châtimens, propres à punir les abus, les fautes & les délits, qui peuvent ſe commettre dans cet Etabliſſement: ſi d'un côté le nombre des fautes & des délits journaliers, ſemble exiger la néceſſité des punitions; de l'autre, la nature de l'homme ſemble les éxclure. D'ailleurs, ſi nous réfléchiſſons ſur le peu de ſuccès des Inſtitutions où les châtimens ſont en uſage, que penſer de leur utilité pour procurer le bien qu'on ſe propoſe ici? La ſévérité des loix, les peines décernées contre les infracteurs de l'ordre, les ſupplices mêmes les plus affreux, ne retiennent pas les hommes déterminés à faire le mal; l'exemple même des châtimens ne les corrige pas. Ne vaudroit-il pas mieux établir des loix propres à prévenir le mal, que d'en promulguer pour le punir? Commencez par inſtruire les hommes, diſoit un Empereur-Chinois, vous ſerez rarement dans le cas de leur infliger des peines. Cette réflèxion admirable, nous fait ſentir en deux mots, la néceſſité & l'utilité de l'Education. Que ne peut-elle pas ſur nous, puiſqu'elle attache les animaux domeſtiques, & qu'elle apprivoiſe même les animaux les plus féroces?

A ces réflexions, il faut en ajouter une autre en faveur des ſubalternes de l'un & de l'autre ſèxe, employés dans cet Etabliſſement. Elevés par des parens groſſiers, preſque continuellement maltraités, battus par ceux qui les commandent & les emploient dès leur Enfance, on les a traités plus inhumainement qu'on ne traite les animaux. Ils doivent être traités en hommes dans cette Maiſon; ce traitement qui eſt juſte, leur inſpirera de la douceur, de la complaiſance & de l'affabilité envers tous les Enfans. Cela n'empêchera pas les Chefs de l'Etabliffement de les furveiller, & de fe faire rendre compte de leur conduite, ainfi que de celle de tous les autres Prépofés : & nous avons déja indiqué la maniere dont il faudra s'y prendre pour punir ceux qui commettent des fautes graves. Revenons à nos Elèves ; fi dès l'Enfance on fe conduit avec eux de la maniere prefcrite, nous fommes fondés à efpérer que les châtimens feront inutiles, ou que du moins l'ufage en fera bien rare.

On doit donc regarder comme une loi immuable de ne jamais battre ces Enfans, pour quelque raifon que ce puiffe être : ce ne font pas les coups qui infpirent une crainte utile, ce font l'amour & le refpect. Plus les châtimens font rares, plus auffi la crainte agit fur les hommes, & principalement fur les Enfans. Une menace qui leur infpire la terreur les abat, les décourage ou les révolte ; elle altere leur fanté, elle détruit leur vivacité naturelle, & finit par endurcir leurs cœurs. Dès qu'une fois ils ont perdu cette fenfibilité naturelle, qui eft la mere des vertus fociales, ils deviennent durs, fombres, hypocrites, diffimulés, trompeurs, mal-veillans, vindicatifs & cruels ; ils goutent un plaifir fecret à traiter les autres avec la barbarie qu'on a employée envers eux.

Ainsi les coups doivent être bannis ; les menaces mêmes, fi elles font néceffaires, doivent être rares ; & fi l'on eft obligé d'employer les châtimens, on aura recours aux plus légers : par éxemple : on peut, relativement à l'âge de l'Enfant, le faire tenir de bout pendant une ou deux heures, fans lui permettre de s'appuyer fur quoi que ce foit.

Une punition très fenfible aux Enfans eft de ne pas les laiffer s'amufer, jouer, & fe promener avec les autres : aucun d'eux n'aime le repos, la contrainte, la privation ; tous les Enfans defirent vivement.

Un autre moyen à employer, eft de leur faire d'abord des reproches en particulier, de raifonner leurs fautes avec eux, de leur en faire fentir les conféquences, en les exhortant à fe corriger.

Si ce moyen ne fuffifoit pas, on leur feroit honte, par une réprimande publique. Les fautes les plus graves éxigent des moyens plus puiffans : on peut les priver des chofes qu'ils aiment le mieux, les mettre au pain & à l'eau pendant douze & même vingt-quatre heures ; défendre à leurs Compagnons d'en approcher, leur attacher un Ecriteau fur la poitrine, qui fera connoître les défauts, ou les vices de celui qui le portera.

Il n'eft pas poffible d'indiquer ici une peine particuliere pour chaque faute, il faudroit parcourir tous les vices du cœur & de l'efprit, & tous les effets des paffions de l'ame. Les Supérieurs & les Surveillans doivent étudier les caracteres, les penchans, les défauts des Elèves, & se conduire conséquemment avec eux. Cette connoissance est difficile, mais elle n'est pas impossible à acquérir. En général il faut punir les Enfans par le côté sensible que l'on aura observé: le glorieux doit être puni par l'humiliation, on l'obligera à servir ses camarades; le gourmand sera puni par la privation de l'objet de sa gourmandise; ainsi des autres vices particuliers.

Il est bon d'observer que les peines doivent toujours être proportionnées aux fautes des Elèves, & qu'il faut bien distinguer les fautes commises sans dessein, par manque de jugement ou par ignorance, de celles que peuvent commettre la ruse, l'artifice & la malice palpable. On ne pardonnera point le mensonge & l'injustice, on les punira plus sévérement que les autres vices.

Pour observer un ordre dans les châtimens & pour en faire un choix judicieux, il est nécessaire de composer un petit ouvrage, ou une espèce de Code pénal, que l'on fera imprimer & lire aux Enfans.

Les Surveillans & les Précepteurs doivent le savoir par cœur. Ce Code renfermera des préceptes auxquels les Elèves feront tenus de se conformer. Par exemple;

On doit obéir à son Pere, à sa Mere, à ses Supérieurs, à ses Précepteurs, à ses Surveillans; celui qui y manquera fera puni de telle maniere. La peine fera indiquée à la suite de chaque précepte.

Il faut vivre honnêtement & paisiblement avec tout le monde.

Celui qui insultera, qui maltraitera son Camarade, subira tel châtiment.

Chacun doit vivre de ce qui lui appartient en propre, sans endommager, sans anticiper, sans prendre la part d'autrui. Celui donc qui ôtera le pain à quelqu'un, ou toute autre chose, qui lui appartient, soit par violence, par artifice, par tromperie, fera puni le plus sévérement de tous.

Tous les hommes doivent être laborieux. La perte du tems, la paresse incorrigible méritent le même châtiment que le larcin, puisque c'est un vol fait à la Société.

Nous avons dit qu'avant de punir, il falloit instruire. On instruira donc les Elèves qui tomberont dans des fautes; on les avertira une premiere & une seconde fois, si la faute n'est pas confidérable. On leur fera lire dans le Code même la peine qu'ils ont encourue. Il résultera de bons effets de l'observation d'une pareille conduite: la connoissance de ces préceptes, la nécessité de s'y conformer, le châtiment prescrit, pour ceux qui ne s'y conformeront pas, feront fentir aux Elèves, que ce n'est pas par humeur, ni par caprice, ni par partialité, que leurs Supérieurs les châtient; mais qu'ils font punis justement, en vertu d'un Règlement qu'ils connoiſſent, & qu'ils ont transgreſſé : par là ils ne regarderont aucun de leurs Chefs comme tyranniques. Il en réſultera encore un autre avantage bien important : c'eſt que les Elèves, dès la plus tendre enfance, auront des notions palpables de ce qui eſt juſte ou injuſte ; ils ſentiront d'eux-mêmes, les actions qui méritent la louange ou le blâme, la récompenſe ou le châtiment.

Je crois que ce que nous venons de dire doit ſuffire, pour orienter les Surveillans. La prudence, l'obſervation exacte, l'éxpérience journaliere, leur fourniront des moyens ſûrs pour ſe conduire dans tous les cas qui auront du rapport avec ceux-ci.

CHAPITRE DOUZIEME.

Réſumé de ce que nous avons dit plus haut.

Quoique nous ayons tracé la marche que l'on doit ſuivre dans cet Etabliſſement, tant relativement à l'Education des Elèves, qu'à leur apprentiſſage des différens Arts & Métiers, on ne doit pas regarder comme un hors dœuvre le Corollaire qui va ſuivre ; il ſervira à donner une idée plus juſte & plus claire de leurs devoirs aux Supérieurs, ainſi qu'à tous les Prépoſés de cette Maiſon d'Education. Ils ne doivent jamais oublier qu'ils en ſont les Gardiens & les Conſervateurs.

Cette Inſtitution a pour but principal deux choſes de la plus grande importance pour cet Empire 1°. d'élever des hommes ſains, robuſtes, vigoureux, capables de ſervir utilement & glorieuſement leur Patrie, en éxerçant les différens Arts & Métiers dont elle a un beſoin indiſpenſable. 2°. En s'occupant de ce grand objet, de former le cœur & l'eſprit de la jeuneſſe, afin de rendre chaque Elève utile à lui-même & aux autres, par la pratique des vertus chrétiennes & des vertus ſociales.

La cauſe de la foibleſſe du tempérament des hommes, & la ruine des tempéramens les plus robuſtes, ne ſont pas difficiles à deviner ; l'une & l'autre viennent de la négligence à obſerver les préceptes de Phyſique & de Gymnaſtique qui concernent l'Education. Le fait eſt ſi vrai que les maladies héréditaires même ſe guériſſent quelquefois par les ſecours de l'Art, quand il ſe conforme à ces préceptes. Nous en avons des expériences déciſives (1).

(1) Nous avons eu occaſion d'obſerver que pluſieurs Enfans nés de Peres & Meres mal ſains étoient attaqués de maladies graves, quelques-uns même avoient les bras & d'autres membres perclus. Trois ans après leur réception à l'Académie Impériale des Arts, ils ſont devenus ſains & robuſtes, ils ont ſupporté, ſans en ſouffrir, tous les excès du chaud & du froid, & toutes les intempéries des Saiſons.

R 3

Si vous voulez donner aux Enfans une bonne conftitution, élevez les au-deffus des préjugés reçus, éloignez-vous des ufages ordinaires; les uns & les autres font auffi contraires à la Nature, que nuifibles au développement de l'Efprit. La mauvaife nourriture, le défaut de propreté, le mauvais air, trop de repos, les mauvais traitemens, les coups donnés fur la tête, des punitions cruelles, une crainte fervile, la privation des amufemens & des éxercices en plein air, voilà la caufe de la dégénération des hommes, & de l'abrutiffement des efprits. Qui fait même, fi toutes les paffions funeftes, tous les vices, tous les crimes, qui inondent la Société ne viennent pas de cette fource?

Les Précepteurs & les autres Prépofés à l'Education, ne les détruiront jamais, dans quelque pays que ce foit, tant qu'ils fuivront une routine aveugle, tant qu'ils ne s'occuperont qu'à donner à leurs Elèves une infinité de notions inutiles, tant qu'ils les puniront gravement pour des fautes légeres, tant qu'ils ne leur offriront que de mauvais éxemples à fuivre & qu'ils les forceront à être toujours attachés fur dés Livres qu'ils n'entendent pas, parce qu'ils font au-deffus de la portée de leur âge. Ce que nous blâmons juftement ici eft malheureufement en ufage chez les Nations les plus douces, les plus policées de l'Europe. Jufqu'à quand faudra-t'il citer la conduite des Sauvages envers leurs Enfans, pour perfuader aux Européans la néceffité de fe conduire comme eux pour acquérir la perfection phyfique qui manque à leur Education?

La Nature eft le modèle de tous les Arts: l'art de l'Education doit être conforme à la Nature. Cette conformité rendra le corps robufte & fain. Plus le corps eft fain, plus auffi l'efprit de l'homme eft propre à l'Inftruction: la bonne Inftruction eft le frein le plus puiffant que l'on puiffe oppofer aux paffions, & les corps foibles en font plus fusceptibles que les corps vigoureux, par la raifon que la corde foible raifonne à la moindre vibration, tandis que la baffe fe taît. Il fuit de là, que plus le corps de nos Enfans fera fain, plus il fera facile d'obtenir les fruits de leur Education.

On fe hâte communément d'appliquer les Enfans aux fciences, de les accabler de travaux; ceux qui fe conduifent ainfi font des Jardiniers bien mal-adroits, leur efpérance fera trompée; quand on preffe trop l'accroiffement & la maturité d'un fruit, il faut bien qu'il avorte. Il en eft de l'Education précoce comme de la végétation forcée. Une attention effentielle eft de donner à l'efprit, le tems & les inftructions dont il a befoin; & ces Inftructions doivent toujours être relatives à la condition des Elèves, ainfi qu'à la profeffion qu'ils éxerceront dans le monde.

Voilà des vérités qui doivent fe graver en caractéres inéffaçables, dans le cœur & dans l'esprit des Tuteurs de cet Etablissement & sur-tout dans ceux du premier Surveillant & de la premiere Surveillante. Les uns & les autres doivent observer à la lettre tout ce qui est prescrit jusqu'ici. Les difficultés ne peuvent servir ni d'obstacles, ni de prétextes; il en est de même des dépenses à ce sujet; elles seront toutes louables, toutes approuvées par le Conseil, dès qu'elles seront nécessaires & par conséquent utiles au bien, aux avantages, aux succès de cet Etablissement auguste. Les Chefs de la Maison peuvent être sûrs de mériter par là, les éloges, l'amour, le respect, la reconnoissance du Public. Mais ce n'est que par le choix éclairé des hommes, que par l'amour de l'ordre, des devoirs & de la subordination, que par une surveillance générale, que par un zèle patriotique & bienfaisant; en un mot que par l'observation religieuse des Statuts & Réglemens de cette Maison, qu'elle deviendra vraiement utile & nécessaire à la Patrie.

CHAPITRE TREIZIEME.

Réflexions sur les différens Etats propres à nos Elèves, & sur ce qui peut leur arriver après leur sortie de la Maison.

PIERRE LE GRAND, qui vouloit se créer un Peuple nouveau, eut le courage de descendre du trône, pour aller s'instruire des Usages, des Coûtumes, des Loix, des Mœurs, des Sciences, des Arts, des Métiers mêmes, qui distinguent les Nations policées, des Peuples barbares. Les lumieres qu'il acquit sur ces objets divers, lui firent comprendre toutes les difficultés d'introduire les Sciences, les Arts, les Métiers, dans son Empire, & d'y former les Etablissemens qui sont en vigueur dans les pays Etrangers; peut-être même désespéroit-il du succès, par la raison que les Loix, les Mœurs, les Constitutions de la Russie, différoient entiérement de celles des autres Etats Européans.

PIERRE LE GRAND avoit du génie, & sur-tout une pénétration admirable: (m) il eut recours au seul moyen propre à seconder ses vues patriotiques. De retour dans ses Etats, ce Voyageur Auguste y rapporta les connoissances dont son Peuple avoit

(m) PIERRE LE GRAND étoit né avec un fond de génie naturel, que l'éducation la plus négligée n'avoit pu étouffer: cette mauvaise éducation lui avoit donné les vices des Grands Hommes; mais la Nature plus forte qu'elle, avoit accordé à ce génie extraordinaire les qualités des grands Rois. Aucun Monarque n'a plus aimé que lui la vérité, & la droiture; aussi punissoit-il cruellement le mensonge, la friponnerie, l'injustice; depuis Socrate, aucun homme que je sache, n'a su mieux pénétrer l'intérieur de l'homme, son tact tenoit du prodige: j'en fais des traits incroyables qui sont exactement vrais. Ce Prince a donné au monde un spectacle bien rare. Il fut à la fois Législateur, Monarque absolu, Patriarche, homme d'Etat, homme de Guerre, homme de Mer, Artiste & Artisan.

befoin, il fit plus : il daigna lui fervir d'éxemple, de guide, de modèle en tout gen-re. Il vécut affez pour fa gloire, mais trop peu pour le bien de fes Sujets.

Il étoit fans doute réfervé à CATHERINE II. de fuivre, d'éxécuter l'ouvrage immortel que Pierre le Grand avoit eu le courage d'entreprendre : c'eft à nous à employer tous nos efforts pour feconder les vues magnanimes de cette Souveraine. Elle a fixé fes regards fur les befoins les plus preffans de fon Empire, en formant des Etabliffements pour l'Education Publique ; fervons-nous donc des moyens efficaces pour les faire profpérer ?

Après avoir donné une Education honnête & vertueufe à nos Elèves, après avoir éclairé leur efprit, par la connoiffance de leurs devoirs, de leur deftination future, il faut s'occuper des objets relatifs à cette même deftination.

On établira donc, autour de l'enceinte de cette Maifon, des Atteliers, des Fa-briques, des Manufaétures pour tous les Arts & Mêtiers dont la Société a un be-foin journalier & indifpenfable. On tirera d'abord des Pays Etrangers, des Arti-ftes, des Artifans, des Fabriquans, des Manufaéturiers habiles pour enfeigner à fond les Arts & Mêtiers à nos Elèves. Les qualités effentielles de ces Etrangers font les bonnes mœurs, la bonne conduite, le zèle & l'affiduité. Sans cela, ils ne feront point admis dans notre Etabliffement. Quand ils auront formé de bons Elèves, ceux-ci deviendront Maîtres à leur tour, & fuppléeront aux Etrangers.

Les ouvrages des Maîtres & des Elèves, feront tous vendus au profit de la Mai-fon, conformément aux Statuts de la première partie du Plan Général. Les Elèves qui auront été choifis pour les Arts & Mêtiers, feront un Apprentiffage de fix à fept ans, avant leur fortie de la Maifon; ils feront entretenus d'une maniere confor-me à leur Education. On s'occupera de leurs mœurs encore plus que de leurs fuc-cès. Les plus vertueux, les plus habiles, feront choifis pour faire la fonétion de Sous-Maîtres, jufqu'à ce qu'ils foient en état de devenir Maîtres à leur tour.

Les Tuteurs n'oublieront pas qu'avant la fortie des Elèves, de l'un & de l'autre fèxe, ils doivent avoir foin de les unir par le mariage, fans les y forcer, mais au-tant que le penchant naturel, la bienféance & la loi le permettent.

On eft fondé à éfpérer, qu'avant de quitter entiérement la Maifon, ces Elèves auront acquis par leurs travaux, un petit fond, qui fuffira pour ne pas les obli-ger de parcourir les Provinces, & de chercher de l'emploi ailleurs. Il feroit très-avantageux qu'ils puffent établir des Fabriques ou entrer dans le Commerce : ils en auroient moins d'occafions pour perdre leurs mœurs, & produiroient plus fûre-ment & plus vifiblement une nouvelle génération d'hommes. Il en réfulteroit en-

core

core un autre bien, c'eſt que les Elèves qui ſortiront dans la ſuite, travailleront avec eux avec le plus grand ſuccès. Les uns & les autres ſeront toujours ſous la protection immédiate des Tuteurs & Curateurs de la Maiſon, dans quelques lieux de l'Empire qu'ils exercent leur profeſſion.

Ce n'eſt pas ſans raiſon que le Conſeil des Tuteurs ne doit jamais perdre de vue les Elèves de la Maiſon.

Il n'y a que deux Etats dans l'Empire de Ruſſie: *la Nobleſſe & la Servitude.* Mais par les Privilèges accordés à cet Etabliſſement, nos Elèves & leurs deſcendans ſeront libres à jamais, & compoſeront un *Tiers-Etat.* Il faut prévoir d'avance quelles ſeront ſes reſſources, lorſqu'il ſera diſperſé dans l'Empire. Il paroît au premier coup d'œil, que la Ruſſie les employera utilement dans les Fabriques & les Manufactures établies dans ſes villes principales, puiſqu'elle a des Minéraux en tout genre, des Chanvres, du Lin en abondance, de la Soie, du Cotton &c. On en conclura que nos Elèves des deux ſexes, inſtruits dans les differens Arts & Métiers, trouveront aiſément leur ſubſiſtance & leur bien-être, en s'aſſociant avec nos Marchands, nos Artiſans & autres Fabricateurs.

Cela devroit être ainſi: mais les hommes du commun ſe conduiſent bien plus par leurs préjugés que par leur raiſon. La plûpart de nos Marchands & de nos Fabriquans, n'aiment & ne ſuivent que les anciens uſages; ils attachent encore de la piété & de l'honneur à porter la Barbe; leurs mœurs ſont ſuperſtitieuſes & groſſieres; les novations utiles leur déplaiſent; ils ſont incapables d'en ſentir les avantages. Dans cet état des choſes, il n'eſt pas aiſé de détruire l'envie, la haine, l'obſtination, les préjugés de l'habitude, & les autres vices que produit la mauvaiſe Education. Nos Elèves peuvent être les victimes de cette antipathie mal fondée; & les hommes que nous venons de peindre, les mépriſeront peut-être trop, pour s'aſſocier avec eux. D'un autre côté, en ſuppoſant même cette aſſociation, ne doit-on pas craindre qu'une grande partie de ces nouvelles plantes, tranſportées d'un bon ſol dans un mauvais, ne dégénèrent? Un pareil malheur ne menace heureuſement que les premieres ſorties de cet Etabliſſement; les autres auront des reſſources qui manquent à celle-ci. Il eſt évident qu'alors, la maſſe des mœurs, des lumieres, des talens, étant plus conſidérable, nos Elèves ſeront empreſſés de vivre, de travailler avec des Maîtres, ou Sous-Maîtres, qui auront été élevés & inſtruits comme ils l'ont été eux-mêmes.

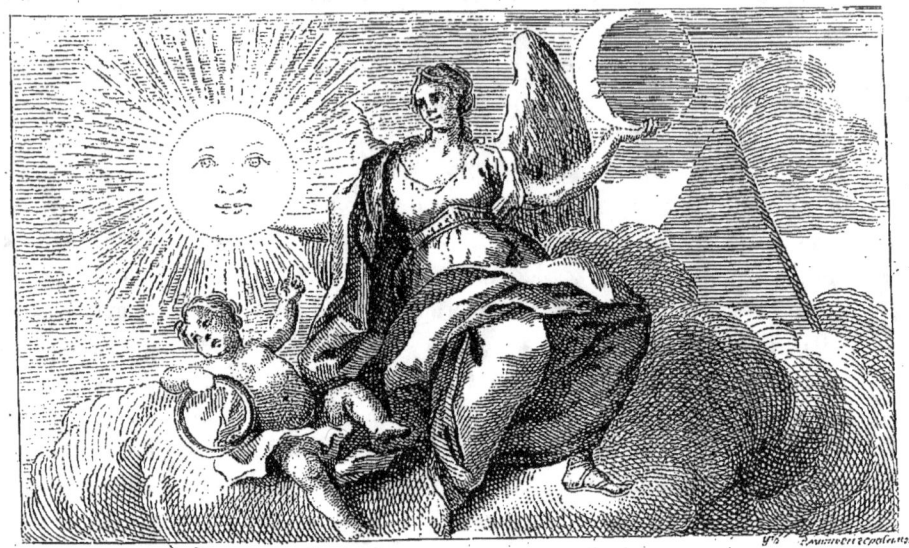

CHAPITRE QUATORZIEME.

De la Fondation & de l'Inauguration de la Maison Impériale des Enfans-Trouvés.

LE 21 d'Avril 1764 , eſt le jour de naiſſance de SA MAJESTÉ IMPÉRIALE ; ce jour glorieux eſt l'Epoque de la conſervation d'un nombre prodigieux d'Enfans dé-voués à la mort, ou à la miſère, qui deviendront des Sujets utiles au bonheur & à la gloire de la Nation. C'eſt par cet acte de charité , de patriotiſme & de mu-nificence , que CATHERINE II. a ſignalé les commencemens de ſon règne.

    Pour célébrer cet acte de bienfaiſance , tous les ordres de l'Empire ſe raſſemblerent dans la Cathédrale de Moſcou : on en ſortit en proceſſion , pour ſe rendre à la pla-ce deſtinée pour la fondation de cette Maiſon. Un Peuple innombrable termi-noit cette auguſte proceſſion. Arrivés à la Place dont nous parlons, l'Archevêque & le Clergé chanterent le TE DEUM , pour la conſervation & la durée du Rè-gne de SA MAJESTÉ IMPÉRIALE. Le *Te Deum* fini, l'Archimandrite Génadié pro-nonça le ſermon ci-après , fidèlement traduit ; enſuite on bénit l'eau dont on ar-roſa la place , & l'on poſa les fondemens de la Maiſon.

    LE Général , felt-Maréchal & Chevalier Soltikoff , poſa la première pierre de l'Etabliſſement, au nom de ſon Auguſte Fondatrice , & au bruit du Canon. On a gravé ſur cette première pierre une Inſcription qui déſigne le tems de la fonda-

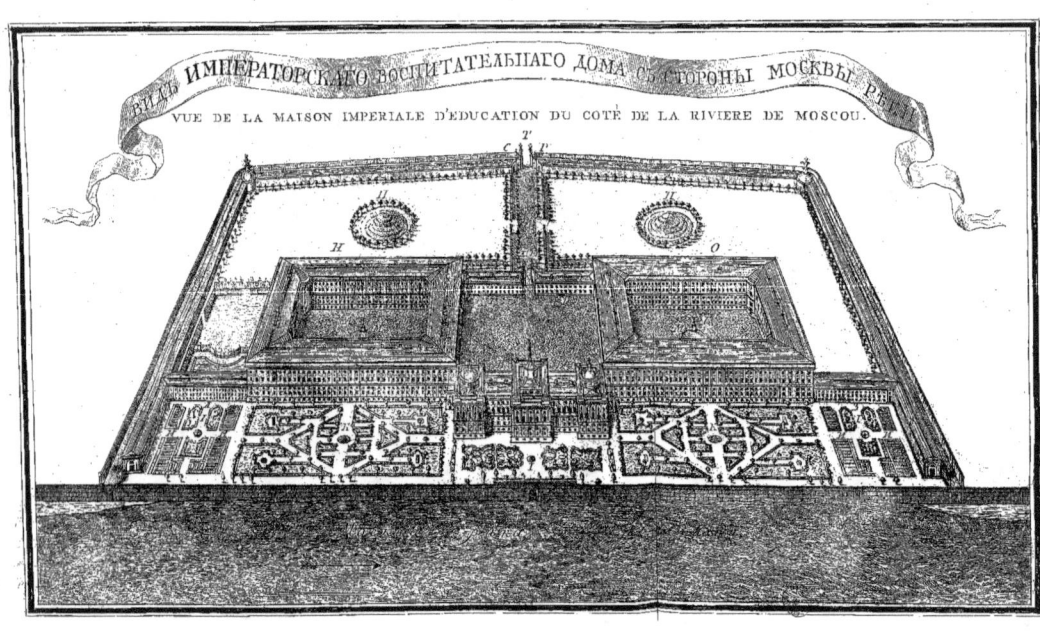

ВИДЪ ИМПЕРАТОРСКАГО ВОСПИТАТЕЛЬНАГО ДОМА СЪ СТОРОНЫ МОСКВЫ РѢ

VUE DE LA MAISON IMPERIALE D'EDUCATION DU COTÉ DE LA RIVIERE DE MOSCOU.

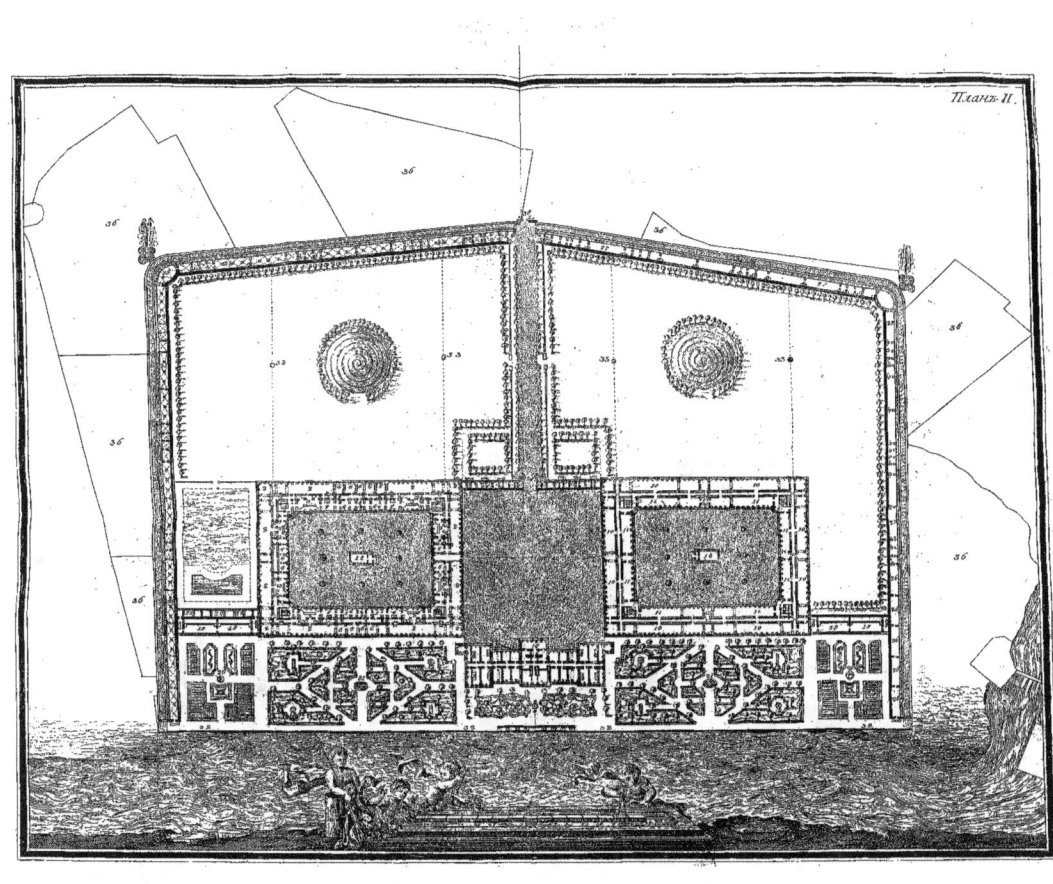

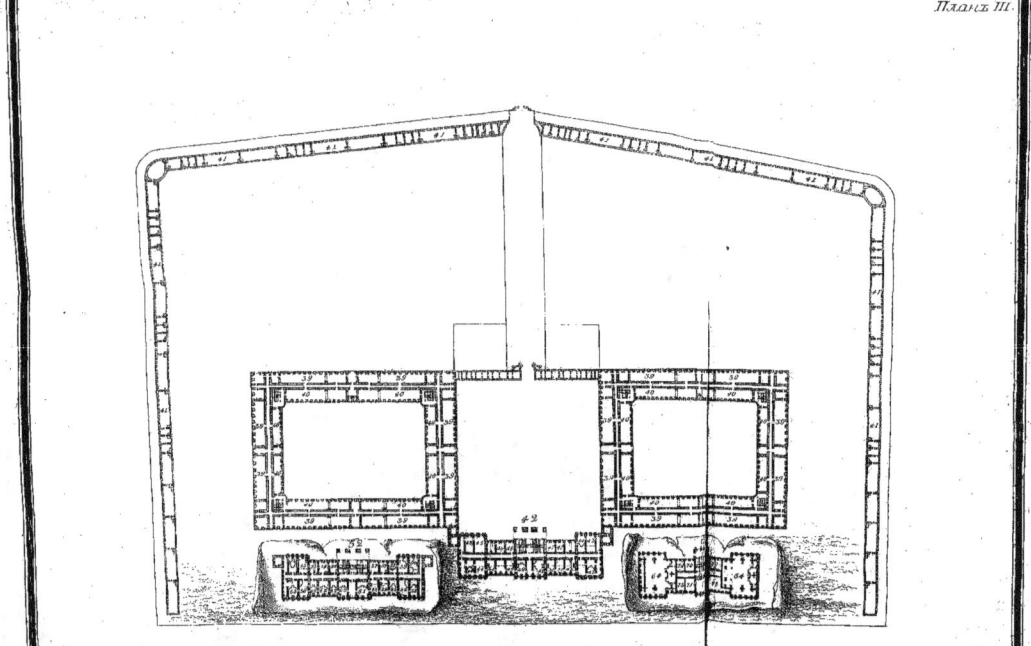

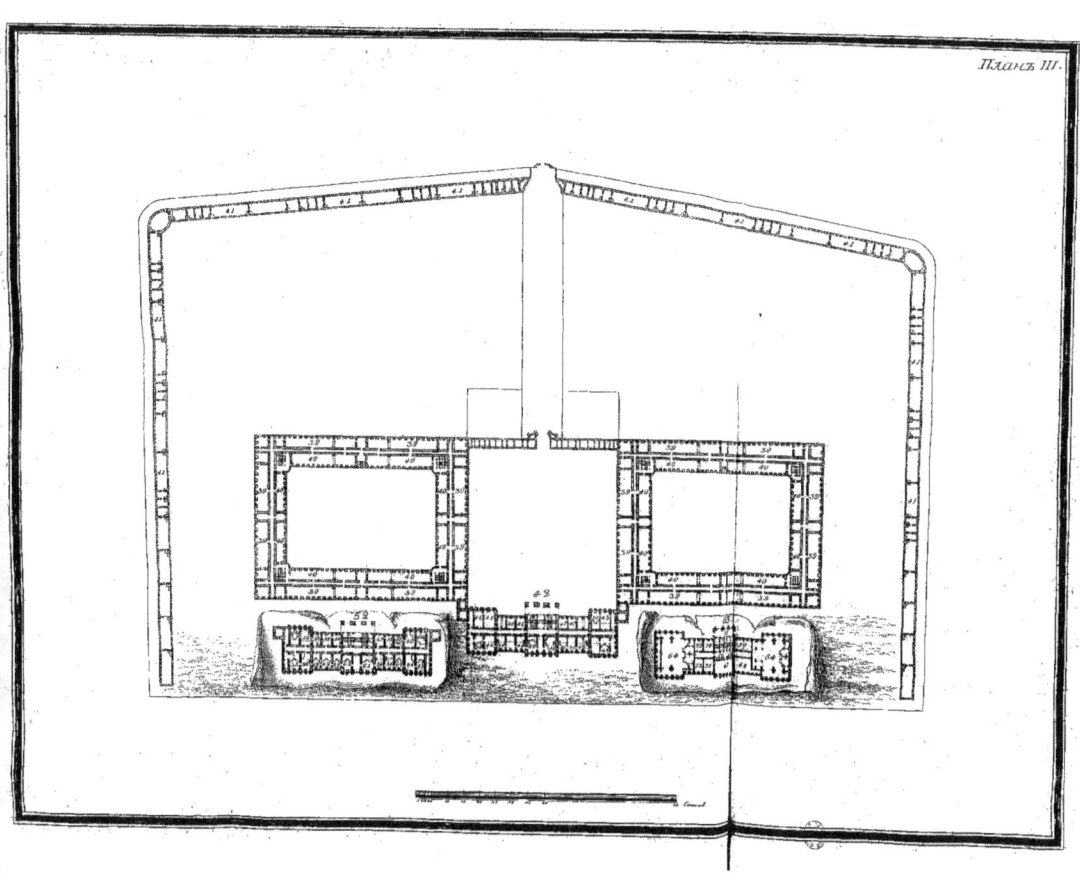

tion; pour en faire paſſer le ſouvenir aux ſiecles les plus éloignés, on y plaça une boëte d'airain doublée de plomb en dedans ; elle renferme les différentes eſpèces de monnoie , frapées ſous le Règne heureux de SA MAJESTÉ IMPÉRIALE & deux Planches d'airain, ſur leſquelles on lit l'Inſcription ſuivante.

> *Catharina Secunda,*
> *Imperatrix & Autocrator*
> *Omnium Ruſſiarum ,*
> *Ut conſervatos hic periclitantes parvulos*
> *In Patriæ commodum aleret*
> *Puerperarumque egenarum paupertati*
> *Pararet refugium ,*
> *Has Ædes*
> *Exſtrui, aptari*
> *Juſſit ,*
> *Quarum fundamentum fuit poſitum*
> *Anno MDCCLXIV. die XXI. Aprilis.*

LES perſonnes les plus diſtinguées de l'Empire, tant Eccléſiaſtiques que Séculieres qui aſſiſtoient à cette Cérémonie, s'empreſſerent de travailler & de cimenter les fondemens de ce ſanctuaire pour l'humanité; on leur donna des tabliers de taffetas blanc , & les Maçons leur preſenterent des outils convenables, ſur des plats d'Argent.

CE jour de ſolemnité ſe paſſa à remplir le premier devoir & l'objet de la fondation. La bienfaiſance diſtribua des vivres aux Pauvres; on maria cinquante jeunes Artiſans; on fit les frais de leurs nôces, de leurs habits & de leurs établiſſemens.

SA MAJESTÉ IMPÉRIALE fixa un Revenu annuel de cinquante mille Roublés pour l'entretien de cet Etabliſſement. SON ALTESSE IMPÉRIALE, MONSEIGNEUR LE GRAND DUC, en aſſigna vingt mille ; & ces éxemples auguſtes engagerent des perſonnes de marque, à contribuer auſſi au bien de cet Etabliſſement.

LA Maiſon des Enfans-Trouvés, célèbre tous les ans & célébrera à jamais l'Anniverſaire de ce jour ſolemnel. Chaque jour elle adreſſe des vœux & des prieres à Dieu pour la conſervation de ſon Inſtitutrice & de ſes Bienfaiteurs.

SERMON

De l'Archimandrite * Génadié, Recteur de l'Ecole Zaïconospassky, Prononcé le XXI. Avril. MDCCLXIV. Jour de la Fondation de la Maison des Enfans-Trouvés.

Bienheureux est celui qui a pitié des Indigens. PROVERBES *Chap.* XIV. *vers* 21.

QUE les Admirateurs de l'Antiquité fauffément fage rougiffent aujourd'hui : cette Antiquité, fe comptoit heureufe, par la vigueur de fes forces, par la beauté particuliere du Corps & par la gloire de fon nom répandu jufqu'aux éxtrémités de la terre. Mais la vigueur ne dégénére-t-elle pas en foibleffe, la force en épuifement, & la fanté en maladie? La beauté du Corps difparoît & fe diffout en pouffiere; la gloire ne fe fait plus entendre, quand les bouches des mortels font liées par le filence de la mort. Euripide n'a pas eu honte d'avoir placé la richeffe au rang du vrai bonheur, & d'en avoir fait l'éloge fur le papier! „ C'eft, dit-il, dans la „ richeffe que confifte le bonheur fuprême du genre humain; & c'eft à jufte „ titre qu'elle éxcite l'admiration, les defirs des Dieux & des Hommes". Son opinion ne parut pas même vraifemblable aux Athéniens de fon fiècle; elle leur infpira l'idée de vouloir le chaffer de leur ville. Quoique cette réfolution ne fût pas fuivie, la réputation d'Euripide n'en fut pas moins ternie. Nous favons que la richeffe fujette à la rouille ne peut renfermer le bonheur. Comment pourrionsnous éxcufer les hommes des fiècles anciens, qui fe croyoient heureux, parce qu'ils étoient environnés d'un grand nombre d'efclaves & de flatteurs? Nous favons, nous voyons que les uns & les autres abandonnent & oublient celui qui defcend au Tombeau. Ceux qui font iffus d'une race brillante, qui poffèdent des Palais fuperbes, qui fe couvrent de vêtemens précieux, qui abondent en richeffes, ne font pas dignes de nos louanges, dès qu'ils ne font heureux que par ces poffeffions. La mort les leur enlève toutes; ils ne font plus rien dès qu'ils font renfermés dans le fein de la terre, dès qu'ils paroiffent, dépourvus de tout, comme ils l'étoient en naiffant, devant le juge qui n'a point d'égards pour les titres perfonnels, pour des Ancêtres auguftes. Ainfi, mes Auditeurs, l'Antiquité qui fe répaiffoit d'idées fi baffes, ne fe flattoit que d'un bonheur imaginaire. Qui eft celui qui poffède le bonheur à jufte titre? Je veux le faire connoître à votre piété.

* ARCHIMANDRITE eft l'équivalent d'Abbé Mitré. Les Moines de Ruffie ne portent point leurs noms de Baptême; on leur donne ordinairement des noms Grecs, en obfervant que ces noms commencent toujours par la premiere Lettre de chaque nom de baptême.

Bienheureux est celui qui a pitié des Indigens.

Je nomme heureux, respectables Auditeurs, non celui qui possède les vertus, que la vaine gloire des mondains éxalte si fort; non celui dont les actions n'ont pour but que de mériter ou de surprendre les éloges des hommes. Je nomme heureux celui dont le cœur est le siège des vertus qui ont pour objet & pour fin l'honneur & la gloire du nom de Dieu, & qui nous méritent la vie que nous espérons dans l'Eternité. La principale de ces vertus est, selon moi, de fournir aux besoins des Pauvres, d'assister les Indigens, d'avoir pitié de ceux qui n'ont pas leur subsistance journalière, qui périroient de faim & d'épuisement: ceux qui n'ont pas de secours à leur donner, doivent au moins être vivement pénétrés de leurs miseres. Celui qui est à portée de les soulager, est le seul digne du nom de Bienheureux. Un plus grand bonheur encore, est celui de recueillir, d'élever des hommes, qui pouvoient perdre à la fois la vie temporelle & la vie éternelle; c'est la vertu qui approche le plus de la Divinité, c'est l'hommage le plus flatteur qu'on puisse lui rendre. Dieu a pour agréable tout ce que l'on donne en son nom : *quiconque aura donné un verre d'eau à boire en mon nom, ne perdra point sa récompense.* Jugez de là combien doit lui plaire celui qui prend soin des malheureux, qui sont destitués de tout secours & de tout espoir. *Celui-là sera nommé Grand au royaume des Cieux,* dit Jésus-Christ, *qui enseigne à quelqu'un la loi de Dieu.* Combien plus grand encore sera celui qui n'éleve des hommes que pour leur en inspirer l'observation.

Le Psalmiste nomme Bienheureux tout ceux qui ont pitié des Pauvres : que ne doivent pas être ceux qui conservent la vie à des milliers d'Enfans délaissés de tout le monde, qui ne peuvent faire entendre leurs voix! Qui peut être plus heureux que celui qui reçoit Dieu? Celui qui reçoit des Enfans privés de tout secours, reçoit Dieu lui-même. Tourne, mon Auditeur, les yeux de ton ame sur Capharnaüm; qu'y fait Jésus-Christ? Tu le verras assis dans une maison, appellant ses Disciples, & mettant un Enfant au milieu d'eux; ouvre l'oreille de ton entendement pour écouter ses paroles: *celui qui reçoit l'un de ces Enfans en mon nom, me reçoit, & quiconque me reçoit, reçoit celui qui m'a envoyé.* Qui est celui qui se conforme le mieux au sens de ces paroles, que celui même qui reçoit Dieu dans la personne d'un Enfant? Que dis-je, le recevoir? il se le rend redevable. Dieu bon & juste, ne laisse aucune vertu sans récompense, toutes lui sont agréables, il paie comme un débiteur, le secours, l'assistance, l'aumône, tous les soins rendus aux Pauvres, aux Indigens, à ceux qui n'ont aucun espoir: l'aumône donnée en son nom, lui impose une dette; *Celui qui a pitié du Pauvre,* dit l'Auteur des Proverbes, *prête à Dieu,* il recevra au-

S 3

tant qu'il a donné. *Si tu as donné beaucoup, il te rendra beaucoup.* Nous admirons l'hofpitalité qui mérita à Abraham le nom de pere d'une nombreufe famille: fi nous éxaminons l'affiftance des Pauvres, les foins des Orphelins, ce font des vertus égales, & peut-être même plus grandes encore. Après avoir invité les voyageurs, il leur lave les pieds; après leur avoir donné un repas, il les congédie : mais l'Education des Enfans eft une chofe bien plus importante. On le fentira fans que je l'explique.

TRANSPORTONS-NOUS par la penfée, à l'endroit où le fils de l'homme montera fur fon Trône, où s'affembleront devant lui toutes les générations de la terre; écoutons ce qu'il y dira; une voix nous appelle: *Venez, dit-elle, les bénits de mon Pere, poffèder l'héritage, le Royaume qui vous a été préparé dès la fondation du monde.* Voyons maintenant, refpectables Auditeurs, à qui les portes de ce Royaume vont s'ouvrir? Qui doit y entrer le premier? Eft-ce celui qui eft iffu d'un fang illuftre? Qui abonde en richeffe? Qui poffède la vigueur des forces? Sont-ce des Abfaloms célèbres par leur beauté? Des Salomons brillans de gloire? Ce n'eft ni aux Créfus, ni aux Samfons, à qui l'entrée eft libre, mais à ceux qui vêtirent celui qui eft affis fur le trône, lorfqu'il étoit nud; qui le nourrirent lorfqu'il avoit faim, qui lui donnerent à boire lorfqu'il avoit foif. *J'étois nud & vous m'avez revêtu, j'ai eu faim, vous m'avez donné à manger, j'ai eu foif, vous m'avez donné à boire, venez participer à la joie de votre feigneur.* C'eft la récompenfe de ceux qui affiftent les Indigens. Mais de quelle maniere, diras-tu, puis-je rendre fervice à celui qui habite les Cieux? As-tu vêtu le Pauvre? raffafies-tu la faim? défaltères-tu la foif? C'eft par là que tu peux rendre fervice à Dieu même: il dit, *En tant que vous avez fait ces chofes à l'un des plus petits de mes freres, vous les avez faites à moi-même.*

QUE vous êtes heureux, refpectables Auditeurs, fi vous habillez le Pauvre, fi vous affiftez l'Indigent, fi vous prenez foin de l'Orphelin, fi vous prévenez les malheurs de ceux qui ne peuvent pas vous peindre leur infortune! Songez-y fouvent; ne rallentiffez point vos foins généreux; vous avez, pour ainfi dire, votre récompenfe en vos mains, puifqu'en affiftant les Infortunés, vouz prétez à celui qui vous tiendra compte du plus petit ïota.

N'ALLEZ pas croire que par là, il faille dépenfer tout votre bien & courir les rifques de vous appauvrir. Raffurez-vous; plus Abraham fut généreux, plus fes richeffes augmenterent; il fut riche en bétail, en argent & en or. Voyez à Sarepta, près de Sidon, la femme qui fait un gâteau avec la derniere poignée de farine & le peu d'huille qui lui refte, pour le donner à Elie affamé dans une difette terrible! Que votre cœur rejette la crainte. Cette femme ne périt point par la famine ; fes nombreux Enfans furent nourris ; la poignée de farine fe multiplia fans ceffe, & la phiole d'huile ne tarit point, depuis le jour que cette femme nourrit Elie ; il en fera de même de votre bien. On ne dépenfe pas en affiftant les Pauvres, mais on accumule. *Dieu eft puiffant*, dit l'Apôtre, *il rendra toute vertu abondante en vous.* Il faut que vous fachiez encore que Dieu a plus d'égards à la qualité du cœur qu'à la qualité des dons. Si vous donnez peu, mais avec zèle, avec amour ; loin de rejetter votre offrande, il la recevra comme il reçut les deux deniers de la femme dont l'Evangile fait mention.

Si vous n'avez que peu, ne craignez pas de faire une petite aumône : tel étoit le confeil de Tobie à fon fils ; ce confeil étoit bon ; on ne demande pas que la charité vous dépouille de tout votre bien, mais on éxige qu'elle donne autant que vous pouvez donner. Mais qu'en retirerai-je, direz-vous peut-être ? Voulez-vous être délivrés d'une mort éternelle ? faites l'Aumône. Le Roy Prophète dit : *Le feigneur délivrera au jour de calamité, celui qui a eu pitié de l'Indigent.* Le bienfait de l'Aumône eft fi grand qu'il perce les Cieux & monte jufqu'au trône de Dieu même. Corneille de Céfarée, qui faifoit beaucoup d'Aumônes, eut une vifion, dans laquelle il vit clairement un Ange defcendu du Ciel qui lui dit ces paroles ; *Corneille, tes aumônes font montées devant Dieu qui t'en tiendra compte.*

Si les aumônes de Corneille, font montées jufqu'à Dieu, qu'as-tu à défirer pour les tiennes, Chrétien Auditeur, fi tu les a faites par amour pour lui, & dans l'intention de lui marquer le refpect, les hommages qu'un Serviteur doit à fon Maître ?

Je pourrois détailler ici tous les biens qui réfultent des Aumônes ; mais ne voulant pas ennuyer par un long difcours, je me contente de les éxpofer en abrégé. On vous répéte fouvent qu'il y a un voile pour couvrir les péchés, une délivrance de la mort, un devoir rendu à Dieu, une augmentation de tréfor, un gage pour le grand jour de la néceffité, gage qui nous rend les fils d'un Dieu. Ceux qui l'ont reçu ce gage, c'eft-à dire le Chrift, ont le droit de prétendre à cette glorieufe adoption. Or, celui qui fait du bien aux Pauvres, qui prend foin des Orphelins, fait du bien à Dieu, comme je l'ai dit plus haut, & rien n'eft fi heureux qu'un tel homme. De quel bonheur ne doit donc pas jouir L'IMPÉRATRICE CATHÉRINE ALEXIEWNA, notre très gracieufe Souveraine, deftinée par la Providence à règner fur nous ? Elle a fçu prendre le meilleur moyen de marquer fa reconnoiffance, fon refpect envers fon Créateur, en affiftant les Pauvres, en étendant fes foins généreux fur tous ceux qui font privés de fecours. Pouvoit-elle mieux marquer l'amour de Dieu, gravé dans son cœur, que par sa clémence envers ses Sujets, que par sa charité envers les Malheureux ? Assister, c'est signaler son amour envers Dieu & le Prochain ; nos dons sont des hommages qu'on leur rend.

Je n'admire plus la clémence de Titus Vespasien, envers ceux qui recouroient à lui, quand je vois notre IMPÉRATRICE tendre une main secourable à des Enfans destitués de tout ; & qui ne peuvent lui exprimer leurs besoins, le danger éminent où ils sont de perdre la vie. Je trouve cette SOUVERAINE supérieure à ce bon Prince, en ce qu'elle n'a point de jours perdus à regretter : en effet, Elle ne donne point de repos à ses paupieres, point de sommeil à ses yeux, pour ne jamais perdre de vue le bonheur de ses Peuples. C'est s'en occuper toujours que de prendre soin de la génération presente, & des générations futures ; c'est s'en occuper toujours que de rendre ces générations utiles à la Patrie, en fondant des Institutions pieuses pour les élever, selon les loix divines & humaines. C'étoit en même tems le seul moyen de détruire la cruauté que l'on exerçoit souvent sur des malheureux qui n'étoient pas coupables. Dieu a dit : *Je veux la miséricorde.* CATHERINE ALEXIEWNA sera bien-heureuse entre ceux qui ont pitié des Indigens ; elle accomplit le précepte divin envers des Innocens, pour qui Dieu marque une affection particuliére.

Mais en lui rendant grace, en célébrant sa tendresse maternélle, sa bienfaisance auguste, sa piété généreuse, je ne puis passer sous silence, ses Sujets fidèles dont le zèle brûle d'imiter celui de leur Souveraine, soit en se chargeant des soins pénibles d'un Etablissement qui vient d'être fondé, soit en contribuant à son succès par des Aumônes. Je m'adresse à vous, respectables Auditeurs, qui êtes les témoins de la protection que SA MAJESTÉ IMPÉRIALE & son Auguste Fils lui accordent. Vos bienfaits vous mériteront le titre de Bienheureux, & votre postérité qui imitera votre éxemple sera bienheureuse aussi ; je vous l'assûre. Dieu aime le bienfaiteur zélé, il le regarde d'un œil propice parce qu'il ne détourne pas son visage des Pauvres. Cela est écrit, l'Apôtre ne peut vous tromper ; la main de Dieu tient les bienfaiteurs des Pauvres abandonnés, sous une protection particuliére. Réjouissez-vous donc, respectables Auditeurs, goûtez les plaisirs purs de la bienfaisance ! Vos dons seront récompensés par la reconnoissance en cette vie, & par un bonheur éternel dans l'autre.

O Toi, Dieu très-bon ! conserve, comme tu l'as fait jusqu'à ce jour, celle qui brûle pour toi de l'amour des Séraphins, qui se signale par sa miséricorde & sa charité : dirige tous ses Conseils ; conduis ses entreprises à une fin heureuse & glorieuse.

glorieuse. Accorde lui des jours nombreux ; entoure les confins de son Empire par une paix durable ; conferve-nous l'Héritier de fa Couronne, le Grand Duc PAUL PÉTROWITZ, protecteur des Malades & de tous ceux qui ont des befoins. Il eft l'émule zélé de fon Augufte Mere. Dieu très bon, jette un œil propice fur tous ceux qui fuivront leurs éxemples, qui fe fignaleront particuliérement envers les Enfans que tu chéris! Nous-t-en prions ardemment. Ainfi foit-il.

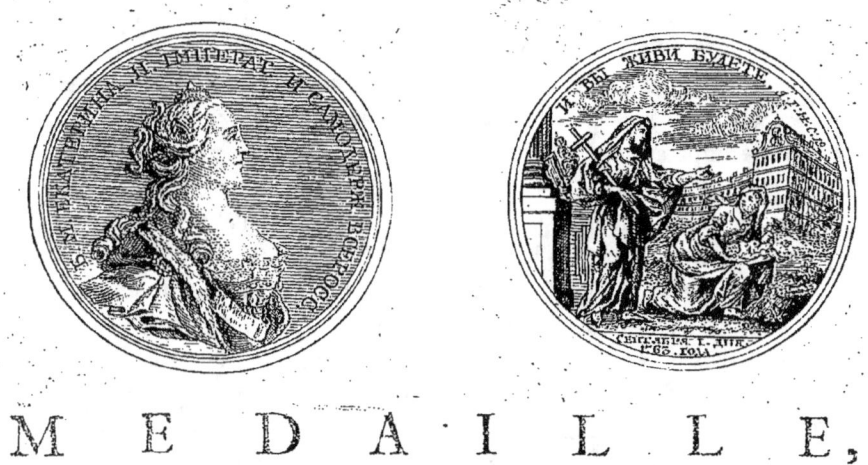

MÉDAILLE,

Frappée en mémoire de l'Etabliffement de la Maifon des Enfans-Trouvés.

DESCRIPTION du revers de la Médaille.

LA Religion y eft repréfentée, avec un voile fur la tête. Elle tient une Croix de la main droite. On voit un Temple, près duquel elle eft appuyée fur un pied d'Eftal; fur ce pied d'Eftal; on apperçoit des Livres & un Encenfoir fumant, qui font les fignes du vrai zèle envers Dieu & la Loi. La Religion ordonne à la Charité, de relever un Enfant étendu fur le chemin, & de le porter dans le fanctuaire de la Clémence de SA MAJESTÉ IMPÉRIALE, afin de conferver les jours de ce nouveau-né. Dans le lointain on diftingue une partie de cet Edifice fur lequel on a gravé le nom en chiffre de CATHERINE II.

PRIERES, *compofées pour les Elèves de cet Etabliſſement, & pour ceux des au-*
tres Maiſons d'Education.

Priere du Matin.

Au nom du Pere, du Fils & du St. Efprit, ainfi foit-il. Dieu qui fus avant les
fiècles, qui a créé, qui conferves tout, qui diriges tout dans l'Univers, bénis ce
jour pour nous tes Serviteurs! Inftruis-nous, aide-nous à comprendre les dogmes
de la Religion, dirige nos pas, afin que nous marchions felon tes voies, & les
confeils de ceux qui nous inftruifent. Nous rendons graces de cœur & d'efprit,
à notre pieufe Impératrice Catherine, qui fuit tes commandemens, qui dirige tout
à ta louange, à la gloire de ton nom. Scrutateur des cœurs, tu connois les penfées humaines, ta miféricorde a infpiré fon cœur, afin qu'elle fût ton image fur la
terre, en confervant le genre-humain. Qu'Elle nous élève en éclairant notre efprit; que fon bon cœur & fes Inftructions gravent dans les nôtres, le zèle, l'amour
de nos devoirs, une amitié fans feinte! Donne-lui la force & le pouvoir d'éxécuter fes entreprifes! Dieu clément & miféricordieux, conferve fa fanté, accorde
lui un règne long & glorieux! Nous te prions auffi de prolonger la vie fans dou-
leurs à nos Peres, à nos Meres, à nos Parens, à tous nos Bienfaiteurs, & de
fauver par ta miféricorde tous ceux qui ont recours à toi.

Priere du Soir.

Seigneur Dieu, nous avons paffé ce Jour dans l'Inftruction de tes Commandemens; nous-t-en remercions en glorifiant ton Nom. Tu as jetté tes regards propices fur tes ferviteurs, jettes les encore fur nos prieres! Tu as affermi le Trône
de ta puiffance fur la Terre, dans ton ointe Catherine: donne lui la force,
une longue vie, un règne inébranlable! Que ce Règne nous conferve dans la paix,
l'union & l'amour! Affermis la fanté de fon Héritier au Trône. Que fa confiance
en toi le rende digne de ta bonté. Que fon efprit & fon cœur s'occupent de nous
tous, qui fommes des Enfans! Aye pitié de Nous, de nos Peres, de nos Meres,
de nos Parens & de tous les hommes nos freres! Daigne accorder la patience &
l'efprit de fageffe à ceux qui prennent foin de notre Education, qui nous infpirent
les actions qui te font agréables! Pardonne nous les fautes que nous avons pu commettre pendant ce jour, par ignorance ou par malice! Nous remettons nos Corps fous
ta garde, en allant prendre du repos; Seigneur aye pitié de nous, & fauves
nous.

Réfléxions du Traducteur.

RIEN n'eſt peut-être plus difficile, que de faire le bien impunément : par-tout les meilleures intentions trouvent des obſtacles ; les plans les plus ſages, offrent des difficultés ſans nombre dans l'éxécution. On ne parvient au mieux que par des degrés inſenſibles : c'eſt même beaucoup quand on y parvient. Cette marche conſtante eſt celle de tous les projets utiles, de tous les ouvrages des hommes, mais elle eſt plus palpable dans les Etabliſſemens, les Inſtitutions que forment les Légiſlateurs, les Adminiſtrateurs Suprêmes, pour le bien, les avantages, le bonheur & la gloire de ceux qui doivent obéir.

IL n'eſt donc pas étonnant que le premier Tuteur actuel de la Maiſon Impériale des Enfans-Trouvés, ait rencontré de grands obſtacles, de grandes difficultés à ſurmonter dans les commencemens de cette Inſtitution, quoiqu'il fût capable de bien voir les choſes en grand, & d'entrer dans les plus petits détails. Ces obſtacles & ces difficultés devoient être bien puiſſans, puiſque ce Patriote illuſtre auroit peut-être ſuccombé ſous eux, ſi la Nature ne lui eût pas donné une opiniâtreté de courage pour le bien, dont il eſt peu d'exemples.

CE courage de perſévérance a été ſoutenu par celui de l'Impératrice & par la Lettre ſuivante.

CETTE Lettre, qui porte l'empreinte d'une ame vertueuſe, a été écrite par un Inconnu, & reçue par la voie de la Poſte. *La premiere Enveloppe étoit adreſſée, A Monſieur d'Eich, Directeur Général des Poſtes de Ruſſie, à Péterſbourg. Par Varſovie.* Sous cette Enveloppe, il y en avoit une autre à l'Adreſſe de M. Betzky, Directeur Général des Bâtimens & Arts de S. M. l'Impératrice de Ruſſie à Péterſbourg.

MONSIEUR,

N'ayant nullement l'avantage de vous être connu, je n'aurois par pris la liberté de vous écrire, ſi les devoirs de l'humanité ne m'y euſſent porté. Je viens d'apprendre d'un ami qui connoît la Ruſſie pour y avoir été longtems, & qui y a encore quelques Correſpondances que, ſous les Auſpices de l'Impératrice, vous veniez de fonder à Moſcou une Maiſon d'Enfans-Trouvés & d'Orphelins, où l'on reçoit indiſtinctement tous ceux qu'on y porte. Mon ami écrivit d'abord pour qu'on lui envoyât les Statuts & le Plan de cet Etabliſſement. On lui répondit qu'ils n'étoient imprimés qu'en Ruſſe & en Allemand, & on ne nous en envoya qu'un Extrait en

T 2

François. Si j'ai quelques qualités, ce sont celles d'un cœur tendre & humain ; aussi les larmes d'attendrissement & de joie me coulerent-elles des yeux quand je lus que, lorsque vous eûtes proposé votre projet à l'Impératrice, cette Auguste Princesse donna d'abord cinq cents mille Livres pour le Bâtiment & destina 250000 Livres par an de sa Caisse, & Monseigneur le Grand Duc 100,000 Livres pour l'entretien de cette Maison ; que vos Compatriotes y contribuerent tous par des donations annuelles, & qu'ainsi c'est un des Etablissemens les mieux fondés de l'Europe. Par l'Extrait qu'on nous a donné j'ai vu que vous aviez choisi ce qu'il y a de mieux dans la plupart des Etablissemens publics, & que vous aviez adapté ce que vous en avez pris, au Gouvernement, aux mœurs & au climat de votre pays.

Quand un Souverain favorise & contribue par la générosité & l'exemple, à la fondation de pareils Etablissemens, qui font d'autant plus d'honneur à l'humanité, qu'ils sont faits pour secourir cette partie du genre humain la plus digne de notre compassion & de notre tendresse ; quand le projet en est fait & mis en exécution par un Citoyen tel que vous, Monsieur, les statues d'airain sont superflues. Le nom de CATHERINE restera gravé de générations en générations, dans le cœur de tant de milliers d'hommes, arrachés à la mort, ou du moins à la misere la plus affreuse, & élevés en hommes libres & en Citoyens, que des siècles ne pourront vous effacer de leur mémoire.

Ma Patrie étant par-tout où il y a des hommes, permettez moi, Monsieur, de partager avec vos Compatriotes l'honneur de contribuer, suivant mes moyens, à un Etablissement aussi louable. Mr. Cliffort vous enverra une Lettre de Change de cent Ducats ; ayez la bonté de mettre cette petite somme dans la Caisse. Je cache mon nom, parce que, si je vous étois connu, peut-être ne jouirois-je plus de la satisfaction intérieure que me procure l'action que je fais.

Les commencemens de toutes les Entreprises quelque utiles & louables qu'elles soient, sont pénibles. On trouve toujours des obstacles à surmonter, bien des choses que l'on avoit cru bonnes à corriger ; d'autres à rectifier. Ne vous découragez pas, Monsieur ; il faut mener à sa perfection le bel ouvrage que vous avez commencé. Je vous crois trop vertueux pour vous laisser effrayer par des difficultés & pour rester en si beau chemin. Je suis avec l'attachement & le respect que j'ai pour ceux qui ont de la vertu & de l'humanité.

MONSIEUR,

Votre &c. Philantrope.

1 Avril 1764.

Quinze jours après la réception de cette Lettre, que l'on conserve dans les Archives du Conseil, Mr. Gom, Négociant Anglois, remit au premier Curateur 100 Ducats de Hollande, d'après les ordres de Mr. Cliffort, d'Amsterdam.

Réponse du premier Curateur, au Bienfaiteur inconnu, insérée dans la Gazette.

MONSIEUR.

Je ne suis nullement surpris que la nouvelle de l'Etablissement fait à Moscou, en faveur des Enfans-Trouvés & des Orphelins, vous ait causé un attendrissement si doux & si agréable. Un cœur sensible & vertueux ne voit rien de plus intéressant que ce qui est utile à l'humanité. Votre conduite généreuse, Monsieur, le prouve d'une maniere bien honorable pour vous & pour elle. Les transports qu'elle a fait naître dans mon ame, n'ont été modérés que par le regret de n'en pas connoître l'Auteur. Je respecte le motif qui vous porte à me le cacher; mais si votre vertu vous fait renoncer au tribut d'estime & de reconnoissance qui vous est dû, je ne crois pas devoir cacher au monde l'éxemple unique que vous lui donnez.

En lisant les papiers publics, vous jouirez donc, Monsieur, du plaisir secret d'avoir encouragé les hommes, en faisant du bien aux Indigens.

Ce plaisir sera d'autant plus vif, que les précautions de votre modestie vous le feront goûter dans toute sa pureté. Il augmentera sans doute, lorsque vous sçaurez que Notre Auguste Souveraine s'occupe sans cesse de nouveaux projets, analogues au premier. Elle vient de fonder une Communauté où deux cents jeunes Demoiselles nobles, recevront une Education convenable à leur naissance & au rang qu'elles doivent occuper dans le monde. L'ouverture solemnelle s'en fera le 28 Juin de cette année. Depuis quelques semaines, ses ordres ont mis la derniere main à l'établissement d'une Académie pour les jeunes Artistes. Dans les Réglemens qui en seront imprimés vous admirerez les sages précautions que Sa Majesté fait prendre pour conserver les mœurs de ces jeunes gens, & rendre par ce moyen leurs talens aussi utiles à la Patrie qu'à eux-mêmes. Bientôt des Ecoles publiques seront établies, & des aziles pour les infirmités humaines seront ouverts dans toutes les Provinces & Gouvernemens de l'Empire. En lisant ces nouvelles, ne vous écrierez-vous pas avec un des grands Philosophes de l'Antiquité: *Que la réunion du pouvoir & de la volonté de faire le bien est le plus beau spectacle que les Dieux puissent donner aux hommes!* Nous chérissons la mémoire d'un Empereur Romain qui se plaignoit d'avoir passé un seul jour sans faire un heureux: quelle ne doit pas être notre tendre admiration pour une Souveraine qui, dans un moment, assûre le bonheur de plusieurs générations. T 3

JE ſçais, Monſieur, que tous les commencemens ſont pénibles ; mais l'éxemple, ſi je puis m'exprimer ainſi, eſt à notre tête. Son application , ſon travail, ſes lumieres conduiront toutes ces Entrepriſes à leur perfection. Pour moi, Monſieur, je ne ſçaurois y contribuer que par mon zéle. Ce n'eſt que par là, & plus encore par mon eſtime profonde pour les perſonnes de votre caractère, ainſi que par mon défir ardent de voir tous les hommes vous reſſembler, que je puis mériter ce que vous me dites d'obligeant.

Je ſuis pour la vie,

MONSIEUR,

Le zèlé admirateur de vos vertus.

LE Conſeil des Tuteurs adreſſa à Mr. Cliffort, le témoignage de ſa reconnoiſſance, envers l'anonyme. On y avoit joint les Médailles frappées en mémoire de l'Etabliſſement : on le prioit de remettre le tout au Bienfaiteur inconnu. Quoique la Gazette eût annoncé cette démarche au Public, perſonne ne s'eſt encore preſenté pour recevoir l'hommage & le tribut du Conſeil.

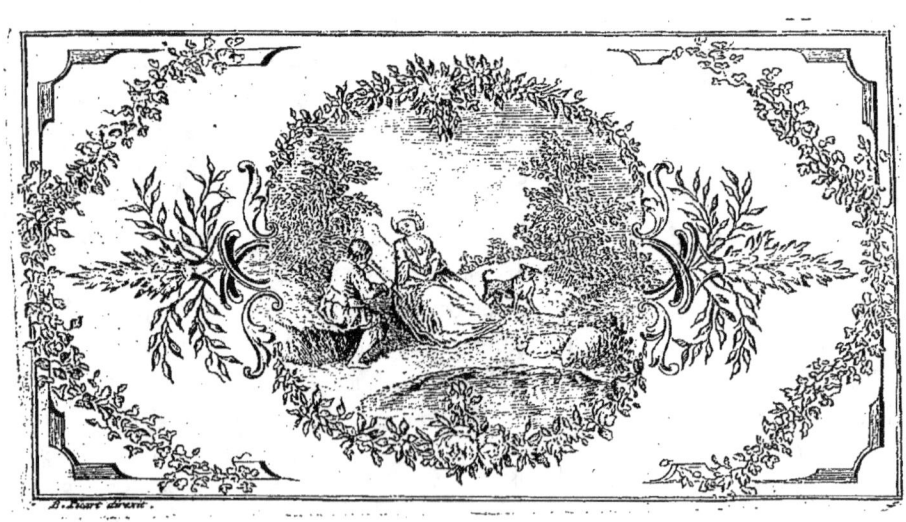

Copie de la Lettre d'un Inconnu, à Monsieur Betzky.

MONSIEUR,

JE ne fais pas fi jamais le Monde a vu rien de plus digne d'une grande ame, que ces foins généreux avec lefquels VOTRE AUGUSTE SOUVERAINE s'attache à répandre fur le genre humain toutes les félicités dont il eft fufceptible.

LA gloire des plus grands Conquérans n'eft-elle pas infiniment au-deffous de celle que méritent tant d'Etabliffemens fondés pour rendre les hommes meilleurs, plus fages & plus vertueux.

QUELLES douceurs incomparables pour ceux qui ont affez de forces pour fe charger de ces occupations bienfaifantes ! Quels charmes pour quiconque pourroit les imiter.

MAIS fi ce feroit témérité à un Mortel de vouloir reffembler aux Dieux par rapport à leur puiffance, il leur eft permis d'afpirer à fuivre l'éxemple de leur bonté ; permettez donc, Monfieur, qu'un Inconnu prie V: E: de vouloir bien feconder fes intentions, formées en conféquence de ces fentimens.

VOUS, le confident & l'éxécuteur des vues bienfaifantes de l'Immortelle CATHERINE, pourriez-vous me refufer d'accepter la fomme ci-jointe, pour l'employer à de pareils ufages, lefquels vous jugerez les plus conformes aux idées & aux intentions de SA MAJESTÉ IMPÉRIALE. Celui qui ofe offrir cette bagatelle aura parfaitement obtenu ce qu'il defiroit fi, par fon moyen, il y a un jour fur la Terre un Sujet raifonnable, un homme heureux, un Citoyen vertueux de plus.

NE demandez pas, Monfieur, ma Patrie. Ce n'eft pas ce vafte Empire qui m'a donné le jour ; mais à ma Patrie je ne dois que la naiffance, & à la Ruffie je fuis redevable de mille avantages infiniment plus confidérables. En accédant à ma priere V: E: m'obligera à une reconnoiffance auffi parfaite & inviolable que l'eftime avec laquelle je fuis.

De V: E:,

Le très humble Serviteur.

V: E: recevra avec le préfent billet.	10000 *Roubles.*
LA feconde Remife, le 29 Juin 1774.	20000.
LA troifiéme, le 3 d'Octobre de la même année.	20000.
	50000.

L'adreffe de cette Lettre étoit.

A fon Excellence,

Monfieur de Betzky, Confeiller Privé actuel de SA MAJESTÉ IMPÉRIALE de toutes les Ruffies, Chevalier de fes Ordres.

PLAN GÉNÉRAL DE LA

REPONSE

De Monfieur Betzky, au Bienfaiteur inconnu.

MONSIEUR,

J'ai reçu Lundi au foir, trois Mars, la Lettre & les dix mille Roûbles renfermés dans la Caffette que vous m'avez adreffée : votre façon de penfer & d'agir a fait fur mon cœur l'impreffion qu'elle devoit faire, & qu'elle fera fur les ames honnêtes & fenfibles ; elle n'étonnera que celles qui n'ont jamais cru, ou qui ne veulent pas croire à la vertu : les hommes durs font ordinairement injuftes.

JE penfe comme vous, Monfieur, que la gloire des plus grands Capitaines ne peut entrer en comparaifon avec celle des Princes créateurs, inftituteurs & légiflateurs de leurs Sujets. Quelle différence entre créer ou détruire, forger des chaînes ou les brifer ! Quelle différence entre inftruire des hommes pour les rendre meilleurs, plus utiles & plus heureux, ou les laiffer croupir dans l'ignorance, la pareffe & les vices qui en font inféparables !

NE croyez pas, Monfieur, qu'il y ait de la témérité à defirer de reffembler aux Dieux : nous fommes leurs images ; nous devons faire tous nos efforts pour approcher de nos modèles ; ils font juftes, ils n'éxigent de nous que ce que nous pouvons faire : la bienveillance, la bienfaifance & la charité nous acquittent envers eux, & envers nos femblables. Les cœurs vertueux & compatiffans font auffi les plus beaux de leurs Temples.

TELLE eft l'idée que je me forme du vôtre : vous connoiffez les befoins de la pauvre humanité, jufques dans leurs principes, puifque votre charité n'a pas attendu d'en être avertie par les effets. Il eft encore plus glorieux de prévenir le mal que d'y remédier. Plût au Ciel que votre éxemple perfuadât aux hommes riches & puiffans qu'un tendre fouvenir du Prochain eft le fouvenir de foi-même le plus falutaire.

QUELLE que foit votre Patrie, Monfieur, elle eft bienheureufe d'avoir donné naiffance à un homme qui fait honneur à l'humanité ; & s'il eft vrai que vous foïez redevable à la Ruffie de mille avantages confidérables, elle fe félicitera toujours de les avoir procurés à celui qui fçait en faire un fi faint ufage.

J'ACCEPTE avec la plus vive reconnoiffance votre donation de 50000 Roûbles ; mais je fens qu'il n'eft point de fatisfaction complette, puifque même en faifant le bien

bien vous me donnez un regret. Au lieu de me laisser le maître de disposer de ce fond, j'aurois désiré, Monsieur, que vous eussiez eu la bonté de m'en désigner l'emploi. Ce procédé est aussi généreux que de pareils traits de bienfaisance sont rares.

Quoi qu'il en soit, je me soumets à la loi que vous m'imposez ; je serai votre Co-opérateur en disposant de vos dons de la maniere la plus généralement utile & la plus conforme à vos vues. Voici mon Plan.

Ce sont les plus pauvres qui ont le plus besoin de secours. La Maison d'Education de Moscou est l'azyle des Orphelins & des Enfans abandonnés. Ils reçoivent dans cette Maison les secours dont ils ont besoin, & une Education convenable à des hommes qui doivent être utiles à leur Patrie dans les Arts & les Métiers de premiere nécessité. Jusqu'à leur sortie de cette Maison, ils jouissent d'un sort heureux. Mais immédiatement après leur sortie quelles seront les ressources de ces jeunes gens de l'un & de l'autre sexe, en supposant même qu'ils eussent des connoissances, des talens & des mœurs ? Ces ressources sont encore incertaines dans l'état actuel des choses. Elles seroient assûrées ces ressources, si ceux & celles qui se sont bien conduits pendant le cours de leur Education, & qui ont profité dans les Arts & Métiers, pouvoient compter sur une petite Dot, sur une somme quelconque, qui suffiroit pour les établir dans les différentes Provinces de l'Empire.

C'est-là, selon moi, le vrai moyen de marcher au-devant des besoins d'une jeunesse qui doit être utile, & qui ne peut l'être réellement qu'en lui procurant des avances, des secours indispensables. Ces secours uniquement distribués à ceux qui s'en seront rendus dignes, feront germer & croître l'Emulation, l'amour du travail & des devoirs dans le cœur de tous les Elèves.

Et comme les Membres du Conseil de cette Maison, sont administrateurs au dépens du plaisir d'être compatissans envers tout le monde, ils priveront les mauvais sujets, s'il s'en trouve, des faveurs réservées pour les bons ; ils savent que les Aumônes & les Bienfaits déplacés arrachent les hommes du travail pour les vouer à la paresse & au libertinage ; ils se garderont bien de sémer & de cultiver des Mendians, volontairement inutiles & nécessiteux : la paresse & la débauche n'ont pas de droits à la charité publique.

C'est relativement à ces vues patriotiques, que je vous propose, Monsieur, de donner une fois pour toujours vos 50000 Roubles à la Maison d'Education de Moscou. Le Conseil fera valoir cet argent qui rapportera, aux six pour Cent, trois mille

Tome I.   V

Roubles chaque année. Cette somme divisée par trois cents Roubles, formera la dot annuelle de dix Elèves, & cela à perpétuité. Mais comme ces intérêts s'accumuleront avant que la première sortie ait lieu, le Conseil sera à même d'établir un plus grand nombre d'Elèves.

Tel est, Monsieur, l'emploi que je me propose de faire du Capital que vous avez eu la bonté de remettre à ma disposition. C'est, si je ne me trompe, le plus sûr moyen d'encourager les talens, de les faire valoir, de faciliter des mariages nombreux & d'augmenter par-là, la population de cet Empire, & la Russie vous sera redevable de ces avantages.

Il ne me reste plus, Monsieur, en finissant cette Lettre, que deux choses à désirer. La premiere que mes arrangemens vous soient agréables. La seconde feroit d'avoir votre portrait pour le placer parmi ceux des Bienfaiteurs de la Maison. C'est dommage que votre vertu veuille rester cachée sous le voile de la modestie. Quelque délicate qu'elle soit, elle nous permettra du moins de faire peindre l'emblême qui est sur le Cachet dont vous vous êtes servi & de le mettre au rang des portraits dont je viens de parler. Cet Emblême represente le soleil qui éclaire un Globe, avec cette devise : *Non sibi, sed Populis.* Votre fondation produira en petit les effets que cet Astre produit en grand, & votre devise sera l'hymne que la Reconnoissance chantera toujours à l'honneur du Bienfaiteur inconnu.

Je suis avec une respectueuse considération.

MONSIEUR,

Votre très humble & très obéissant Serviteur.

L'Inconnu Bienfaiteur, qui a fait présent de *dix mille Roubles* pour une des Maisons d'Education, avec promesse d'en envoyer encore *quarante mille*, payables en deux termes, sçavoir vers le 29 Juin & le 3 Octobre de cette année; au lieu de ces termes fixés, a envoyé, le 3 Juillet, toute la somme de *quarante mille* en assignations, cachetées du même cachet, & adressées à son Excellence Mr. *Betzky*, premier Curateur de la Maison Impériale d'Education à Moscou; cet envoi étoit accompagné de la Note suivante écrite en François.

Il y a quelques mois qu'un inconnu envoya à son Excellence Mr. le Conseiller privé actuel de *Betzky*, *dix mille Roubles*, à compte d'une fomme de cinquante mille deftinés pour un des Etabliffements de l'Empire de Ruffie, fi foigneufement dirigés par fon Excellence.

Ce même inconnu, applaudiffant avec joie à l'emploi judicieux de cette fomme, s'empreffe, de fon côté, d'obferver fcrupuleufement le terme auquel il s'eft engagé; & anticipant même celui d'Octobre, a l'honneur de remettre ci-joint à fon Excellence, à la fois, *quarante mille Roubles*, pour favorifer des arrangements zélés, tendants à remplir les vues bienfaifantes de CATHERINE la Grande.

Réponfe de Mr. BETZKY, premier Curateur de la Maifon Impériale d'Education de Mofcou au Bienfaiteur inconnu.

MONSIEUR.

J'AI reçu le 3 Juillet, vieux ftile, les *quarante mille Roubles* que vous m'avez adreffés, avec la Note ci-deffus, pour completter la fomme des *cinquante mille*, que vous avez confacrés volontairement à la Maifon Impériale d'Education de Mofcou. Vous ne vous bornez pas, Monfieur, à être exact à vos promeffes; votre charité active vous fait anticiper, pour que les fruits en foient plus promts. Il faut avouer, Monfieur, que vous avez le don, fi rare, d'encadrer les bienfaits, & de donner deux fois en une. Cette façon de fentir & d'exécuter me perfuade que les arrangements que j'ai eu l'honneur de vous propofer dans les nouvelles publiques, vous font agréables. En conféquence, ces arrangements vont devenir facrés à jamais, pour le Confeil de la Maifon d'Education. Votre bienfaifance & votre agrément y donnent une fanction irrévocable; & tant qu'il y aura des hommes en Ruffie, on y confervera la mémoire de vos bienfaits. Les *Pauvres*, les *Orphelins*, les *Artiftes* & les *Artifans*, qui vous devront les moyens de leurs Etabliffements, vous béniront fans ceffe. Bénir, c'eft louer, c'eft défigner un Bienfaiteur vertueux. D'un autre côté, votre exemple, tôt ou tard, éveillera le defir de bien faire dans le cœur des hommes riches & puiffants qui, ne manquant de rien, n'imaginent pas que les Pauvres manquent de tout, & que les plus légers fecours fuffifent fouvent pour rendre l'indigence même induftrieufe, laborieufe & vertueufe.

Je fuis avec l'eftime la mieux fentie & la vénération qui vous font dues,

MONSIEUR,

Votre très humble & très obéiffant ferviteur. à St. Pétersbourg ce Juillet 1774.

V 2

Traits de Bienfaisance.

Le 20 Avril 1767. Sa Majesté Impériale, honora de sa présence la Maison des Enfans-Trouvés. Quoique cette faveur fût imprévue, cette Souveraine vit avec plaisir, que le bon ordre, & que tout ce qui concerne les Réglemens, s'observoit à la Lettre. Elle daigna en témoigner sa satisfaction au Conseil des Tuteurs. On remit, par ses ordres, une somme considérable dans le Tronc fermé & cacheté, où les gens de bien mettent leurs Aumônes. Elle donna 300 Ducats à l'un des Elèves, âgé de 2 ans nommé Nikita (sous le N°. 530.) Le même jour on plaça cet argent à intérêt dans la Banque. Ce revenu annuel & ce Capital feront un sort heureux à cet Elève, quand il sortira de la Maison.

Le 31 Août, de la même année, à midi, un Inconnu remit au Portier de la Maison, une Lettre cachettée, & adressée à Messieurs les Membres du Conseil de la Maison Impériale des Enfans-Trouvés. Cette Lettre renfermoit ce qui suit.

Feue l'Illustre Landgrave, Princesse Héréditaire de Hesse-Hombourg, née Princesse de *Troubetzkoy*, dame du grand Ordre Impérial de Ste. Catherine, avoit parmi ses qualités éminentes, un cœur sensible & vertueux. Elle m'a confié en mourant une somme d'argent, qu'elle m'a ordonnée d'employer à l'assistance des Pauvres. J'ai placé cet argent à Intérêt, & depuis l'année 1755. jusqu'à ce jour, cette somme est montée à 10000. Roubles. Pour exécuter son intention, conformément à sa volonté, je ne vois rien de mieux que d'employer cet argent, au bien d'une Institution, dont le principal objet est de compâtir aux malheureux & de soulager utilement leur misère, puisque cet Etablissement n'a d'autre revenu, que les dons généreux des ames Chrétiennes, qui aiment Dieu & le Prochain, selon les préceptes de l'Evangile: *l'Assistance des Orphelins, est plus agréable à Dieu que tous les vœux & les sacrifices.*

Par cette raison, je prie le Conseil des Tuteurs, de recevoir cet argent sur la Lettre de change ci-jointe, de le placer à la Banque aux 6 pour Cent, taux fixé par les Loix, & d'en employer le revenu annuel à l'Education d'un aussi grand nombre d'Enfans que ce revenu peut en entretenir; afin que cette bienfaisance honore à jamais la mémoire de cette Princesse; je vous prie de donner à ces Elèves le nom de *Hombourgeois*, & de mettre le Portrait de leur Bienfaitrice dans la Chambre du Conseil de cette Maison, *signé Anonyme.*

Au mois d'Octobre, de la même année, le Conseil annonça par la Gazette, qu'il avoit reçu la somme d'argent désignée, & qu'il accompliroit éxactement la volonté de l'Anonyme. Avec le revenu annuel des 600 Roubles, que rapporte ce Capital, on entretient 20 Elèves de l'un & de l'autre sexe. Ils seront nommés à jamais *Hombourgeois*. Leurs habits diffèrent un peu des autres. Le Portrait de leur Bienfaitrice est placé dans la salle du Conseil.

FIN du Tome I. Premiere Partie.

SCEAU du CONSEIL.

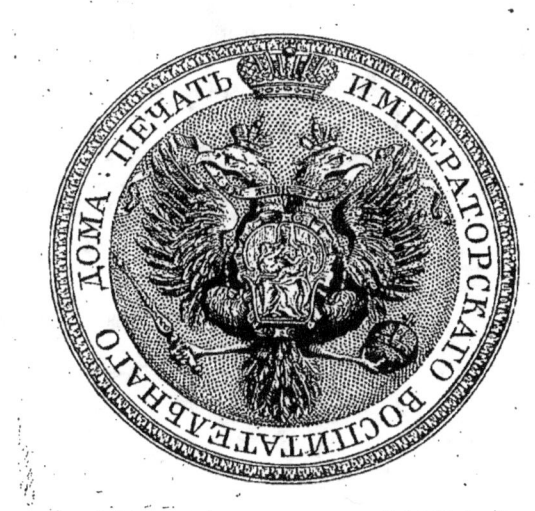

V 3

TABLE DES ARTICLES
DU TOME I.

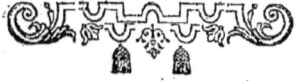